La psychanalyse
et le Saint-Esprit

Paul TOINET

LA PSYCHANALYSE ET LE SAINT-ESPRIT

FAC - éditions

VUE D'ENSEMBLE

SECTION II: GENÈSE DE L'HOMME NOUVEAU

AVANT-PROPOS

Quelques semaines avant sa mort, l'abbé Paul Toinet nous laissait une étude qu'il avait intitulée lui-même « La psychanalyse et le Saint-Esprit ». C'est elle que nous mettons ici à la disposition de ses lecteurs. Nul doute que beaucoup, déjà familiers de son œuvre, en apprécieront l'à-propos et la valeur.

Ceux pour qui compte la psychanalyse, traitement « de l'âme », sont aussi, en plus d'un cas, ceux pour qui compte également le Saint-Esprit. Ils ne cèdent pas pour autant à la tentation fâcheusement réductrice de brouiller les compétences. L'âme est telle, en ses épreuves, détours et obscurités qu'elle requiert parfois des soins éclairés auxquels pourvoit éventuellement une spécialité délicate, obtenue dans le champ des sciences humaines. Mais elle est aussi, dans son fonds, la réalité abyssale susceptible d'accueillir une visite venue de plus haut qu'elle, à dessein de l'habiter : *dulcis hospes animae*... Moyennant retrait de tout ce qui est au-dessous de Dieu, l'âme se dispose à une prise en charge par l'Esprit qui en assume alors la direction.

De là vient qu'il y ait ténèbre et ténèbre, pour qui effectivement chemine à tâtons. L'une mérite d'être dissipée par application de méthodes appropriées ; l'autre, d'être endurée « sans peine ni souci », précise le Docteur mystique, en ajoutant une recommandation : que l'âme ne perde point le soin de prier et qu'elle attende, demeurant en nudité et vide, car son bien ne tardera pas !

Enlevé il y a un an à l'affection des siens, Paul Toinet n'était pas homme à tout confondre, lorsqu'il a lui-même, à plus d'une reprise, connu l'épreuve. On peut même dire que son charisme fut de discernement dans l'humilité. A peine aura-t-on besoin d'ajouter que sa lucidité ne devait rien aux lumières qui nous viennent aujourd'hui de Paderborn, à grand fracas de publicité. Eût-il souri, se fût-il attristé, des trouvailles désuètes que nous vante ce qu'il appelait « le modernisme sur ses vieux jours » ? Le fait est qu'il ne représentait lui-même, pour les marchands du Temple, aucun objet de convoitise. L'un d'eux cependant a justifié dans la récente affaire son empressement en évoquant pour la théologie une opportunité nouvelle : hier intéressée au social comme au politique, la pastorale aurait à considérer maintenant le psychique.

A ce compte-là, Toinet avait pris les devants, en silence et pour de vrai, de façon magistrale.

Sa trace restera.

Pentecôte 1992

PROPOS

A l'Église, à ses théologiens officiels, il est reproché fréquemment d'avoir jadis opposé d'injustifiables barrages aux avancées de l'esprit scientifique, et cela sur les terrains successifs où celui-ci portait sa force conquérante. Vaines résistances, dont l'habitude ne serait pas encore tout à fait perdue, malgré des efforts méritoires pour prendre les choses autrement... Il est vrai que les hommes d'Église restent des hommes, et qu'ils n'ont pas toujours la lucidité des recoupements à effectuer entre ce qu'exige la fidélité à Dieu au titre de sa révélation, et ce qu'exige cette même fidélité partout où progresse réellement l'intelligence dont il a pourvu l'humanité. Et dans le domaine des sciences elle progresse, en effet, selon des rythmes divers, non sans tâtonnements et erreurs, mais d'une façon qui doit devenir bénéfique aussi pour une compréhension meilleure de la révélation. Cela concerne particulièrement les domaines désignés aujourd'hui comme ceux des sciences humaines, parmi lesquelles la psychologie en ses différents états. Rencontrer le fait psychanalytique constitue pour la sagesse chrétienne — philosophique et théologique — une obligation à saisir de bon cœur, et avec la conviction qu'elle peut y trouver bénéfice. Mais non pas dans n'importe quelles conditions, ni sans un difficile travail de discernement.

Car une concertation de cette sorte, qui est à mener de front avec d'autres, où diverses sciences humaines interfèrent, ne se présente pas comme chose aisée. Ceux qui s'imagineraient qu'il suffit, pour s'en sortir avantageusement, de laisser la pensée croyante naviguer un peu au hasard à travers les eaux, combien mêlées et tumultueuses, de la production surabondante inspirée des psychologies et psychanalyses en vogue, s'aviseraient vite de ce qui advient alors à cette pensée: une dérive ou un naufrage. A moins qu'ils ne s'en avisent pas, tant elle aurait perdu en eux conscience de son identité et serait passée sous contrôle étranger. Cela arrive, et sans doute plus fréquemment et plus désastreusement que ne l'imagine l'opinion bien pensante d'aujourd'hui, peu portée sur l'examen du fond des problèmes de ce genre. Il me semble, au contraire, qu'en ce domaine comme dans les autres, où c'est du vrai et du faux qu'il s'agit, l'optimisme superficiel peut perdre les causes les plus précieuses. Et celle d'un exact dialogue entre foi et sciences positives doit être tenue pour telle. L'optimisme véritable, en l'occurrence, consiste à ne pas sous-estimer les exigences concordantes de la vérité de Dieu et des vérités particulières accessibles moyennant un grand labeur de la raison critique. L'autre optimisme, impuissant à se garantir contre l'illusion, est paresse et naïveté.

L'intérêt avec lequel un croyant aborde les questions vitales posées par la psychanalyse, ses théories, ses pratiques, ne devrait pas entraîner chez lui une réduction de vigilance, au contraire. Celle-ci doit être attentive et circonspecte, consciente de la gravité de l'affaire et de l'importance des enjeux: donc, tout à la fois du déficit qui résulterait, pour les croyants et pour les autres, d'une fuite devant les difficultés de la rencontre, et de la confusion d'esprit qui sanctionnerait un défaut de discernement critique. Dans ce débat, étant donné le point d'intimité que prétend atteindre et éclairer dans l'homme l'intervention psychanalytique, il y a des raisons supplémentaires de s'engager, intellectuellement et moralement, d'une façon plus consciencieuse encore qu'en plusieurs autres domaines où se confrontent foi et investigation rationnelle. Si la critique doit se faire ici particulièrement profonde, et toucher aux origines, c'est qu'il y va des intérêts majeurs de l'âme, de son salut. Plus profonde, cela ne veut pas dire plus expéditive. Bien plutôt, là où l'on descend aux racines du psychisme, il importe absolument de tenir compte des complexités et enchevêtrements de celles-ci, et de n'en rien sectionner arbitrairement. La subtilité est grande des questions morales et spirituelles qui s'y trouvent en débat. Et comment verrait-on clair ultérieurement dans les rapports d'ensemble entre Christianisme et humanité, si ces rapports n'étaient pas correctement élucidés aussi — en un certain sens, d'abord — à ce niveau où chaque conscience naît difficilement à elle-même, à autrui, à l'Église et à Dieu.

La psychanalyse et l'Esprit Saint ce titre, on le verra à l'usage, n'est pas commandé par le goût pour le paradoxe à effet publicitaire, mais bien par une préoccupation de mettre en rapport ce qui doit l'être. Pour comprendre ce qui se joue en l'homme, sur mode clair et sur mode obscur, il faut finalement sortir du cercle qu'il tend à former avec lui-même et avec le monde de sa première naissance. Il faut ouvrir ce cercle en partant de l'ouverture que Dieu même fait à l'homme de son intimité trinitaire. Le paradoxe est là, non dans le titre. Évidemment, à se proposer ce genre de parcours psychologique, philosophique, théologique, on ne se facilite pas la tâche. Peut-être cependant vaut-il mieux renoncer à certaines facilités, là où il est question de Dieu et de l'homme. Par un heureux retournement, une plus haute, plus profonde, et plus simple lumière peut surgir pour ceux qui auront consenti à ne pas précipiter le temps de l'analyse. La synthèse se donnera elle-même à mesure, en cours de route, et elle ne sera pas préconçue.

Dès l'abord de ce livre, il peut être utile au lecteur d'avoir une idée des circonstances de sa rédaction. La première partie — *Des hommes en quête de l'homme* — parut d'abord seule, sous un autre titre, en 1969, chez un éditeur qui ne lui laissa pas longue vie [1]. Le propos était plus restreint : une initiation portant à la fois sur les aspects communs du phénomène psychanalytique et sur les problèmes majeurs susceptibles d'être soulevés à son sujet, du point de vue d'une réflexion philosophique chrétienne. Cette approche, que de bons connaisseurs avaient appréciée, et dont ils souhaitaient une réédition, présente l'avantage de ne pas présupposer chez le lecteur une connaissance précise du fait lui-même et des débats qui en sont nés. Elle propose une information restreinte, mais élaborée, ouverte à de nouveaux questionnements. Elle gardait donc son intérêt pour y introduire.

Il m'a aussi semblé possible et souhaitable de la reprendre, cette fois, comme première étape nécessaire d'une réflexion plus expressément théologique, centrée sur la relation indiquée dans le titre : *La psychanalyse et l'Esprit Saint.* D'où la seconde partie : *Genèse de l'homme nouveau.* L'idée m'est venue de la rédiger pour tenter de faire apparaître les dimensions plénières du problème, que je tiens pour vital aussi bien du point de vue du croyant que du point de vue du praticien et de l'usager de l'analyse. On verra plus loin, au moment voulu, en quelles circonstances et pour quelle utilité j'ai cru bon d'introduire entre les deux parties un *intermède.* Celui-ci peut avoir valeur de document et d'argument. Il impose par lui-même les interrogations théologiques que j'ai prises à cœur.

---

1. *Profondeur de l'homme. Vue chrétienne sur la psychanalyse* (Centurion).

Je suis convaincu que beaucoup de contemporains en sont préoccupés, et plutôt embarrassés, au point de faire comme si mieux valait les éliminer en n'y pensant pas, ou en les colmatant par des réponses d'emprunt, partiellement ou totalement inadéquates. L'Église et sa théologie, étrangères aux interrogations de l'homme d'hier et d'aujourd'hui, notamment en matières de science psychologique? C'est une opinion qui a déjà longue carrière, mais cela ne suffit pas à la justifier dans les termes sommaires où elle se complaît, même chez certains intellectuels chrétiens. Du côté où l'on se déclare insatisfait des réponses élaborées en esprit d'Église, réponses auxquelles on ne prête certes pas un excès d'attention bienveillante, ne doit-on pas se demander aussi ce qu'il en est de l'authenticité scientifique des positions sur lesquelles on campe. En ce domaine, le dialogue avec les théoriciens et praticiens des sciences humaines devrait être *de rigueur*, au meilleur sens du terme.

I.

Des hommes en quête de l'homme

INTRODUCTION

Parmi les médecins, philosophes, psychologues, éducateurs, qui ont perçu l'enjeu des problèmes relatifs à l'inconscient humain, beaucoup ont fait preuve non seulement d'intelligence dans la lecture et l'explication de leurs classiques, mais encore de pénétration dans leur approche de l'objet lui-même, lequel n'est point texte écrit, mais vie. Fidèles ou dissidents de la lettre freudienne, ils se rejoignent pour le moins dans l'intention de comprendre l'homme à quelque niveau de profondeur, sans sacrifier ni aux fausses clartés de la «conscience» idéaliste, ni au lyrisme confus de l'obscur. Tous souhaitent ouvrir à une pensée et à une pratique encore scientifiques, l'accès d'un monde intérieur reconnu comme important, mystérieux, redoutable, mais dont l'impénétrabilité n'est pas considérée comme totale ni définitive.

Pourtant, en dépit de ce que ces dispositions maintiennent parmi eux d'évidences communes, que de jugements et de comportements inconciliables! C'est sans doute que l'expérience se désignant elle-même comme psychanalytique ne présente pas chez tous exactement le même contenu. Rien de surprenant à ce que, parmi les premiers disciples et collaborateurs de Freud, soient survenus assez tôt des dissentiments et des ruptures. Ni lui ni eux ne voulaient adopter d'autre critère décisif que les *faits*. Mais on comprend qu'en matière de psychologie profonde le discernement, la liaison et le sens des faits soient choses problématiques. Les lacunes de l'information peuvent prêter à erreur dans l'interprétation des phénomènes. Et puis, cette interprétation n'est jamais indépendante des schémas de pensée de celui qui la formule, ni, plus largement, des incertitudes et inconnues de sa propre expérience existentielle. Et sans doute, ultimement, de son expérience religieuse, en positif et en négatif.

Si, dans le présent ouvrage, les considérations portant sur la relation entre l'ordre de l'expérience psychanalytique et l'ordre de l'expérience chrétienne réussissent à se garder un peu de la redite, de l'approximation philosophique, de l'équivoque en matière religieuse, ce sera à condition d'avoir tenu compte et de la distinction et de la corrélation originaire de ces deux modes d'expérience. Maintenir l'effort pour ne pas confondre les perspectives, sans pourtant dissocier l'homme réel, cela requiert de ne jamais perdre de vue le contexte total dans lequel vient s'inscrire le phénomène analytique. Chaque oubli d'un aspect important de ce contexte représente quelque infidélité grave, et donc falsificatrice, à une conception de l'homme qui exige la plus grande attention à toute *lacune* dans le discours de l'individu. Non pas n'importe quelle lacune, mais celle dont l'inconscient doit être tenu pour responsable, au dire des théoriciens du refoulement. « Le refoulement — nous rappelle justement Freud — est une sorte d'oubli qui se distingue des autres par la difficulté avec laquelle le souvenir est évoqué, même au prix des sollicitations extérieures les plus impérieuses, comme si une résistance interne s'opposait à cette reviviscence ». Compte tenu de cet avertissement autorisé, il me faudra examiner et rendre explicite, selon la mesure du possible, ce qui, dans les propos tenus sur l'homme par certains représentants de la science psychanalytique, inclut des silences et des refus, et ce qui précipite des synthèses arbitraires. C'est là, semble-t-il, une manière de se montrer fidèle au moins contestable de leurs découvertes.

Mais voici l'objection: Et si eux-mêmes récusent ce genre de fidélité? Si, spécialistes en la matière, ils désavouent tout recours à *leurs* concepts d'inconscient et de censure qui transgresserait les limites autorisées par la théorie? — Eh bien! l'occasion leur sera bonne de mettre en évidence, s'il y a lieu, le caractère injustifiable et les mobiles inconscients de cette manœuvre de récupération anti-scientifique, si c'est de cela qu'il s'agit. Encore ne faut-il pas s'imaginer que leur accord, sur ce point, serait chose facile: il n'a jamais été acquis et ne le sera pas. Il n'existe pas entre eux de position commune face à la réalité énigmatique qu'ils interrogent sous le nom d'inconscient. Ils n'admettent pas unanimement, au nom de leur expérience scientifique, des limitations précises de compétence, lorsque c'est autour des relations entre les figures de l'inconscient et le fait religieux que surviennent le silence, l'inquiétude, la négation, l'agressivité. Nombre de psychanalystes se tiennent pour croyants à quelque titre. Il arrive à tel ou tel, qui se défendait de l'être, de revoir entièrement ses positions sur ce point, et cela sous provocation de sa pratique médicale, entre autres. Pour lui, pas de difficulté désormais à faire cohabiter son savoir psychologique et sa foi, au contraire. Et ses collègues incroyants n'envisagent pas sérieusement de l'exclure, pour motif de conversion religieuse, de la société des scientifiques. Mais, par ailleurs, des évolutions s'effectuent aussi en sens inverse: active ou passive, la pratique psychanalytique paraît aboutir alors à un obscurcissement, ou même à une dissolution des convictions antérieures. Des faits de ce genre, on doit certainement conclure qu'un problème de fond existe, mais aussi que sa solution n'est pas une évidence antérieure à tout examen. Or, c'est précisément l'examen de ce problème qui me semble important. Si je le conduis mal, je ne pourrai m'en rendre compte qu'après avoir essayé. Le lecteur averti m'y aidera.

La question étant ainsi posée, et certaines limites de ma compétence étant reconnues, je dois m'imposer encore d'autres limites quant aux dimensions de mon développement. Je ne reprendrai pas en ces pages ce qui est fait et bien fait par tant d'autres. Il ne s'agira pas d'exposer par le détail l'histoire de la «découverte» et de l'exploration systématique de l'inconscient humain. Il ne s'agira pas davantage de procéder à une présentation d'ensemble des méthodes et doctrines des divers chefs de file de la psychologie des profondeurs. Il n'est pas question non plus de proposer, sur ce terrain même de l'expérience médicale, des aménagements éclectiques. Tout cela, certes, peut présenter de l'intérêt, et s'impose à l'attention de quiconque entend réfléchir sur le problème psychanalytique dans son ensemble — quantitativement, si je puis dire — et sur ses interférences d'ordre spirituels et religieux.

Mais il me faut envisager les choses sous un angle assez particulier, en examinant d'abord les types d'attitudes qui apparaissent quant l'esprit humain se trouve mis en présence des faits et des théories concernant l'inconscient. Ces types d'attitudes, je dois tenter de les interpréter, si possible, selon la dimension de profondeur : cela en vue d'éclairer le problème anthropologique à partir d'un point où se rencontreraient certaines données de l'expérience empirique et celle de la Révélation reçue en esprit d'Église.

Quelle marche effectuer? Je pars de ce fait que le problème de l'inconscient appartient à notre contexte culturel moderne. Il est toujours licite de l'aborder de ce point de vue, sans préjuger des vérités, demi-vérités ou erreurs, que peuvent inclure les doctrines, ainsi que les consciences individuelles et opinions collectives qui, de près ou de loin, leur font écho. Or des différences apparaissent entre les diverses attitudes adoptées face au fait psychanalytique. Une première différence peut être relevée entre ceux qui, en ces matières, n'ont que des informations fragmentaires ou seulement des impressions issues de la rumeur publique, et ceux qui réfléchissent méthodiquement, à même les faits, souhaitant comprendre ce qu'il en est de la réalité de l'inconscient. C'est là déjà un élément significatif — quoique assez vague à ce niveau — qui contribue à définir le contexte culturel au sein duquel opèrent les «spécialistes». Mais ceux-ci, à leur tour, avouent des divergences, sur un certain fond d'expériences, d'idées, de curiosités communes. Y a-t-il moyen d'expliciter quelques unes de ces divergences, quant à leurs modalités, leurs raisons, leurs motivations? Question décisive: quelle place le problème religieux, et les expériences particulières qui en définissent la forme, tiennent-ils dans ces dissentiments? Après avoir effectué une approche de cette question tout particulièrement sur les cas de Freud et de Jung, il devient nécessaire d'appliquer la réflexion philosophique aux faits et expressions doctrinales ainsi recueillis. Cela permet de mieux délimiter le genre de problème sur lequel psychanalyste et philosophe peuvent se rencontrer et confronter leurs idées sur l'homme. Cela permet aussi d'entrevoir quel genre de question ils sont contraints de laisser en suspens: les uns n'envisagent en aucune manière la possibilité d'obtenir sur la condition humaine plus de lumière que ne leur en apporte leur recherche; d'autres prennent en considération la possibilité d'une nouvelle lecture de leur expérience anthropologique, à partir d'un donné transcendant susceptible d'expliquer des points essentiels où leur propre expérience et leur réflexion ne parvenaient pas à définir exactement le fond du problème.

Tel est le mouvement d'ensemble que vont suivre les cinq

chapitres de la première partie. Il suffit pour l'instant de s'en tenir à eux. De leur aboutissement dépendra, le moment venu, la définition de ce qui, par voie théologique, en prolongera le questionnement. Ils forment un premier ensemble logique. Assurément, l'idée qui en guide la marche, et qui s'explicite progressivement, est déjà présente virtuellement au début. Il en va ainsi pour tout ouvrage de ce genre. Le lecteur peut demander seulement que ce qui est avancé soit, à mesure, étayé par des faits et par des textes, et justifié par des raisons; et que cela contribue à éclairer sa propre expérience de l'homme, en commençant par lui-même.

Puisque, dans le présent ouvrage, cette réflexion se veut loyalement et religieusement chrétienne, jusque sur mode théologique à partir d'un certain moment, il est normal de déclarer dès maintenant quelques-unes des convictions qui l'inspirent. D'abord celle-ci: que l'anthropologie chrétienne reçoit quelque lumière et de l'observation scientifique dont l'homme a été l'objet de la part de psychanalystes, et des conflits que la question religieuse provoque et révèle parmi eux. Ces conflits ne sont pas mis en avant pour disqualifier la recherche psychologique qui les fait apparaître, mais pour en recevoir un enseignement sur le fond religieux de l'homme. Il n'en résulte pas immédiatement un témoignage en faveur de la vérité du Christianisme, mais une meilleure compréhension de ce qui fait difficulté dans la rencontre entre: d'une part, l'idée chrétienne de l'existence, telle que l'Église l'élabore à partir de la Révélation, et, d'autre part, les postulats de l'expérience psychanalytique tendant à définir la représentation «scientifique» que l'homme moderne doit acquérir de lui-même. Et il vaut mieux que la difficulté soit perçue clairement. Elle est réelle.

Y aurait-il donc conflit fatal et incompatibilité finale entre deux systèmes de référence? La foi imposerait-elle un soupçon systématique sur les concepts et les attitudes morales engagés dans l'analyse de l'inconscient ? A l'inverse, une forme de conscience plus vraie que soi, obtenue par méthode exclusivement empirique, viendrait-elle démystifier la foi, tout en assurant sa propre victoire sur la religiosité équivoque, irrationnelle et primitive ? Ce sont là des questions que se posent bien des esprits modernes.

Mais dans l'une et l'autre hypothèses on présume qu'il y a constitutionnellement rivalité, conflit, entre la vérité religieuse — réelle ou prétendue — et la vérité psychologique de l'homme, et que, par conséquent, l'une d'entre elles au moins n'est pas vérité, et ne saurait se trouver comme vérité. Or, ni l'expérience religieuse, ni l'expérience analytique, en ce qu'elles ont de plus juste, ne peuvent cautionner ce préjugé du conflit nécessaire, encore qu'elles aient dû traverser, chacune à son niveau, la réalité du conflit intérieur de l'homme. Il paraît bien plus logique et prometteur de chercher à déterminer en quoi elles convergent, au moins jusqu'à un certain point, pour pourvoir l'homme intérieur d'une paix et d'une liberté dont l'absence a un effet perturbateur. Il ne s'agit d'ailleurs pas seulement d'attendre d'une telle convergence un résultat pratique dans l'ordre du mieux-être affectif, mais également d'y trouver, dans l'ordre spéculatif, un moyen de progresser vers la vérité complexe de l'humain. La pensée croyante peut donc viser à approfondir en quelque domaine le sens du Christianisme en s'interrogeant sur celui de la psychanalyse. Et cela sans rien concéder à la tentation de confondre les langues en identifiant ce qui demeure non seulement distinct, mais incommensurable. A ce prix seulement pourra apparaître, sur le point qui nous retient, la capacité d'intégration détenue par l'idée catholique de la condition humaine.

C'est très volontairement que les termes « psychanalytiques » employés ici pour la désignation de l'inconscient humain, ainsi que les méthodes appropriées à la détection et à la rectification de ses structures, font abstraction, dans une certaine mesure, des particularités et querelles d'écoles. Par exemple, savoir que Jung a son vocabulaire propre, où le mot *analyse* renvoie à un contexte opératoire et théorique distinct de celui du freudisme (et des freudismes entre eux dissidents), et savoir pourquoi, est certainement chose utile, et dont il importe de tenir compte pour se garder soi-même du défaut d'objectivité. Mais en retenir que les mots nécessaires à la désignation des problèmes traités doivent garder à tout prix et en toutes circonstances leur marque d'origine, ce serait se créer sans profit des difficultés évitables.

Quant à l'opportunité de définir une essence-en-soi de la psychanalyse, et de la religion, et du Christianisme, et du Catholicisme, la question se pose assurément. Ne nous renvoie-t-elle pas, à travers Platon et ses successeurs, à une interrogation constante et nécessaire de la pensée philosophique ? Et la théologie peut-elle s'en détourner ? C'est bien par conviction qu'elle ne doit pas le faire, que la réflexion ici engagée en viendra progressivement à se donner des références théologiques. Mais chaque chose en son temps. Il ne faut même pas préjuger au départ de la possibilité d'aboutir à des réponses en tout point convaincantes. Raison de plus pour ne pas anticiper, et mentionner seulement ces questions à titre d'orientation de recherche.

I

L'ENVAHISSEMENT PSYCHANALYTIQUE

L'occulte, le démoniaque, fascinaient jadis les sensibilités et les esprits. Seraient-ils aujourd'hui en voie de liquidation du fait du soupçon psychanalytique ? Certains voudraient s'en persuader, pour qui la science nouvelle aurait réussi à expliquer l'origine tout endogène de cette objectivation naïve du tourment obscur de l'homme. Or il faut constater que ce tourment semble bien s'attester autant que jamais à travers l'affairement suscité par l'entreprise d'interroger méthodiquement l'inconscient. Le prestige superstitieux acquis dans l'opinion par les sciences de l'homme, psychanalyse en tête, devrait, sur ce point, donner à réfléchir. Nous n'avons pas quitté l'âge du mythe.

Certes, le psychanalyste, qui se veut explorateur scientifique, a le plus souvent conscience des ambiguïtés du culte entretenu autour de son personnage. Son expérience aurait de quoi le ramener — le ramène en fait fréquemment — à la vieille évidence de la sagesse socratique : savoir qu'on ne sait pas. Certains, pourtant, risquent de négliger pour leur propre compte la tâche critique, car l'impératif de la recherche et les résultats de l'expérimentation peuvent fort bien entretenir en eux, ou autour d'eux, de nouvelles formes de dogmatisme, de scientisme, de « bonne conscience ». A cet égard, un signe doit être observé : le psychanalyste s'estime-t-il dispensé de chercher la vérité profonde (ontologique) de l'homme ? Oui ou non, est-il conscient qu'en lui, et dans l'opinion, un processus de censure peut être à l'œuvre face à cette question ? Tient-il à en déceler la provenance ?

1. L'occulte parmi nous

Au chapitre VIIe du *Livre des Fondations*, sainte Thérèse d'Avila répond à une consultation des sœurs de Salamanque au sujet de la conduite à tenir vis-à-vis de religieuses atteintes de « mélancolie ». En cette question difficile, comme en tant d'autres, la Réformatrice fait preuve de bon sens psychologique. Tout clinicien expert en états dépressifs ou paranoïaques appréciera jusqu'à un certain point la fermeté de son diagnostic. Sans doute appréciera-t-il moins certains aspects du traitement préconisé pour les cas les plus associaux. J'ai vu, écrit-elle, beaucoup de personnes atteintes de ce mal. La seule façon de les guérir est de les soumettre par tous les moyens possibles. Si les paroles ne suffisent pas, on recourra aux châtiments. Si les châtiments bénins n'ont pas d'effet, qu'on se résolve aux sévères. Un mois de prison peut ne pas venir à bout de la crise : quatre agiront mieux. Il faut les empêcher d'en prendre à leur aise dans le temps où elles souffrent de mélancolie, de peur que, dans le temps où elles en sont exemptes, elles ne soient plus maîtresses d'elles-mêmes. C'est là, ajoute la sainte, une terrible ruse du démon. Et si nous y regardons de près, nous verrons que ce qu'elles recherchent le plus, c'est de faire leur volonté propre, de parler selon ce qui leur vient à l'esprit, de découvrir des fautes chez les autres, de manière à se dissimuler par là les leurs. En quoi elles se montrent impuissantes à se diriger elles-mêmes.

Laissons de côté la question disciplinaire. On pourra discuter des avantages et inconvénients de la manière forte, sans oublier que nos neuroleptiques médicaux sont imposés aussi par ordonnance, faute d'effet suffisant du discours exhortatif... Ce qui risque de gêner le lecteur moderne, c'est sans doute déjà l'absence de considération — tout de même explicable — pour le point de vue des analystes de l'inconscient, attentifs à la genèse de ce genre d'état. Mais c'est davantage encore la référence à l'action occulte du démon, en une affaire dont le psychologue présume pouvoir rendre compte adéquatement sans faire intervenir aucune puissance occulte, étrangère au sujet malade. Et puis, à travers ce cas particulier, ce qui se trouve déconsidéré, n'est-ce pas, d'une façon plus générale, le recours aux explications par l'*autre* mystérieux, spécialité des magies et des religions?

A partir du moment où le psychologue se persuade de détecter par méthode scientifique des mécanismes jusque-là inexpliqués, sinon en termes de malignité morale, n'est-ce pas l'ensemble du système religieux qui perd sa crédibilité? Nous savons, disent les plus convaincus des topographes de l'inconscient humain, ce qu'il convient de penser de ce deuxième monde, soit infernal soit céleste, où une humanité ignorante de son propre fonctionnement psychique a localisé des *puissances* qu'elle objectivait hors d'elle-même, leur véritable lieu. Ce deuxième monde, *sur*naturel, n'est pas un autre monde. Ou bien, s'il est autre, il faut comprendre en quel sens: il s'agit de virtualités obscures de notre psychisme primitif, de dynamismes incontrôlés intervenant dans le jeu de nos conduites sans révéler leur finalité réelle. Et cela jusqu'à ce que le moi ait pu rentrer en possession de son propre domaine, avec l'aide d'un guide rompu à l'exploration des contrées subjectives souterraines où nul ne peut s'orienter seul. En tout cas, le « doublage » démoniaque du psychisme n'a plus de raison d'être. En découvrant aux profondeurs mêmes de l'homme l'altérité (relative) de l'inconscient, l'enquête scientifique est parvenue à une explication plus économique, libérée des superstitions d'antan [1].

Le problème vaut d'être posé. Mais il serait fort surprenant que sa résolution puisse intervenir aussi rapidement, de façon si péremptoire, en dehors d'une réflexion sur l'ensemble de l'expérience spirituelle où s'enracine la confession de foi chrétienne. Nous entrevoyons déjà le débat central en nous demandant si l'assurance est fondée, qui interprète le phénomène d'expansion psychanalytique comme correspondant à une neutralisation «scientifique» au sein de la mentalité moderne du besoin et du goût de l'occulte. En ce qui concerne les théoriciens de l'inconscient, nous aurons à constater bientôt qu'ils

---

1. «En remontant dans l'histoire de la médecine mentale, on retrouve périodiquement cette opinion, née de la mentalité la plus primitive, puis incorporée aux croyances religieuses, que la folie est le résultat d'une désobéissance aux puissances extérieures à l'homme: forces surnaturelles, puis êtres mythiques, esprits des morts, génies épars dans la nature ou personnes dans lesquelles ils s'incarnent (sorciers et inspirés). Puis divinités diverses et démons (ou prêtres); enfin, Diable unique s'opposant à Dieu. Ce qui aboutit à l'Être suprême des philosophies, à la participation duquel l'homme est convié selon la même aspiration qui, animant la Morale, l'écarte du Mal pour lui permettre d'accéder au Bien (...). L'idée... de la folie, possession de l'être humain par une puissance surnaturelle ou transcendante, s'explique assez simplement par ce fait clinique: que beaucoup d'aliénés allèguent eux-mêmes l'existence autour d'eux, et surtout en eux, d'une présence étrangère, dont la signification morbide intérieure est celle d'un être caractérisé par une discordance maligne avec leur propre personne morale: grossière, lubrique, contradictoire... Les naïfs observateurs de l'Antiquité ne faisaient pas autre chose, dans leur interprétation prélogique, que ce que continuent de faire, plus subtilement et selon une justification scientifique de leur tendance mythique, les psychiatres moralistes d'aujourd'hui: ils transposaient dans une réalité de connaissance ce qui n'est que la subjectivité morbide du sujet observé» (A. HESNARD, *L'univers morbide de la faute.* Paris PUF, 1948).

nous engagent, parfois bien à regret, en des zones de mystère dont une certaine mentalité positiviste se faisait gloire d'avoir détourné à jamais le véritable esprit scientifique. Et il est remarquable que même dans les cas où cette mentalité subsiste chez les analystes de l'inconscient, elle ne les dispense pas de faire finalement la rencontre d'un *résidu* psychique dont il leur faut parler alors en termes de mythe.

Quant aux profanes, qui, en guise de pensée, se contentent sur ces questions de faire écho à une certaine opinion publique, ils n'attendent pas réellement du psychanalyste une introduction au questionnement sans cesse renouvelé au contact d'un objet particulièrement énigmatique et insaisissable. Ils lui demandent d'abord la garantie d'une compétence de spécialiste, et éventuellement un compte rendu surprenant d'explorations effectuées en des domaines intérieurs où eux-mêmes ne souhaitent pas avoir à s'engager très avant. Partagés entre une curiosité intellectuelle, un besoin de se reconnaître, une anxiété plus ou moins incrédule devant les « révélations » qui leur sont faites touchant le fond de l'homme (son fond « érotique »), ils justifient à leur insu une part des thèses dont ils s'inquiètent et se détournent, tout en se sentant complices. L'occulte, tout à la fois, les intrigue et les gêne. Ils souhaiteraient le dominer, mais redoutent de s'y perdre eux-mêmes [2]. Aussi commencent-ils par se recomman-

---

2. « C'est sans doute une expérience très curieuse que d'assister, en tant qu'observateur, à une conférence publique où un spécialiste tente d'expliquer à des profanes les subtils mécanismes qui déclenchent et entretiennent une névrose, puis quels sont les processus du traitement psychanalytique.

L'atmosphère de la salle se fait légère et détendue tandis que le psychologue parle de ces déterminismes intérieurs qui commandent si souvent notre conduite : au fil du discours, chacun des auditeurs saisit au passage tel détail qui lui explique (croit-il tout au moins) certains comportements, certaines réactions qui lui avaient paru jusqu'alors totalement incompréhensibles. C'est à peine si l'on entendrait pas çà et là un « ouf » de soulagement ; car les audider des techniciens du psychisme pour s'assurer que la science sait désormais à quoi s'en tenir sur la nature de phénomènes autrefois soustraits au contrôle de l'homme. Le divin et le démoniaque — selon le sens que les traditions religieuses attribuaient à ces mots — cessent de mériter créance, et donc de justifier la peur (et le recours au prêtre). Mais, forts de cette assurance de la domination supposée de l'homme de science sur l'objet humain, ils se gardent le plus possible de descendre en eux-mêmes pour y vérifier l'exactitude de la théorie. Car alors, il leur faudrait s'affronter personnellement à l'inconnu redoutable dont l'évocation a remué un moment leur curiosité, non sans susciter une réaction de défense. Le divertissement est à portée, qui permettra d'éviter les lieux dangereux tout en autorisant l'illusion d'en pouvoir parler scientifiquement.

A cet égard, la divulgation mondaine du vocabulaire élaboré par les psychanalystes, et en premier par Freud, est significative des dispositions de la mentalité collective face à une réalité occulte avec laquelle l'homme moderne sait devoir compter. De toutes parts, on nous répète que le XXe siècle ne peut plus se concevoir sans Freud et ses disciples, ni sans la nouvelle conception de l'homme qu'ils nous ont imposée. C'est vrai, du moins en un certain sens. Le simple inventaire des termes et des thèmes d'époque permet d'entrevoir l'importance d'un phé-

---

teurs ne manquent pas d'interpréter ces analyses comme suit : « Mais non, vous n'êtes pas responsables de ces gestes absurdes » (...). Ensuite, dès que le conférencier aborde la seconde partie de son exposé, dès qu'il est question d'inceste... de castration, de souhait de mort, on sent presque physiquement le silence de la salle se faire lourd et tendu : cette fois, ce n'est plus un jeu, on fait sauter les tabous. Les assistants sentent un léger frisson leur courir le long de l'échine en songeant (très vaguement) à ce qu'eux-mêmes pourraient « sortir », si à leur tour ils devaient s'étendre sur le divan » (C. JAMONT, Préface au livre de Pierre Daco, *Les triomphes de la psychanalyse*. Paris, l'Inter, 1966).

nomène d'envahissement psychanalytique de l'opinion courante, et cela non seulement dans la littérature savante ou demi-savante, mais encore dans la presse à grand tirage. L'inconscient, les pulsions, le refoulement et les complexes sont partout chez eux, du moins verbalement. Le barrage a promptement cédé, que le corps médical avait tenté, au début du siècle, d'opposer aux flots d'irrationalité dont Freud désignait la source. Le flot s'est rapidement répandu sur des surfaces culturelles et morales que l'on tenait pour conquises définitivement sur l'élément liquide. Et quel amas d'alluvions disparates!

C'est vrai: un genre particulier de mauvaise conscience a gagné l'homme de l'âge psychanalytique. Mauvaise conscience qui peut, par ses équivoques, favoriser le succès d'une douteuse bonne conscience. On aurait tort de traiter un phénomène de cette sorte soit comme quelque chose d'aisément compréhensible, soit comme une nouveauté absolue (au sujet de laquelle on serait d'ailleurs bien en peine de préciser en quoi elle consiste fondamentalement), soit comme une manifestation d'une fatalité de l'histoire. Les transformations qui s'effectuent au sein des mentalités communes, à une époque donnée, ne doivent pas être décrites seulement en surface, ni présentées seulement en leur aspect novateur. Il faut en sonder les origines, à la fois du côté de l'histoire culturelle et du côté des profondeurs permanentes de l'homme. Sans nier la réalité d'un devenir significatif de la société occidentale et de sa problématique de l'homme, nous refusons de traiter superficiellement les expressions nouvelles de la difficulté depuis toujours ressentie par l'homme quand il se propose d'obtenir de lui-même une compréhension authentique. D'où cette conviction : qu'on a plus de chances de viser juste en interprétant la séduction de la «conscience moderne» — déjà dans son contenu le plus imprécis — comme une variante du rapport que l'homme a toujours entretenu avec l'occulte, et avec le domaine confus de la sacralité. Sacralité appréhendée selon un mode primitif, à la fois objet de curiosité, de désir et de crainte. Ainsi, quand le vocabulaire de la psychanalyse vient se banaliser dans le langage de tout le monde, cela ne signifie pas que chacun se trouve désormais en possession du savoir psychanalytique, mais que, par de nouveaux termes entrés dans l'usage commun tout en gardant un relent de mystère, l'âme charnelle tente d'évoquer un certain fond de besoins pour lesquels elle se trouve démunie d'autres formulations. Assurément, on n'ira pas en conclure que le fait psychanalytique tient tout entier dans ce qui s'en manifeste sous cette forme vulgarisée.

2. La psychanalyse comme propos de savoir expérimental

De la réalité psychanalytique, le public moyen retient surtout ce qui correspond en lui à un tourment vague et incertain de lui-même. Il s'en faut pourtant que le rapport de l'homme moderne à cette réalité soit par là suffisamment défini. Aucune opinion diffuse ne se serait consitutée sur ce point si la société n'incluait des personnalités elles-mêmes pleinement initiées, ou tenues pour telles par ceux qui réfèrent à leur savoir et à leur pouvoir. De même que, dans la sphère du religieux, la confiance des âmes qui sentent et croient sans prétendre contrôler tous les titres de crédibilité du message reçu, suppose toujours l'existence quelque part de sujets plus familiers avec les secrets divins, de même que l'acceptation commune des pratiques sociales renvoie implicitement à un savoir supérieur et à la volonté du souverain, ainsi l'omniprésence sociétaire de l'idée psychanalytique, suppose la conviction spontanée que cette idée est pour une élite objet de connaissance précise et norme éprouvée d'une action efficace. L'acte de confiance fondamentale sur lequel repose le discours vague relatif à l'inconscient et au savoir qui s'y rapporte, cherche justifications et avantages en se recommandant d'un savoir de qualité meilleure, et de succès thérapeutiques démontrés. Ainsi, l'authentique conscience de soi du savoir psychanalytique n'est pas à chercher parmi les curieux informés par la rumeur publique, mais chez ceux à qui celle-ci attribue de confiance un savoir plénier et un pouvoir effectif lié à ce savoir.

Cela dit, il est plutôt rassurant d'apprendre des thérapeutes en question qu'ils ne sauraient entériner purement et simplement la représentation que d'autres, moins informés, se donnent de leur personnage. Leur science et leur pratique les ont mis en garde contre la complaisance qu'ils pourraient entretenir à l'égard d'eux-mêmes, et surtout de la corporation. Le *personnage* de l'analyste est d'abord une production du sujet soumis à l'analyse, ou qui aurait besoin de s'y soumettre afin d'être libéré d'un mythe paternel spontanément projeté sur le praticien de qui il escompte recevoir la résolution de ses malaises. Si le psychanalyste entrait dans le rôle que l'on tend à lui faire jouer, s'il portait sur son propre savoir le même jugement que porte sur lui l'inconscient d'autrui, ce ne pourrait être que sous l'emprise d'un inconscient de même nature. On doit donc admettre que l'authenticité du savoir et de la pratique analytiques suppose, entre autres garanties, la critique des jugements ayant cours dans l'opinion publique : soit l'engouement superstitieux, soit la réaction de défense contre la réalité d'un inconscient humain.

On sait que Freud, pour sa part, a été conduit par les analyses portant sur ses propres motivations à rectifier en cours de route non seulement certaines de ses représentations théoriques de l'« appareil psychique », mais encore quelques-unes de ses manières d'être dans la pratique de son art. A coup sûr, davantage d'expérience dans l'ordre de la connaissance de l'homme, et déjà dans celle des motivations dont dépendait son entreprise, l'eût amené à remettre en cause certaines convictions personnelles tenues par lui pour solidement fondées. En somme, une nouvelle version de la sagesse socratique : entrer dans la connaissance de sa propre ignorance.

Le type de savoir qui porte sur l'inconscient est, en effet, manqué, là où règne le préjugé de savoir déjà, comme aussi le préjugé qu'il n'y a pas en ces régions matière à découverte. Entre les démarches indispensables à l'exploration méthodique de l'inconscient et le sujet susceptible de les accomplir, quels obstacles plus résistants qu'une ignorance et un refus dont l'origine se situe précisément en cet inconscient ? Poser d'avance que la notion en est contradictoire parce que ne correspondant à rien dans la représentation que la conscience se donne de ses objets, c'est justifier — selon l'expérience de l'analyste — la vérité de sa théorie. C'est la vérifier malgré soi en se mettant, par ignorance de sa propre inexpérience, dans l'impossibilité de progresser vers ce qui serait à découvrir[3]. Mais ici les choses se compliquent, car le thérapeute lui-même, s'il refuse de tenir dogmatiquement sa science actuelle pour le suprême savoir accessible au sujet de l'homme, ne sera-t-il pas entraîné dans un doute dévorant quant à la valeur de vérité de ses convictions personnelles ? Par sagesse, il devrait d'abord revendiquer le savoir de son ignorance, du fait de l'inconscient dont il reconnaît en lui

3. « La psychanalyse provoque chez ceux qui en entendent parler la même résistance qu'elle provoque chez les malades. C'est de là, sans doute, que vient l'opposition si vive, si instinctive, que notre discipline a la don d'exciter. Cette résistance, d'ailleurs, prend le masque de l'opposition intellectuelle, et enfante des arguments analogues à ceux que nous écartons chez nos malades au moyen de la règle psychanalytique fondamentale (...). La vanité de la conscience, qui repousse si dédaigneusement le rêve, par exemple, est un des obstacles les plus forts à la pénétration des complexes inconscients : c'est pourquoi il est si difficile de persuader les hommes de la réalité de l'inconscient, et de leur enseigner une nouveauté qui contredit les notions dont s'est accommodée leur conscience » (FREUD, *Cinq leçons sur la psychanalyse,* Payot, 1965).

la présence et l'action. Il devrait renoncer à s'octroyer le titre de spécialiste d'une science réellement possédée. Pourquoi mettrait-il un point d'arrêt au mouvement de critique des illusions de la conscience immédiate ? Certaines sagesses orientales n'ont-elles pas poussé à l'extrême la terrible logique du désillusionnement ?

En fait, pas plus que le « savoir qu'on ne sait pas » socratique n'entraîne un abandon du projet de connaître la réalité véritable, la critique freudienne de la conscience immédiate ne se propose d'amener le psychanalyste à larguer toute certitude scientifique. Chez lui du moins la conscience maintient ou recouvre ses droits. La vérité subjective et objective en défaut chez ceux que n'a pas démystifiés sa technique, elle est présente en lui et il peut s'en recommander, du moins après vérification expérimentale du bien fondé de sa théorie de l'inconscient. Certes, il doit douter encore de l'ajustement parfait de la théorie à l'objet dont elle traite, mais non point de sa justesse partielle. Puisque, d'une part, le non-conscient rencontré par lui n'équivaut pas à un pur néant, mais consiste en une réalité autre que celle qui est donnée à chacun avec la conscience de soi ; puisque, d'autre part, la possibilité d'une science authentique est admise partout où une hypothèse réussit à se vérifier moyennant la réponse obtenue par expérimentation, il devient évident que l'entreprise du psychanalyste procède de la conviction suivante : l'esprit humain peut aboutir à un savoir de type scientifique, pourvu qu'il adapte patiemment la méthode expérimentale à une réalité psychique encore partiellement inconnue, dont il sait du moins l'existence et certaines caractéristiques. Que les profondeurs de l'homme soient aujourd'hui ouvertes à l'investigation médicale, et que celle-ci ait chance d'obtenir une rectification de manières d'être et de penser privant l'individu — et donc aussi les collectivités — de leur équilibre véritable, voilà une conviction sans laquelle l'analyste ne se serait pas engagé dans la carrière, ou du moins n'y persévérerait pas en esprit d'honnêteté.

Le savoir dont il s'estime pourvu pose une limite à la radicale et paralysante critique de la connaissance qu'aurait pu encourager la mise en évidence d'une réalité de l'inconscient. Fort de la certitude de détenir une certaine vérité sur le secret de l'homme, il lui arrive de prendre son parti, et même de tirer gloire de l'absence en sa vie de toute autre information concernant un secret plus essentiel. Il semble alors que nulle crainte ne le tourmente d'être de la sorte manœuvré clandestinement par quelque chose en lui qui relèverait encore de l'inconscient. Serait-il parvenu à se garder assez des ruses maléfiques de l'occulte pour pouvoir sans risque personnel en scruter et dominer le mystère, certain qu'une telle position est assise sur un fondement inexpugnable ? L'avantage ainsi obtenu serait double : par rapport aux victimes du préjugé de la conscience suffisante, et par rapport aux naïfs en qui la simple évocation de la science psychanalytique détermine soit un réflexe de fuite, soit une superstitieuse dévotion, soit — le plus habituellement — une attitude ambivalente faite de l'un et de l'autre.

3. Un prestige ambigu

Il fait rappeler la différence entre les modalités d'expérience qui, dans l'opinion moyenne, d'une part, et chez les spécialistes, d'autre part, valent à la psychanalyse son prestige actuel. Un tel prestige, quoi qu'il en soit de cette différence, apparaît globalement assez important. Jusque dans les réactions d'hostilité qu'on lui oppose, il constitue un fait culturel très significatif. Mais la difficulté est bien de discerner quelle est cette signification, et de ne pas glisser de la simple constatation du phénomène à un jugement de sens et de valeur sans avoir examiné les composantes psychologiques des attitudes collectives et individuelles qui s'y rattachent. Et puisqu'on nous répète que la leçon des critiques modernes radicales de la bonne conscience – qu'il s'agisse de Marx, de Nietzsche, de Freud, ou d'autres – ne doit pas être perdue, puisque nous avons dû apprendre d'eux, bon gré mal gré, la pratique du *soupçon* [4], comment renoncer, par illogisme ou intimidation, à l'exercer aussi sur eux ? Si je considère que chez eux la critique ne va jamais sans une solide assurance dans le bon droit de leur critique, j'aurai à examiner la valeur réelle de la cause qu'ils assument, mais sans me dissimuler que cet examen, chez moi, prend appui sur un type de certitude que n'a pas réussi à ébranler (au contraire) l'attention la plus loyale portée à leurs raisons. Désireux de rendre justice à la part de vérité présente en celles-ci, il me faudra demeurer lucide sur ce qui en limite la portée et l'exactitude.

Dans ce chapitre, le phénomène psychanalytique a été abordé d'un point de vue encore très extérieur : en tant qu'il imprègne l'opinion moderne à divers niveaux de préoccupation. Selon cette perspective, deux remarques doivent encore être faites. D'un côté, là où les données techniques du problème ne sont pas objectivement connues, le pour comme le contre appellent inévitablement une sérieuse critique dès lors qu'ils s'affirment d'une

4. « Le philosophe contemporain rencontre Freud dans les mêmes parages que Nietzsche et que Marx ; tous trois se dressent devant lui comme les protagonistes du soupçon, les perceurs de masques. Un problème nouveau est né, celui du mensonge de la conscience ; ce problème ne peut pas rester un problème particulier parmi d'autres, car ce qui est mis en question de manière radicale et générale, c'est ce qui nous apparaît à nous, bons phénoménologues, comme le champ, comme le fondement, comme l'origine même de toute signification : je veux dire la conscience. Il faut que ce qui nous apparaît fondamental en un sens nous apparaisse préjugé en un autre sens : le préjugé de la conscience » (Paul RICŒUR, *Le conscient et l'inconscient*, au VIe Colloque de Bonneval sur *L'inconscient*. Textes publiés dans la Bibliothèque neuro-psychiatrique de langue française, Desclée de Brouwer).

manière trop entière. Outre qu'ils ne reposent pas alors sur une information suffisante, ils laissent place au soupçon quant à leur motivation réelle. Non seulement le psychanalyste, mais aussi le philosophe et le théologien pourront y dénoncer un réflexe trop élémentaire à l'endroit de l'occulte ou du sacré. Et même la confiance accordée a priori au savoir transcendant du spécialiste de l'inconscient sera justiciable d'une critique psychologique — De l'autre côté, là où l'inconscient est devenu l'objet d'une problématique savante, plus complexe et plus dissonante que ne le soupçonne le grand public, toute inquiétude concernant les motivations et raisons des adhérents à la doctrine ne doit pas disparaître pour autant.

Car il reste à se poser bien des questions. Les jugements formulés au nom de la science sur l'inconscient humain, les techniques employées en corrélation avec elle, la manière dont sont définies théoriquement et pratiquement les relations entre la réalité humaine envisagée comme totalité et ce qu'en atteint la psychanalyse, tout cela n'est-il pas susceptible, dans bien des cas, de couvrir d'une autorité scientifique indue une disposition fort déficiente de la pensée à l'égard de l'ordre ontologique ? Assurément, il faudra, en cas de jugement critique, indiquer en vertu de quelle vérité et de quelle expérience celui-ci peut être porté. Dans l'immédiat, et provisoirement, il suffira de répondre que la confrontation même des positions tenues par les théoriciens de l'inconscient met en évidence un sérieux malaise entre eux, et entre tel aspect de leur science et de leur pratique et la réalité même de l'homme. Car celle-ci n'est pas contrainte au mutisme depuis qu'ils lui dispensent leurs consultations.

Reste que le prestige ambigu de la psychanalyse, s'il est un lieu d'équivoques, n'en a pas moins un effet révélateur intéressant. S'y traduisent certaines particularités, certains approfondissements, et aussi certaines contradictions internes de la conscience moderne au sein d'un contexte culturel lui-même disloqué. C'est Jung qui faisait remarquer — pas lui seulement — qu'une analyse individuelle conduite assez loin rencontre finalement certains conflits généraux tenant à l'époque [5]. Comment en irait-il autrement ? Mais pour que l'analyste ne soit pas lui-même désorienté par ce conflit, sans doute faut-il que sa relation personnelle à ce qui fonde la vérité ultime de l'homme ne soit pas définie exclusivement par un type d'hypothèse à travers lequel se laissent reconnaître les tourments intellectuels et spirituels du temps où il vit.

5. « Nous découvrons toujours en un malade un conflit qui, à un certain point, tient aux grands problèmes de la société, de sorte que lorsqu'on s'est avancé jusqu'à un certain point, le conflit d'apparence individuelle du malade se dévoile être un conflit général de son milieu et de son époque. Ainsi, la névrose n'est, en somme, pas autre chose qu'une tentative individuelle de solution (malheureuse, il est vrai) d'un problème général » (JUNG, *L'âme et la vie*, Buchet, 1965).

II

L'INCONSCIENT : THÉORIES ET RÉALITÉ

Au premier rang des explorateurs modernes de l'inconscient, trois noms peuvent s'imposer, qui ont un peu valeur de symbole, du fait de leurs intérêts communs et très vite de leurs dissentiments méthodologiques : Sigmund Freud, Alfred Adler, Carl Gustav Jung. Freud demeure, de plusieurs points de vue, l'incontestable pionnier. En lui l'expérimentateur en quête de formulations toujours mieux ajustées, et le doctrinaire porté aux exclusives, grandissent côte à côte : une donnée qui, en elle-même, appelle examen. La mise à jour de l'inconscient se formule d'abord chez lui selon un registre tributaire de la biologie du moment. D'où le dualisme entre un inconscient énergétique et un moi conscient et socialisé. Mais par la suite, une scission est constatée à l'intérieur même du moi : entre le *ça* des pulsions primitives et le *surmoi* issu des rapports parentaux ; entre *l'éros* et l'instinct de mort (*thanatos*). Ce qui se présente ainsi comme une avancée « scientifique » fait davantage ressentir une lacune, et même une radicale impuissance, quant à l'intégration de l'homme à l'intérieur de la totalité ontologique.

Avec Adler, première dissidence. Ce disciple émancipé cherche du côté de l'instinct d'excellence, plutôt que de celui de la *libido* sexuelle, l'origine des névroses et complexes. La thérapeutique envisagée passe par la réussite de l'intégration sociale de l'individu. Mais est-ce suffisant pour rendre compte de la situation réelle de l'homme? Freud a-t-il été vraiment rectifié par la proposition de cette nouvelle perspective? — Enfin Jung, lui aussi «infidèle» — selon l'appréciation de Freud intervient avec son projet conciliateur. Les systématiques de Freud et d'Adler lui semblent correspondre à une antithèse reconnaissable dans la typologie des caractères psychologiques: opposition de l'introverti et de l'extraverti. D'où la perspective proposée d'une tension régulatrice entre deux contraires, collectif et individuel. L'inconscient individuel plonge ses racines dans une psyché collective habitée d'archétypes, ou images primordiales et matrices d'humanité. Cette quête du lieu originel — de figure maternelle — ne va pas sans une ambivalence de la figure du père. Si Jung se perd quelque peu dans sa problématique originale, comme dans la leur Freud et Adler, nous voilà provoqués à la recherche d'une interprétation plus profonde et adéquate de l'humain.

1. Contexte d'une découverte

Ce domaine du psychisme humain qu'on appelle l'inconscient a d'abord été, un beau jour, puis progressivement, l'objet d'une découverte. Sigmund Freud, découvreur de cette terre inconnue (ou très mal connue) fut aussi le premier à tenter, en explorateur, d'en dresser la carte. C'est là, du moins, une thèse assez souvent admise — sans trop de nuances — lorsqu'on relate l'histoire de l'événement qui nous retient ici. L'histoire ajoute aussitôt ceci : comme il s'agissait, en l'occurrence, d'une sorte de carte géologique, dans laquelle la supputation et l'hypothèse devaient intervenir partout où l'observation directe ne pouvait fournir que des suggestions partielles et diversement interprétables, il s'est trouvé que d'autres membres de l'expédition, dévoués à la même recherche, collaborateurs des débuts ou premiers disciples, ont élaboré à leur tour des interprétations en partie concordantes, mais aussi en partie divergentes, du même donné humain. On cite : Jung, Adler, Rank, Ferenczi, et d'autres. Mais même ceux qui avaient des vues assez originales pour faire école n'ont contesté à Freud ni le mérite de la découverte stimulante, ni l'avantage d'une capacité éminente en matière d'expérimentation et de théorie. Ils ont cru toutefois reconnaître dans ses comportements psychologiques, ainsi que dans le systématisme et la partialité de certains de ses jugements sur la réalité étudiée, des irrationnels qui leur interdisaient de le suivre en toutes ses thèses et déductions. Et il est admis qu'une particulière susceptibilité rendit Freud assez intolérant à tout ce qui ne lui paraissait pas consoner à ses préférences affectives et à ses convictions psychanalytiques. Ce point aussi doit être rappelé, non pour lui attribuer a priori plus de responsabilité qu'à d'autres dans les dissentiments qui ont très tôt brisé l'accord des théoriciens de l'inconscient, mais pour manifester sur leur cas combien il est plus facile de désigner la direction approximative d'une recherche que d'obtenir expérimentalement sur l'objet désigné des certitudes concordantes.

Certes, même en des expériences portant sur une réalité mesurable, par exemple en physique, de telles certitudes ne sont pas toujours aisément conquises. Il est néanmoins de la nature des phénomènes de cette sorte d'imposer assez vite l'autorité du fait, par l'intermédiaire du calcul et des lois que celui-ci permet de formuler. Lorsque des résultats chiffrés se présentent régulièrement identiques, ils écartent certaines contestations. Mais l'inconscient psychique ne se prête pas à la mesure, même lorsque l'expérience paraît avoir autorisé certaines hypothèses sur ses structures cachées et sur les lois qui y jouent. Et par ailleurs, serait-il logique d'affirmer la présence active d'un inconscient, et d'omettre de compter avec lui chez ceux qui s'appliquent à l'explorer ? Dès lors il paraît assez légitime de lui attribuer, au moins partiellement, la responsabilité des oppositions entre personnes et entre théories lorsque ces oppositions surviennent à son propos. Provisoirement, une bonne manière de donner raison — au moins partiellement — à Freud et à ses émules, quant au bien fondé de leur affirmation sur la réalité de l'inconscient, ce pourrait être de prendre celui-ci sur le fait au moment où il intervient non seulement comme occasion, mais bien comme facteur secret de discorde entre ceux qui semblent s'accorder pour affirmer son existence et pour dénoncer ses effets chez ceux qui la nient. Car autrement, à quoi attribuer leurs divergences ? Si des esprits ayant en commun cette idée de l'inconscient se divisent à son sujet, ce n'est pas en vertu des vues exactes qu'ils ont réussi à prendre sur lui, mais bien par suite d'un certain assujettissement vis-à-vis de lui. Non pas nécessairement chez tous, mais pour le moins chez quelques-uns d'entre eux, qui pensent devoir s'inscrire en faux contre les thèses (éventuellement justes) d'autrui [1].

---

1. « On n'est pas souvent impartial lorsqu'on se trouve en présence des choses dernières, des grands problèmes de la science et de la vie. Je crois que dans ce cas chacun est dominé par des préférences ayant des racines très profondes, et qui, sans qu'il s'en doute, dirigent et inspirent ses spéculations. En présence de toutes ces raisons de se méfier, il ne reste à chacun de nous qu'à adopter une attitude de calme bienveillance à l'égard de ses propres efforts intellectuels. Et je m'empresse d'ajouter que cette attitude critique à l'égard de soi-même ne comporte nullement une tolérance particulière et voulue à l'égard d'opinions divergentes. On doit repousser impitoyablement les théo-

Dira-t-on qu'aborder les choses de cette manière, c'est en prendre à son aise avec la notion d'inconscient entendue au sens précis et limité qui a été retenu pour elle par la psychanalyse? Objectera-t-on qu'il y a trop de systématisme à prétendre rattacher à l'inconscient lui-même toute divergence survenant entre esprits scientifiques qui s'emploient à le définir? L'objection vaut peut-être, mais non de la part de ceux qui admettent la stricte partition entre conscient et inconscient entendus au sens freudien, la distinction entre conscient ou non étant, selon Freud, «la seule lumière en psychologie des profondeurs». Si donc l'attribution à l'inconscient freudien des oppositions entre théoriciens de l'inconscient n'est pas justifiable, on n'en découvrira la raison qu'en prenant quelque liberté par rapport à Freud, et en envisageant des problèmes pour lesquels il n'a pas de réponse.

Mais il importe déjà de comprendre la leçon de Freud à partir de lui-même. Rappelons d'abord que l'élaboration des thèses sur l'inconscient ne s'est pas effectuée en dehors de tout contexte culturel. Selon de nombreux exégètes, la pensée de Freud provient, dans sa formulation, d'une difficile et souvent incertaine confrontation entre deux dispositifs mentaux: d'une part, un héritage idéologique plutôt inapte à servir la théorisation des découvertes de l'expérimentateur; et, d'autre part, la perspicacité dont ces découvertes procédaient, et qui tentait d'en mener à bien la justification théorique. Freud, par exemple, n'a jamais franchement renoncé à l'idée que le dernier mot de l'explication psychologique pourrait bien revenir à la science biologique. Or cette idée faisait partie des postulats d'une certaine

ries qui se trouvent en contradiction avec l'analyse la plus élémentaire de l'observation, et cela tout en sachant que la théorie qu'on professe soi-même ne peut prétendre qu'à une exactitude provisoire» (FREUD, *Au-delà du principe de plaisir,* dans *Essais de psychanalyse,* Payot, 1963).

médecine régnant au temps de ses études et de ses premiers travaux. Par son maître Brüke, il se rattache à un courant « physiologiste », selon la ligne de Fechner et d'Helmholz. Toute réalité psychique devra être ramenée à des éléments de nature quantitative et énergétique. Assez vite abandonné en son expression la plus rigide, le projet de faire tenir dans un tel cadre les données d'une psychologie scientifique subsistera pourtant chez Freud comme une sorte de requête théorique et de rêve compensateur, alors que depuis longtemps les découvertes accomplies par démarche expérimentale auront suscité chez lui des schémas explicatifs logiquement incompatibles avec le mécanisme énergétique des débuts. Il est significatif, à cet égard, que la dévotion admirative maintenue à l'endroit de Fliess, jusqu'à une douloureuse rupture, aura étroitement emmêlé un besoin de sécurisation par le père et un besoin de référence au biologiste comme au type idéal du scientifique.

Freud ne dispose pas de repères assurés pour ce qui est des rapports entre l'ordre physiologique et l'ordre psychologique. Il ne dispose pas non plus, dans son contexte culturel immédiat, d'une notion philosophique de la conscience qui soit suffisamment libérée des postulats de la tradition idéaliste. Aussi les révélations qu'il divulgue, au nom de l'expérience psychiatrique, sur les servitudes intérieures et les illusions de la subjectivité, heurtent-elles à la fois certaines positions spiritualistes et certaines positions matérialistes. Cela provient déjà sans doute du fait suivant : ceux qui tiennent les unes comme ceux qui tiennent les autres méconnaissent ensemble le statut de mixte propre au composé humain, statut qui interdit de traiter l'homme comme un esprit pur, soit comme un appareil neurologique perfectionné, clairement connaissable par là même qu'aura été découvert le secret de la machine. Dans l'obstination apportée par Freud à interroger les faits — ceux du moins qu'il était apte à discerner — il faut voir un signe de l'intérêt porté au donné empirique, et aussi sans doute d'une certaine fascination par le mystère de l'homme. Est-ce à dire que l'indigence du seul contexte philosophique connu de lui ait été sans effet sur sa manière de systématiser ? Pour quiconque réfléchit aux conditions indispensables à une approche de la vérité de l'homme, la chose n'est guère concevable. Et nous devrons constater qu'elle ne correspond pas à la réalité.

2. Le schéma freudien de l'« appareil psychique »

Dès les premiers travaux de Freud en matière psychiatrique commencent d'apparaître les linéaments essentiels de sa représentation de l'« appareil psychique ». C'est le cas en particulier pour son étude, publiée en 1895, sous le titre : *Vers une psychothérapie de l'hystérie.* Cependant, au long des années, il ne cessera pas d'aménager et de modifier ses propres hypothèses. On peut être frappé de l'insistance avec laquelle des essais tardifs, tels que *Au-delà du principe de plaisir* ou *Le Moi et le Ça*, font état de l'insécurité intellectuelle imposée au chercheur dès lors qu'il lui faut formuler des hypothèses générales. Soit qu'il emprunte aux concepts de la psychologie, soit qu'il poursuive une justification biologique de ses thèses analytiques, il sait pouvoir être acculé finalement à démolir ses propres constructions. C'est ainsi que l'importance attribuée par lui aux découvertes de la biologie dans le destin de la science du psychisme le fait s'exprimer en ces termes, dans *Au-delà du principe du plaisir* : « Ce qui augmente dans une mesure considérable l'incertitude de nos spéculations, ce sont les emprunts que nous sommes obligés de faire à la science biologique. Il est vrai que la biologie est le domaine de possibilités infinies, une science dont nous sommes en droit d'attendre les explications les plus étonnantes, sans que nous soyons en mesure de prévoir les réponses qu'elle pourra donner dans quelques dizaines d'années aux questions que nous posons. Ces réponses seront peut-être telles que tout notre édifice artificiel d'hypothèses s'écroulera comme un château de cartes»...

Malgré tout, au moment, où il écrivait ce texte, Freud avait observé depuis longtemps un certain «noyau» de faits d'ordre psychologique, noyau qui n'était pas à la merci des aléas de l'expérimentation biologique, pas plus d'ailleurs que des contestations surgies d'autres horizons, scientifiques ou philosophiques. Et le commencement d'interprétation portant sur les phénomènes observés se tenait assez près de ceux-ci pour subsister comme une base solide sous les hypothèses discutables que lui-même pourrait y adjoindre sur le moment ou par la suite. Il était désormais difficile de nier toute réalité de l'inconscient psychique, quelles que soient les questions surgissant à son propos.

La mise en évidence de cette réalité a comporté, on le sait, des préparations lointaines dans le domaine psychiatrique. Tout ce qui a tourné autour du problème des «dissociations de la personnalité», ainsi que de la suggestion hypnotique, constituait avant Freud un domaine d'investigation ou des questions telles que la nature du moi, de la stabilité de la conscience de soi, se chargeaient de certaines énigmes. Ce n'est pourtant qu'à partir des observations faites, à la suite de Breuer, sur la détente libératrice obtenue chez un sujet hystérique par la remontée et l'expression émotionnelle de souvenirs ensevelis, que Freud a commencé d'entrevoir une explication «par l'inconscient»[2].

---

2. «La méthode de Freud et de Breuer consistait en ceci: sous l'influence d'une légère hypnose, on faisait remonter à la conscience les souvenirs oubliés. Il s'agissait de ranimer le souvenir vécu des circonstances entourant l'éclosion des symptômes. Par la suite, Freud devait abandonner cette méthode; en effet, les sujets présentant des symptômes hystériques n'étaient pas tous hypnotisables, et, de son côté, la méthode hypnotique n'était pas en mesure

Celle-ci avait pour garantie une pratique efficace : la méthode psychanalytique. En neutralisant la force « refoulante », par l'effet de laquelle certains dynamismes psychiques avaient été contraints d'agir incognito sur mode conflictuel, et en éliminant par là certains symptômes pathologiques, la pratique établissait la vérité de la théorie.

Dans ces conditions s'est constituée autour de la notion d'inconscient une certaine constellation de termes psychanalytiques, dont les rapports réciproques voudraient déterminer le sens exact de cette notion. *Censure, refoulement, conflit* : ce sont les premiers termes requis pour la définition du domaine et de la nature de l'inconscient[3]. Eux-mêmes en appelleront

---

de renseigner suffisamment sur la nature de l'hystérie. Bien que conçue pour l'hystérie et considérée comme la clé de ses mystères, la méthode dite *cathartique* paraissait inapplicable à de nombreux cas d'hystérie, mais extrêmement efficace, en revanche, pour d'autres formes de névrose. Ces recherches devaient aboutir à un double résultat. D'une part, elles permettaient à Freud de situer l'étiologie des névroses acquises dans le domaine sexuel, et d'autre part, elles lui donnaient le moyen de faire émerger la névrose obsessionnelle et la névrose d'angoisse du chaos des névroses en général » (H. PIRON, dans *La psychanalyse, science de l'homme,* Dessart, 1964).

3. « Nous avons appris, ou plutôt nous avons été obligés d'admettre, qu'il existe des processus psychiques intenses, ou des représentations capables de se manifester par des effets semblables à ceux produits par d'autres représentations, voire par des effets qui, prenant à leur tour la forme de représentations, sont susceptibles de devenir conscients, sans que les processus eux-mêmes qui les ont produits le deviennent (...). C'est en ce point qu'intervient la théorie psychanalytique pour déclarer que, si certaines forces sont incapables de devenir conscientes, c'est à cause d'une certaine force qui s'y oppose ; que, sans cette force, elles pourraient bien devenir conscientes. Ce qui permet de constater combien peu elles diffèrent d'autres éléments psychiques, officiellement reconnus comme tels.

Ce qui rend cette théorie irréfutable, c'est qu'elle a trouvé dans la technique psychanalytique un moyen qui permet de vaincre la force d'opposition, et d'amener à la conscience les représentations inconscientes. A l'état dans lequel se trouvent ces représentations avant qu'elles ne soient amenées à la d'autres, en sorte de permettre une symbolisation d'ensemble de l'appareil psychique. Tout procède à partir de ce qui a été entrevu par Freud lors de l'observation des symptômes de l'hystérie, et de l'amélioration obtenue grâce à l'actualisation verbale des souvenirs générateurs de névrose. L'inconscient n'est plus alors envisagé en termes purement négatifs, comme une simple non-conscience. Il se signale comme une réalité dynamique intérieure au psychisme, structurée en un système relativement indépendant, et sous-traite au contrôle de la conscience, alors même qu'elle intervient, selon sa logique déroutante, dans *l'ensemble* de la vie du sujet. Dans l'ensemble, c'est-à-dire non seulement à travers le langage symbolique du rêve et dans le régime de l'affectivité, mais jusqu'en cette mise en scène objective en quoi consiste le malaise organique monté par l'hystérie.

Il suffit d'évoquer en ces termes la nature de l'inconscient pour comprendre que Freud affirme cette réalité à partir d'une certaine idée dualiste et conflictuelle du psychisme humain. Mais comment concevoir ce dualisme qui fait que, en un même être, deux systèmes coexistent, sans recouper le rapport âme-corps conçu par les philosophes dualistes ? On pense d'abord à une manière de rupture entre deux moi qui interviendraient ensemble dans le domaine des pensées, des sentiments, des conduites, chacun jouant son jeu non point en harmonie, mais en opposition avec l'autre, le conflit n'étant d'ailleurs pas directement perçu par le sujet. En somme, celui-ci doit compter à son insu, avec un autre en lui. Un autre aussi étranger, en un sens, que le serait un sujet différent. A propos de l'inconscient, Freud écrit

---

conscience, nous avons donné le nom de *refoulement* ; et quant à la force qui produit et maintient le refoulement, nous disons que nous le ressentons, pendant le travail psychanalytique, sous forme d'une résistance » (FREUD, *Le Moi et le Ça*, dans *Essais de psychanalyse*).

que « nous sommes vis-à-vis de lui comme devant le phénomène psychique qui s'accomplit chez notre prochain ».

Si utile qu'elle soit, cette analogie des deux moi reste une analogie, et enveloppe plusieurs énigmes. Énigme d'un système inconscient quasi autonome, qui exclut précisément ce qui paraît fonder l'autonomie réelle de l'homme, à savoir la conscience ; qui interdit, par conséquent, qu'on le comprenne d'après le modèle de la subjectivité en première personne. Énigme, ensuite, de l'interférence entre l'inconscient et le conscient (ou le moi proprement dit). Et effectivement, de Freud à Lacan, les psychanalystes professeront que l'impénétrabilité de l'inconscient n'a aucunement pour contrepartie une clarification de la réalité désignée par des notions telles que le moi ou le conscient. Énigme, enfin, de l'antagonisme qui fait s'opposer à l'intérieur d'un même psychisme individuel, autour de deux pôles, des forces elles-mêmes de nature incertaine.

Face au phénomène de *résistance* (à savoir le refus, par les dynamismes constitutifs du psychisme profond, de dire leur nom et de se présenter pour ce qu'ils sont) Freud s'est d'abord exprimé de façon approximative, attribuant au moi la force répressive qui voue ces dynamismes à l'oubli, à l'action souterraine, au déguisement onirique, et finalement à la protestation névrotique. Deux données semblent constituer alors ce moi : le contact perceptif avec le monde extérieur, et le mandat social pour contraindre à la mesure la revendication d'une vitalité primitive obéissant au seul principe de plaisir. En d'autres termes, c'est le moi qui était censé assurer spontanément la fonction de censure. En fait, cette représentation des choses ne répondait pas à tous les problèmes posés par la nature et la fonction du moi. L'expérience analytique manifeste, en effet, que les impératifs au nom desquels le moi moralisant intervient à l'encontre des pulsions inconscientes ne correspondent pas en tout à son propre bien. Si ces impératifs dont il se fait l'éxécutant sont générateurs de névrose, c'est sans doute qu'ils ne correspondent pas aux intérêts autochtones du moi, mais qu'ils lui sont en quelque manière hostiles. Aussi voit-on apparaître, dans le prolongement d'une telle constatation, la nécessité d'une critique des idées et des principes à prétention morale qui, par l'intermédiaire du moi répressif, entretiennent le déséquilibre névrotique. Par là aussi s'annonce la question essentielle : convient-il d'établir une adéquation entre le conscient et le moi ?

Sur ce point, on sait vers quelle solution s'est orientée la théorie analytique. Constatant que les mécanismes de refoulement jouent non seulement à l'encontre de ce que réprime le moi, mais encore à l'intérieur du moi lui-même — en sorte qu'il se trouve affecté à son insu dans l'exercice de la censure — Freud a dû introduire jusque dans le domaine du moi une scission où s'exprime, cette fois encore, le conflit entre le conscient et l'inconscient. D'où l'apparition, dans la théorie, de la notion de *surmoi* (impératif et moralisant) et, corrélativement, et afin de mieux situer la réserve énergétique première où puisent ces diverses forces antagonistes, la notion de *ça* (*es* allemand, *id* latin). D'où encore une certaine réélaboration de la théorie déjà ancienne de la *libido* sexuelle, désormais symbolisée par le terme d'*Éros*. Et enfin, pour représenter la puissance opposée à Éros, l'essai de mise en évidence d'une coalition d'instincts de mort regroupés sous le symbole de *Thanatos*. Il apparaît ainsi qu'entre la première représentation du conflit conscient-inconscient empiriquement rencontré dans l'observation des malaises névrotiques, et les théories générales esquissées dans les écrits tardifs, s'est effectuée une certaine transposition mytho-métaphysique, témoignant chez Freud d'un intérêt pour les questions dernières, intérêt que sa jeunesse déjà avait manifesté.

Quel rapport entre les développements qui ont abouti à la théorie du surmoi et les convictions acquises antérieurement au sujet de l'étiologie sexuelle des névroses ? Rappelons que c'est autour de la notion de « complexe Œdipe », dont la première évocation remonte à 1895, que Freud a d'abord élaboré une explication théorique du rôle tenu par l'élément sexuel ou présexuel à l'origine des névroses. Le « choc » de la première découverte clinique faite sur ce point est notifié en ces termes, dans une lettre à Fiess : « T'ai-je révélé, oralement ou par écrit, le grand secret clinique ? L'hystérie résulte d'un choc sexuel présexuel, la névrose obsessionnelle d'une volupté présexuelle transformée ultérieurement en sentiment de culpabilité ». Découverte ressentie à ce point comme importante que Freud en retient qu'il n'a pas vécu en vain ses quarantes années antérieures.

Puis, tandis qu'il rédige son ouvrage sur *la science des rêves*, il s'applique à poursuivre sa propre analyse. L'événement de la mort de son père l'a introduit dans un processus de découverte du contenu réel de la relation à ses parents. C'est alors que la légende d'Œdipe, incestueux et parricide involontaire, lui semble s'éclairer pour lui d'un sens universel. L'attachement de l'enfant à ses parents, ou à l'un d'entre eux, et l'hostilité qui en est la contrepartie, relèvent d'une explication par la sexualité. Le désir primordial, la libido première, est d'essence sexuelle. L'élection instinctive de l'un des parents comme objet d'amour, ou comme objet de haine, s'effectue à l'intérieur d'une logique de la possession amoureuse (« érotique ») et donc aussi de l'exclusion du « rival » [4].

---

4. « C'est un bon exercice que d'être tout à fait sincère envers soi-même. Il ne m'est venu qu'une seule idée ayant valeur générale. J'ai trouvé en moi, comme partout ailleurs, des sentiments d'amour envers ma mère et de jalousie envers mon père, sentiments qui sont, je pense, communs à tous les jeunes enfants... S'il en est bien ainsi, on comprend, en dépit de toutes les objections rationnelles qui s'opposent à l'hypothèse d'une inexorable fatalité, l'effet saisissant d'Œdipe-Roi... La légende grecque a saisi une compulsion que tous reconnaissent parce que tous l'ont ressentie. Chaque auditeur

Le caractère psychiquement fondateur inhérent à la relation originelle aux parents entraîne l'inscription définitive de son effet à l'intérieur de l'inconscient. Ce que l'analyse rencontrera chez l'adulte sous forme d'un surmoi dominateur, insatisfait, culpabilisant, n'est que le substitut intériorisé de la puissance jadis externe des parents. L'exigence jamais assouvie que le moi idéal fait peser sur le moi réel n'est autre que la permanence, aux profondeurs de l'inconscient, et d'une requête et d'une angoisse concernant l'amour revendiqué de la part des parents : ne pas manquer à l'amour, de crainte d'être frappé soi-même d'un retrait d'amour. Le surmoi que constituèrent les parents en personne s'est donc subjectivisé en un impératif moralisant, créateur d'obsession selon un processus inconscient. A partir de là, le mécanisme du refoulement fonctionne en circuit fermé. Dominé par l'infrangible loi d'un autre qui a cessé d'être ressenti comme autre, le moi réprime à son tour, mais secrètement par délégation, la turbulence d'un inconscient s'exprimant en pulsions contradictoires de vie et de mort. Et de quel fonds indifférencié procède l'ensemble de ces dynamismes conscients ou inconscients, sexualisés ou parfois désexualisés, érotiques ou haïssants ? Du *ça* primitif, dépôt héréditaire antérieur lui-même à ces différenciations, réserve énergétique indifférente à l'économie des investissements qui en seront faits au service des diverses pulsions, et dans les divers lieux de l'appareil psychique [5].

---

fut un jour, en germe, en imagination, un Œdipe, et s'épouvante devant la réalisation de son rêve transposé dans la réalité, il frémit selon toute le mesure du refoulement qui sépare son état infantile de son état actuel » (*Lettre à Fliess*, 15 octobre 1897).

5. « Tant que nous avions à nous occuper de l'étude des éléments refoulés de la vie psychique, nous ne pouvions guère partager le souci angoissant de ceux qui voulaient à tout prix assurer l'intégrité de ce qu'il y a de sublime et d'élevé dans l'âme humaine. Mais à présent que nous avons abordé l'analyse

Telle est l'esquisse générale, omission faite de certaines considérations touchant de manière explicite à la question religieuse. Recevons-la dans les termes où elle se présente, sans nous dissimuler que tout n'y est pas aussi clair qu'il pourrait sembler. Du moins aurons-nous par la suite à localiser les difficultés sans les soulever à propos de chaque mot. Il est normal que le vocabulaire constitué par Freud l'ait été sur mesure, en vue de rendre compte d'observations psychologiques particulières ; et donc qu'il ne se laisse transposer immédiatement ni dans le registre de la biologie, ni dans celui de la métaphysique, ni dans celui de la théologie. Les termes-clés de la psychanalyse demandent à être compris à partir d'eux-mêmes, des expériences qui les ont suscités, et des rapports qu'ils entretiennent entre eux. Nulle nécessité de supposer toujours qu'ils ont dans l'esprit de Freud un sens naïf et univoque. Ni la censure ni la résistance ne sont conçues par lui comme des «choses». Il s'agit de notions plutôt descriptives et symboliques. Ni le conscient ni l'inconscient ne sont envisagés comme des lieux réels du psychisme, d'un psychisme spatialisé. Leur localisation comporte également un

---

du moi, nous pouvons répondre à tous ceux qui, ébranlés dans leur conscience morale, nous objectaient qu'il devait bien y avoir dans l'homme une essence supérieure : certes, et cette essence supérieure n'est autre que le moi idéal, le sur-moi, dans lequel se résument nos rapports avec les parents. Petits enfants, nous avons connu ces êtres supérieurs qu'étaient pour nous nos parents, nous les avons admirés, craints, et, plus tard, intégrés à nous-mêmes. Le moi idéal représente ainsi l'héritage du complexe d'Œdipe et, par conséquent, l'expression des tendances les plus puissantes, les destinées libidinales les plus importantes du ça. Par son intermédiaire, le moi s'est rendu maître du complexe d'Œdipe et s'est soumis en même temps au ça. Alors que le moi représente essentiellement le monde extérieur, le surmoi s'oppose à lui en tant que chargé des pouvoirs du monde intérieur, du ça. Et nous devons nous attendre à ce que des conflits entre le moi et l'idéal reflètent, en dernière analyse, l'opposition qui existe entre le monde extérieur et le monde psychique» (FREUD, *Le Moi et le Ça*).

aspect inévitable d'attribuer à Freud l'idée que l'énergie libidinale est, en dernière instance, de nature quantitative.

Il reste que les incursions faites, volontairement ou non, par Freud, en des domaines auxquels ses concepts analytiques ne sont guère adaptés, et où il tranche néanmoins avec assurance au nom de la «science» — notamment en ce qui touche à l'ordre métaphysique et religieux — attestent bien que l'impossibilité où se trouve l'homme enclos en un savoir partiel de se comprendre exactement lui-même dans ses dires et dans ses intentions. Il lui faudrait pour le moins tenter de situer son champ d'étude et son vocabulaire spécialisé à l'intérieur d'une problématique plus totale. Laquelle donc? Mais celle de l'homme considéré en son intégralité: ce qui implique l'examen de son rapport à l'Être. En effet, il ne suffit pas de protester qu'on s'en tient au seul point de vue de la «science» (ou de la «pratique») psychanalytique, pour donner satisfaction à ceux qui souhaiteraient être informés de ce qui spécifie ce point de vue, et de la manière dont il concourt avec les autres points de vue nécessairement requis pour une connaissance adéquate de l'homme. Non seulement une telle attente paraît légitime, mais il semble bien impossible de la récuser sans renoncer en même temps à se comprendre soi-même quant à la part de vérité qu'on détient en effet. Ne serait-ce pas que, dans cet obscurcissement, l'inconscient joue un rôle imprévu. Mais quel inconscient? À quelle réalité correspondra donc ce terme polyvalent?

Il n'est pas temps de traiter cette question en elle-même. Demeurons sur le terrain des élaborations théoriques effectuées en contexte médical. Or il se trouve que d'autres façons de sentir, d'observer, d'interpréter les mêmes phénomènes, sont venues compliquer l'élucidation d'un «objet psychanalytique» à l'étude duquel Freud n'est pas seul à avoir attaché son nom.

3. La dissidence d'Adler

Parmi les noms illustres qu'a comptés la première génération d'analystes de l'inconscient, nous trouvons, outre ceux de Freud et de Jung, celui d'Alfred Adler. Si j'emploie le terme de dissidence pour définir la situation d'Adler relativement à Freud, c'est en un sens approximatif. En effet, bien qu'il se soit fait d'abord le «supporter» de Freud auprès de ses détracteurs, et bien qu'il se soit rattaché jusqu'en 1911 au Cercle psychanalytique de Vienne, Adler n'est jamais entré délibérément dans la condition du disciple. A l'intérieur du Cercle Viennois, il représentait plutôt le pôle d'opposition. Cela manifeste déjà une forme de personnalité dont la correspondance avec la théorie adlérienne est facile à discerner. Entre Adler et Freud, les consonances psychologiques n'étaient pas en mesure de tempérer de sérieuses divergences de conception quant à la structure de l'inconscient et à l'étiologie des névroses. Ces divergences n'excluent certes pas la reconnaissance d'un certain fonds commun, que devrait inventorier une confrontation d'ensemble des doctrines. Mais si Adler n'a pas pris position contre toutes les explications de Freud, il a fait plus que formuler des réserves: il a prôné une autre théorie et s'est constitué en chef d'école, d'école dite de *l'Individual-psychologie.* Toujours est-il qu'Adler ne pouvait pas éviter de se situer par rapport à Freud.

Ce qu'il conteste dans la théorie freudienne n'est pas périphérique, mais central. La première thèse jugée par lui erronée est celle qui tient la libido pour la source et la cause effective des manifestations de la névrose. Selon lui, une telle notion, entendue au sens de Freud, c'est-à-dire avec ce contenu indéfiniment extensible qu'on peut prêter au mot *amour* (éros) équivaut à une circonlocution désignant en général toute énergie cosmique. «On a l'impression que toutes les tendances et toutes les impulsions humaines regorgent de libido, alors qu'en réalité on n'y retrouve que ce qu'on y avait mis au préalable». Pourtant, la libido invoquée par Freud ne saurait se confondre avec n'importe quelle énergie, puisque la sexualité y joue un rôle prédominant. Intervient là-dessus la deuxième objection d'Adler, et le point de désaccord pour lui fondamental. Il n'admet pas la thèse de l'étiologie sexuelle des névroses. Sans nier que la sexualité soit concernée elle aussi par le déséquilibre névrotique, il ne la voit intervenir que d'une façon seconde, dépendante et symbolique — nous verrons en quel sens. Enfin, liée directement à la critique de la notion de libido sexuelle, la troisième objection d'Adler concerne le rôle attribué, en psychopathologie, à la persistance dans l'inconscient de «désirs infantiles» traversés d'intentions incestueuses.

Positivement, quelle est donc l'idée dominante d'Adler concernant l'originalité du trouble névrotique? À première vue, elle apparaît particulièrement simple et économique, et d'autant mieux saisissable qu'elle est l'objet d'une surabondante réaffirmation de cleui qui est devenu, pour l'opinion commune, le théoricien du «complexe d'infériorité» et corrélativement de l'«instinct d'excellence». En bref, devant un comportement névrotique, la question première à se poser est, répète Adler, celle du but réel ou fictif que poursuit l'individu à travers ce comportement. *L'individualpsychologie* est commandée par ce principe: qu'un être humain est essentiellement quelqu'un qui s'attache, bien ou mal, à atteindre une fin comportant vérification, démonstration, reconnaissance par autrui, de sa propre valeur. Tout peut se comprendre à partir de là. «Si l'on admet l'hypothèse du but final, ou d'une finalité cachée derrière les phénomènes, on voit aussitôt les ténèbres se dissiper, et nous lisons dans l'âme du malade comme dans un livre ouvert»[6].

---

6. Les textes d'Alfred Adler, cités ici, sont empruntés à la première partie de l'ouvrage: *Le tempérament nerveux* (Payot, 1955).

Excessive présomption? Adler rejetterait-il, en même temps que certaines idées freudiennes fondamentales, la réalité pure et simple de l'inconscient, méconnaissant l'obscurité des profondeurs psychiques? Pas absolument. Toutefois, dans la perspective adlérienne, le règne de l'inconscient paraît d'abord moins omnipotent. L'analyse de l'inconscient — si l'expression convient encore — consistera, de la part du thérapeute, à reconstituer et à faire découvrir au patient la signification vraie des attitudes d'intention compensatrice, c'est-à-dire le rapport entre l'image fictive de soi et le système de conduites qu'elle commande. Faisant fond plus que Freud sur la compensation intellectuelle des erreurs génératrices de la névrose, Adler apparaît plus expéditif dans le jugement porté sur les cas particuliers, et plus confiant dans l'effet rectificatif de ce jugement.

On se tromperait néanmoins si l'on supposait aisé le diagnostic qu'exige toute situation individuelle. La thèse générale se présente en termes simples, mais les conditions originales d'existence des divers sujets différencient largement les applications. Être homme, pense Adler, c'est s'éprouver soi-même comme infériorisé, et c'est, en conséquence, construire plus ou moins inconsciemment une stratégie permettant d'atteindre, en contexte sociétaire, à un sentiment de sécurité, moyennant satisfaction du besoin d'excellence. Mais d'où provient chez l'individu la tendance à se déprécier? Sans doute d'abord de sa condition première d'enfance face à ces puissances que sont les adultes. Seulement les «justifications» objectives ou subjectives de cette dépréciation présentent une grande variété. Elle procède souvent d'une infériorité organique réelle ou supposée. L'enfant s'éprouve comme déficient du fait de sa taille, ou de son sexe, ou d'une malformation physique, ou d'une difficulté scolaire, ou d'une discrimination dans l'attitude des parents. Et cette empreinte première tend à persévérer, et même à s'accentuer. A partir d'elle le sujet projette devant soi un but fictif:

l'ensemble de ses pensées et de ses conduites se dispose en fonction de ce but dont la réalisation est toujours remise, puisqu'il s'agit d'un but imaginaire[7]. Mais les opérations du besoin de valorisation, pour se déployer dans l'irréel, n'en prennent pas moins prétexte de situations effectivement rencontrées, et de plus en plus aggravées par les échecs précédents. A cet égard, les métamorphoses de la volonté de sécurité et d'excellence, telles que les conçoit Adler, n'ont rien de stéréotypé. Le sujet tire parti selon ses moyens du terrain sur lequel il lui faut à tout prix se maintenir. Bien des déguisements sont donc possibles : de l'agressivité ouverte à la soumission inconditionnelle, en passant par le rigorisme, la scrupulosité, l'effet de séduction, le refuge dans la maladie, les diverses transpositions sexuelles.

Chacun trace ainsi son chemin vers son but, poursuivant un projet en lui-même inexprimé : échapper à son insécurité profonde en s'accordant les conditions fictives d'une réussite probante pour soi-même, et au jugement supposé d'autrui. Cela est répété de cent façons par Adler, et constitue le principe de toute ses interprétations, quelle qu'en soit la variété concrète : « C'est le sentiment d'insécurité qui pousse le névrosé dans les bras, pour ainsi dire, de fictions, d'idéaux, de principes, et qui

---

7. « La forme et le contenu de la conduite des névrotiques ont pour source les impressions de l'enfant qui se sent négligé. Ces impressions, qui découlent nécessairement d'un sentiment primitif d'infériorité, provoquent à leur tour une attitude agressive, destinée à vaincre l'état d'insécurité. C'est cette attitude agressive qui explique et détermine toutes les tentatives faites par l'enfant pour élever son sentiment de personnalité : tentatives heureuses et qui l'encouragent à recommencer ; tentatives malheureuses qui servent d'avertissement (...). Toutes les manifestations de la névrose s'expliquent par ces tentatives d'atteindre le but final, qui est celui d'une supériorité virile. Elles découlent de prédispositions psychiques et mentales toujours en éveil, toujours prêtes à engager la lutte pour la conquête du sentiment de personnalité, toujours aux ordres de la fonction dominatrice qui, pour s'affirmer, se sert de ces modes de réaction dont l'origine remonte à l'enfance. »

le force à chercher une ligne d'orientation». — «Le nerveux est tellement obsédé et dominé par la conscience de son point faible que, sans même s'en douter, il utilise toutes ses forces pour édifier la structure idéale et imaginaire dont il attend aide et protection». Et encore: «Ce qui constitue, à notre avis, l'essence de la névrose, c'est l'utilisation incessante et exagérée des moyens psychiques dont dispose le sujet. Parmi ces moyens psychiques, les principaux consistent en constructions auxilliaires, conventionnelles, fournies par la pensée, la volonté, l'action».

Ainsi, chaque existence humaine, avec ses ressources de pensée et d'action, est susceptible de se subordonner à l'obtention d'un but irréel. Chacun est porté inconsciemment à exécuter sur son thème fictif d'interminables variations. Voilà qui n'est pas de nature à nous rassurer sur la facilité d'accès à la vérité de soi-même, ni sur celle du travail interprétatif et démystificateur requis du psychothérapeute. Mais il faut bien constater qu'Adler, après nous avoir confirmé dans une attitude à peine moins soupçonneuse que celle que nous recommande Freud, nous rend plus perplexes encore par ce qu'il nous dit — ou ne nous dit pas — des conditions dans lesquelles pourront être levées les équivoques, que par l'analyse qu'il en avait faite. La question subsiste, en effet, non seulement de la conformité de cette représentation de l'inconscient à l'objet qu'elle concerne, mais encore de la nature de cette intégration sociale réelle dont on escompte un résultat d'équilibre pour l'être qui s'y achemine. Ce n'est pas que l'idée d'une destination sociétaire de l'individu soit suspecte en elle-même. Mais n'importe quel type de rapport social ne saurait constituer une réponse heureuse aux redoutables problèmes métaphysiques qui affleurent dans l'analyse adlérienne des attitudes fondamentales du moi. S'il est bon que la pédagogie apporte la plus sérieuse attention à la leçon d'Adler, après celle de Freud, il est indispensable que la réflexion anthropologique évite de supposer résolues les questions de fond que ces leçons réactivent plutôt qu'elles ne les annulent.

4. Jung et son dessein conciliateur

Bien des indices le donnent à penser : le refus opposé par Carl Gustav Jung au projet un temps caressé par Freud de lui confier l'héritage de l'orthodoxie psychanalitique a affecté le fondateur beaucoup plus que n'avaient pu le faire la sécession et la concurrence d'Adler. Dans l'attachement de Freud au jeune et déjà original psychiatre zurichois, qu'il eût souhaité traiter en disciple de choix et en continuateur fidèle, interviennent certains éléments identifiables par la psychologie profonde. Il apparaît que l'attraction réciproque de ces deux personnalités, l'une et l'autre tendue vers l'exploration de l'inconscient, l'une et l'autre préoccupée, pour elle-même et pour autrui, de vaincre les déterminismes de la névrose, et poursuivie par l'inquiétude des questions dernières, était dans la logique des choses. Mais sans doute était-il aussi bien dans la logique de la pensée claire que dans celle des pensées souterraines de l'inconscient que la conjonction ne puisse s'effectuer conformément aux espoirs de Freud. Ce qui avait tourné vers lui un chercheur déjà assez personnel en son esprit et ses méthodes, c'était la commune constatation des résistances psychiques rencontrées, par l'un dans ses expériences d'association verbale à partir d'un mot inducteur, par l'autre dans l'observation de cas d'hystérie et dans l'analyse des rêves. Ce qui allait les faire diverger, c'était, cette fois encore, la question du rôle de la sexualité à l'origine des névroses. Bien que, sur ce point, Jung soit demeuré relativement plus freudien qu'Adler, il s'est néanmoins assez tôt désolidarisé d'une théorie radicale qui chargeait la relation première de l'enfant à ses parents d'une intention constitutionnellement « incestueuse ».

La résistance de Jung en ce domaine, il serait conforme à la théorie freudienne de l'attribuer à la complexion inconsciente du résistant, tout comme cela pouvait être présumé dans le cas d'Adler. Celui-ci, de son côté, estimait que les reconstructions de Freud au sujet de la sexualité infantile se rattachent moins à la nature même des choses qu'au vécu particulier de Freud enfant au sein de sa propre famille; et qu'elles ne se vérifient en psychothérapie que pour des sujets dont l'enfance fut maternellement «couvée». À sa manière, Jung explique, lui aussi, les particularités de la théorie de Freud par le cas particulier de son auteur. Mais à cette explication il en adjoint une autre: «celle des particularités de la théorie adlérienne par le cas particulier d'Adler. Plus précisément, c'est par référence aux types psychologiques représentés par Freud, d'une part, et par Adler, d'autres part, qu'il s'efforce de rendre raison de ce fait d'abord surprenant: deux théoriciens qui détiennent chacun un aspect de la vérité, et doivent être considérés comme complémentaires, ont été incapables, chacun pour sa part, de reconnaître la vérité du point de vue adopté par l'autre. Au jugement de Jung, cette propension à exclure l'autre aspect des choses ne s'explique pas d'abord par des événements ou situations qui seraient propres à chacun de ces psychologues. Elle a quelque chose de constitutif, et correspond chez tout homme à l'état de déséquilibre entretenu par le fait qu'il hypertrophie la fonction dominante de son tempérament particulier, et tend à ignorer, ou à traiter de façon hostile, la fonction complémentaire, ainsi que tout ce qui l'évoque [8].

---

8. «La théorie de Freud est d'une simplicité si séduisante que c'est presque une souffrance de voir quelqu'un y pénétrer le coin d'une assertion contraire. Mais il faut en dire autant de la théorie d'Adler. Elle aussi est claire et simple jusqu'à l'évidence, et apporte autant d'éclaircissements que la première. Rien d'étonnant donc à voir les partisans des deux écoles s'attacher obstinément,

Nous rencontrons ici une idée dominante de la théorie de Jung, celle de la bipolarité essentielle du psychisme humain, ou encore de la tension régulatrice entre les contraires. Pour l'instant, laissons de côté l'application possible de cette idée aux cas de Freud et d'Adler, et demandons-nous ce qu'elle recouvre dans la théorie d'ensemble de Jung. Elle signifie que la psyché humaine (symbolisable ici par une sphère éclairée seulement sur l'une de ses faces, ou encore par l'emblème chinois du « taï-ghi-tou »), est constituée par le rapport entre une fonction consciente et une fonction inconsciente, la seconde étant d'ailleurs en relation, bien au-delà des limites de l'inconscient individuel, avec le vaste et mystérieux inconscient collectif. Dans l'idéal, ce rapport ne doit pas être de conflit, mais d'équilibre selon le principe de complémentarité. Or ce n'est pas là un état spontanément vécu par l'individu, non plus que par les collectivités, surtout à l'époque moderne. C'est le terme d'une sagesse à acquérir, conforme à l'ordre cosmique. C'est l'aboutissement d'un processus de réconciliation entre forces enclines à s'exclure.

Cette considération générale est susceptible d'illustrations en de nombreux domaines. Soit le problème des « tempéraments »,

---

et parfois avec fanatisme, à leurs théories respectives, exactes, mais trop absolues. Pour des motifs bien humains et faciles à comprendre, ils ne veulent pas abandonner une belle théorie sans faille et l'échanger contre des paradoxes, ou, pis encore, risquer de se perdre dans la confusion des points de vue opposés. Or, comme les deux théories sont exactes dans une large mesure... il en découle que la névrose, manifestement, doit avoir deux aspects contradictoires, dont l'un cadre avec la théorie de Freud et l'autre avec celle d'Adler. Comment se fait-il, alors, que l'un de ces savants n'en ait perçu qu'un aspect, et que l'autre n'ait perçu que le second ? Et pourquoi chacun d'eux fut-il persuadé qu'il possédait la seule opinion valable ? Cela tient sans doute à ce que chacun des deux chercheurs a perçu le mieux dans la névrose, en fonction de son organisation psychologique propre, ce qui correspondait de façon privilégiée à ses structures personnelles » (JUNG, *Psychologie de l'inconscient*, Goerg, 1952).

auquel Jung a consacré une importante étude: *les types psychologiques*. De longues observations, il a cru pouvoir conclure que l'opposition fondamentale, compliquée par des oppositions secondaires, est sur ce point celle des types extraverti et introverti: «L'introversion, chez un sujet normal, s'exprime en un naturel réservé, médidatif, facilement hésitant, qui ne se livre pas volontiers, se dérobe aisément devant les objets, se trouve toujours quelque peu sur la défensive, et se retranche avec prédilection derrière une observation un rien méfiante». Quant à l'extraversion, elle s'exprimera par des traits en quelque sorte inverses: naturel prévenant, aptitude à se plier aux situations nouvelles et à entrer en de nouvelles relations, attrait de l'inconnu et faible impressionnabilité aux risques qu'il comporte. En somme, conclut Jung, «chez l'introverti, c'est manifestement le sujet qui joue le rôle décisif, chez l'extraverti, c'est l'objet»[9].

Justifiée ou non, cette vue doit être replacée dans l'ensemble du «volume» psychique. Ce qui a été dit plus haut de l'idée jungienne de complémentarité nous permet de comprendre que la face éclairée de chacun de ces tempéraments ne va pas sans une face d'ombre plus tournée du côté de l'inconscient, et se prêtant par là à rester méconnue du sujet lui-même. Précisément, Jung désigne par le terme *ombre* ce qui fait contraste avec le moi conscient. Il ne s'agit pas seulement de son versant caché, mais bien souvent de ce qui est devenu objet de répression de la part de la fonction dominante, répression engendrant le déséquilibre névrotique. Dimension secrètement introvertie d'un tempérament que domine l'introversion. Naturellement, le jeu de la fonction maîtresse et de la fonction plus ou moins inhibée aboutit dans les deux cas à une sensibilisation à tel élément de la vie psychique et à une relative insensibilité, voir

9. *Psychologie de l'inconscient.*

à une disposition hostile, à l'endroit de l'élément complémentaire.

Pour en venir aux cas de Freud et d'Adler, abstenons-nous de suivre Jung dans les détails de l'application qu'il leur fait de la théorie des tempéraments. Retenons seulement qu'il tend à expliquer la partialité des deux théories par le jeu des polarités psychiques, plus complexe, d'ailleurs, que le laisserait croire l'évocation du seul couple introversion-extraversion. « Chacun des deux chercheurs, explique-t-il, a perçu le mieux dans la névrose, en fonction de son organisme psychologique propre, ce qui correspondait de façon privilégiée à ses structures personnelles ».

Jung ne nierait probablement pas que quelque chose d'analogue a dû intervenir dans l'élaboration de sa théorie de la psyché. Rien là que de très normal. Chacun porte en soi une expérience assez particularisée pour que son angle d'observation du phénomène, et donc aussi l'interprétation qu'il en propose, y trouvent quelque explication. Freud n'ignorait pas l'ambiguïté de ses dispositions infantiles à l'égard de ses géniteurs. Adler n'était pas ignorant de l'existence d'un rapport entre le sentiment d'infériorité par lui éprouvé dans son enfance, ainsi que l'effort compensateur auquel il devait d'avoir forcé le destin, et sa théorie générale du dispositif psychique. Quant à Jung, il eût été bien extérieur à ses propres cheminements intellectuels et affectifs s'il n'avait pas été apte à entrevoir ce qui, dans sa doctrine, procédait de son expérience première, dans l'ordre familial, religieux, culturel, ainsi qu'à sa complexion psychique. Il n'aurait pas poursuivi de cette façon l'exploration d'un insondable domaine d'inconscient s'il n'avait pas été très précocement hypersensible à la présence de l'occulte, intrigué aussi par l'énigme d'une vie d'imagination impérieuse, menaçant fréquemment en lui les digues du contrôle rationnel. Il a porté une attention patiente à l'activité onirique d'hommes dangereusement conditionnés par la superstition moderne de l'autonomie de la conscience claire et du primat de l'action technique. Il a déployé une inlassable curiosité en vue de retrouver dans les diverses traditions religieuses le foisonnement et les constances des symboles inconscients. Tout cela supposait chez lui la perception personnelle d'un certain abîme intérieur [10].

Quel abîme? Le même que Freud s'était, pour sa part, appliqué à sonder? Le même, assurément, si l'on se place au point de vue de l'objet, c'est-à-dire de ce dont les psychanalystes s'attachent ensemble à pénétrer la structure cachée, quoi qu'il en soit de l'exactitude des hypothèses émises à son propos. Mais l'inconscient ne se rencontre jamais qu'à l'état individualisé. L'inconscient concret auquel se référait Jung ne pouvait avoir exactement la même configuration que celui — non moins particularisé — qui prenait pour Freud, d'une part, pour Adler, d'autre part, une valeur normative. Néanmoins, tout en considérant cet aspect de singularité, nous continuerons d'observer leur convictions communes touchant l'objet lui-même, et de confronter leurs doctrines, prises telles qu'elles se donnent. Par sa conception de la psyché, Jung se proposait de dépasser les partialités par lui dénoncées dans les théories de ses émules. Il est donc juste de lui reconnaître un dessein conciliateur. Nous chercherons comment il a poursuivi ce but à travers sa propre expérience psychique élargie par la pratique médicale; à travers également les cadres généraux de sa pensée. Mais il faut, en une première étape, tenter de saisir en lui-même le phénomène Jung.

A en rester à ce niveau, il ne semble pas arbitraire de discerner un rapport constant entre l'intention conciliatrice de Jung et certains éléments caractéristiques de sa doctrine. J'ai insisté sur l'obligation qu'il fait à l'homme, et d'abord au scientifique,

---

10. Cela est aisément vérifiable à travers son œuvre touffue, en particulier si on l'éclaire par son autobiographie: *Ma vie – Souvenirs, rêves et pensées*, recueillis et publiés par Aniéla Jaffé (Gallimard, 1967).

d'accepter la totalité de la psyché, consciente et inconsciente, rationnelle et «irrationnelle», sans consentir à en refouler une part essentielle, qu'elle soit d'en bas ou d'en haut [11]. On peut sans doute interpréter selon le même esprit son refus de caractériser la libido originelle — dont il s'approprie le terme, au grand regret de Freud — autrement que comme une énergie psychique générale, en elle-même non particularisée, et par conséquent soustraite à la régence d'un instinct tel que sexualité ou volonté d'affirmation. Dans le même sens encore va le propos de traiter les rêves comme une expression autorisée et utilement révélatrice de la fonction d'équilibre intérieur à l'âme. En effet, si le rêve est pris au sérieux, examiné chaque fois dans sa forme totale, scruté en ses arrière-pensées prémonitoires, c'est que, parlant au nom de l'inconscient, il plaide en faveur de cet autre composante de la vérité que méconnaît souvent la conscience vigile: «L'inconscient, c'est ce que, d'un moment à l'autre nous ignorons. C'est pourquoi il n'est pas surprenant que le rêve ajoute à la situation psychique consciente du moment tous les aspects qui seraient essentiels à une attitude radicalement différente. Il est clair que cette fonction du songe constitue une régulation psychique, un contre-poids indispensable à toute action» [12].

---

11. «La doctrine freudienne du refoulement se comporte... comme s'il n'existait que des êtres trop moraux, qui répriment leur nature instinctive amorale. Si ce point de vue était vrai, l'être immoral, qui vit sans frein ni retenue ses impulsions instinctives, devrait être à l'égard de la névrose dans un état de parfaite immunité. Naturellement, comme l'expérience le prouve, il n'en est rien, et un tel individu peut, tout aussi bien qu'un autre, être sujet d'une névrose. Si nous l'analysons, nous découvrons que chez lui c'est tout simplement la morale qui a été refoulée. Si l'être immoral, à force de refouler ses composantes de bienséance, en arrive à faire une névrose, il offre, selon l'expression frappante de Nietzsche, l'image du "criminel blême", qui n'est pas à la hauteur de son méfait» (*Psychologie de l'inconscient*).

12. JUNG, *L'âme et la vie* (Buchet, 1965).

Il y a enfin et surtout la théorie des archétypes. Autour d'elle se sont engagés, comme autour d'un point stratégique essentiel, bien des combats pour ou contre les vues de Jung. Or, elle aussi répond à ce même dessein de faire apparaître la continuité et la complémentarité des expressions de la psyché à travers temps, lieux et cultures. Qu'est-ce donc, en effet, qu'un archétype, selon la théorie de Jung? Une sorte d'organe de l'anatomie psychique, une fonction appartenant au système de l'inconscient universel. Réalité non immédiatement accessible à l'expérience, mais qui se signale à travers les thèmes et images du rêve, de l'art, de la mythologie, identique sous la diversité de ses traductions particulières. Jung dira encore: image primordiale, résidu archaïque, mais sans que ce primordial et cet archaïque soient affectés d'un sens dépréciateur. Il s'agit du fonds originel de l'âme. Dans les archétypes se rejoignent, au niveau de l'inconscient profond, les individus de tous les lieux et de tous les temps. A leur sujet on pourrait parler d'idées innées, mais seulement en ce sens qu'il s'agit d'un héritage constitué par les constantes de l'imagination et de l'affectivité humaines, en rapport avec les situations fondamentales de l'existence. Archétypes donc les figures du Père, de la Mère, de la Maison, du Centre — centre du monde, centre psychique —, de l'Eau originelle, et bien d'autres qui subsistent et opèrent à l'intime de chaque être, ouvertement ou en secret. Et il ne semble pas que leur généralité symbolisante ni leur puissance énergétique soient explicables par le seul commerce que chaque sujet a pu avoir avec les personnes et les objets relevant de la catégorie correspondante [13]. L'hypothèse d'un inconscient collectif

13. «La psychologie archaïque n'est pas seulement la psychologie des primitifs, elle est aussi celle de l'homme civilisé d'aujourd'hui; non pas uniquement psychologie de quelques phénomènes de choc en retour dans la société moderne, mais bien celle de tout homme civilisé qui, indépendamment de

débordant de toutes parts l'inconscient individuel, et fournissant au moi ses énergies premières et dernières, Jung la tient ainsi pour confirmée par l'omniprésence, empiriquement constatable, des archétypes.

En ce qui regarde le problème thérapeutique, les conséquences apparaissent aussitôt. Pour l'homme, nulle possibilité de vivre en équilibre et en profondeur, nulle possibilité d'échapper à la névrose, sans réhabilitation de l'inconscient et de ses archétypes, refoulés à ses propres dépens par l'individu des sociétés illusoirement émancipées. Réhabilitation non pas seulement dans le domaine culturel de la pensée et de l'art, mais d'abord dans celui du rapport de chaque sujet à lui-même. Se réaliser soi-même, c'est retrouver la voie conduisant vers les sources originelles de la vie psychiques vers le lieu des archétypes, vers la *Mère*. Ce qui va à contresens de cette voie va aussi nécessairement à l'encontre de la plénitude d'existence que Jung désigne par le terme de *Soi*. Ainsi, pour l'individu comme pour la société, l'intégration des contraires apparaît comme la formule même du salut.

On se place donc de la sorte sur le terrain de la religion? — Jung, bien loin de l'admettre à contre-cœur, tient effectivement le problème religieux pour l'ultime problème de l'homme: «Le problème de la guérison est un problème religieux. Ce qui, pour emprunter une image au plan social, correspond le mieux à l'état de névrose, c'est la guerre civile. Par la vertu chrétienne, qui fait aimer et accepter l'ennemi, et par le pardon, les hommes guérissent l'état de souffrance entre les hommes. Ce que, par

---

son haut degré de conscience, est encore un homme archaïque dans les couches plus profondes de sa psyché. De même que notre corps est encore celui d'un mammifère, avec un certain nombre de restes d'états encore plus anciens, analogue à ceux des animaux à sang froid, de même notre âme aussi est un produit de l'évolution qui, si l'on remonte vers ses origines, affiche toujours d'innombrables archaïsmes» (*L'âme et la vie*).

conviction chrétienne, on recommande à l'extérieur, il faut l'appliquer sur le plan intérieur dans la thérapie des névroses. C'est pourquoi les hommes modernes ne veulent plus entendre parler ni de faute ni de péché. Il ont assez affaire avec leur mauvaise conscience personnelle, déjà lourdement chargée. Ce qu'ils désirent apprendre, c'est comment on peut se réconcilier avec ses propres turpitudes, comment on peut aimer l'ennemi qu'on a dans son propre cœur, et comment on peut dire « frère » au loup qui nous dévore [14].

5. Antinomies de l'inconscient

En attendant que l'homme religieux — chrétien confessant, si possible — intervienne à son tour dans le débat, très particulièrement au sujet du type de réconciliation auquel Jung nous invite, il faut procéder à un premier bilan.

Ni l'expérience de la contradiction, ni l'idée d'une médiation conciliatrice ne sont absentes de la problématique de l'inconscient, telle qu'elle se présente au départ à travers les théories de Freud, d'Adler et de Jung. Que les théories ne coïncident pas absolument, le fait est assez clair. Qu'un choix abrupt, comme entre le oui et le non, ne s'impose pas à leur sujet, c'est ce qu'estiment nombre de thérapeutes qui n'ont pas cru devoir se recommander exclusivement de l'une d'entre elles. Ils les jugent complémentaires jusqu'à un certain point, et antinomiques seulement dans les exclusives qu'elles portent. Jung aurait-il donc raison quand il interprète ainsi qu'il le fait les intolérances doctrinales rencontrées chez Freud et chez Adler ? Serait-il vrai que l'un et l'autre demeure, plus ou moins inconsciemment (ou caractériellement) fermé à l'aspect complémentaire des cho-

---

14. Cf. *L'âme et la vie.*

ses ? La vérité de l'inconscient inclut-elle donc aussi cet aspect antinomique que chacun n'a pas su voir ? — Peut-être. Mais, pour en juger de la sorte dans le même esprit que Jung, il faudrait comprendre dans les mêmes termes que lui la structure des antinomies de la psyché : comme des antinomies simplement fonctionnelles et susceptibles de réconciliation immanente, la vérité de l'inconscient comportant en fait cette exigence d'équilibre des opposés. Resterait toutefois la question de savoir pourquoi l'inconscient devient ainsi un facteur de discorde non seulement entre les hommes, mais déjà entre les chercheurs d'intention scientifique qui le soumettent à l'étude, alors qu'il serait de sa nature d'inviter à l'harmonie.

Manifestement, les théoriciens qui suivent préférentiellement Freud ou Adler ne sont guère disposés à considérer les antinomies en question du point de vue de Jung. Ils demandent, au contraire, à l'hypothèse par eux tenue pour mieux fondée scientifiquement, le sens caché de l'attitude adoptée par lui en matière de théorie de l'inconscient. Il faut s'y attendre : les dispositions conciliatrices de Jung seront mises en rapport avec des conflits refoulés. Après tout, la chose n'a rien d'impossible, mais il importera de savoir de quelle nature sont ces conflits. Un freudien cherchera du côté du rapport archaïque aux parents, un adlérien du côté de la relations à l'image directrice, et rien ne prouve a priori qu'il n'y ait pas quelque chose d'exact dans l'une et dans l'autre explication. Wilfried Daim, dont les références sont plutôt freudiennes, mais chez qui la question religieuse ne prend pas moins d'importance que chez Jung, tient que les propositions de ce dernier touchant le domaine religieux ont leur fondement dans « les problèmes antérieurs, non analysés, du maître lui-même. (...) Il existe chez Jung une ambivalence du père, dont il ne s'est pas rendu maître, et qu'il projette au sein des rapports entre l'homme et Dieu ». A supposer que cela soit, il faudra donc situer dans l'inconscient non seulement le principe de l'une des lacunes de la théorie de Jung, mais sans doute également le principe des lacunes par quoi s'opposent Freud et Adler, ainsi que l'un et l'autre et leurs disciples stricts à Jung.

Mais alors, à force d'intervenir partout, l'explication par l'inconscient risque de devenir suspecte. Si l'on continue de s'y tenir, ce ne saurait être comme à un lieu de refuge où toutes nos ignorances, ainsi que nos préjugés, deviendraient intouchables. Il importe donc de s'interroger davantage sur la signification et l'enjeu des antinomies théoriques, et aussi des conflits de personnes, constatés autour de la notion d'inconscient. Signification et enjeu dissimulés en lui, ou par lui, c'est-à-dire par cette notion même qu'on s'en donne.

III

UNE CONTROVERSE RELIGIEUSE

Les controverses entre les divers théoriciens de la psychanalyse présentent des similitudes avec les controverses entre croyants à propos de l'expression de la foi. Plus profondément, le donné religieux a suscité de sérieux débats entre psychanalystes, particulièrement entre Freud et Jung. Et cette constatation est extensible à beaucoup d'autres.

Selon Freud, la situation religieuse, dominée par la figure du Père, est une variante de la situation œdipienne. Crainte, agressivité, culpabilité, découlent de la présence du surmoi, lequel représente dans l'inconscient l'ordre moral et religieux, et réprime l'expression anarchique des pulsions infantiles. Il en va de même pour l'humanité. Dans son enfance, elle postule et sollicite une puissance imaginaire à la fois redoutable, protectrice et répressive. Tout en laissant, avec quelque nostalgie, des disciples croyants rendre compte du fait religieux à partir de la sublimation, Freud lui-même n'a célébré celle-ci que dans ses opérations au plan de la pensée et de l'art. Pareille partialité chez Freud prend son origine en certaines dispositions secrètes de sa personnalité et dans un héritage judaïque porteur de conflits.

Jung est, au contraire, sensibilisé très tôt au problème religieux, et il connaît de profondes déceptions lorsque son père se dérobe devant ses demandes d'éclaircissement au sujet du mystère chrétien, et très spécialement du mystère de la Trinité. Selon lui, mythes et rêves entretiennent des rapports secrets dans le numineux, que la psyché porte en son tréfonds. D'où une recherche intense, persévérante, selon une perspective syncrétiste, de toutes les figurations religieuses de l'humanité. Mais il manque à cette recherche des dispositions d'esprit ajustées à l'expression chrétienne et à la formulation doctrinale du phénomène religieux. Voyons cela avec la précision requise.

1. Le scientifique et le reste

Nul ne peut faire grief à des hommes que préoccupent la compréhension et le service thérapeutique de l'homme d'avoir rencontré, dans leur recherche, des obstacles difficiles à réduire, et de s'être, à cause de cette difficulté même, divisés sur l'objet de leur science. Aussi longtemps qu'ils s'efforcent de surmonter ces divisions, on peut les croire animés par ce réalisme et cet humble courage qui font préférer la vérité elle-même aux représentations approximatives et partielles que chacun, à tel moment, réussit à s'en donner. Quant à l'obstination qu'il met à affirmer et à défendre sa théorie, elle ne témoigne pas nécessairement en sens inverse. Il est possible qu'elle soit motivée partiellement par une fidélité méritoire à quelque évidence touchant l'essentiel. Poser en principe que les controverses entre théoriciens du psychisme ne devraient pas être plus passionnés

– dans l'idéal – que celles opposant d'autres scientifiques, c'est oublier deux choses : d'abord que même entre mathématiciens des oppositions de points de vue peuvent s'exacerber du fait de mobiles étrangers au savoir proprement dit ; ensuite, que des psychanalystes se sentent légitimement plus concernés par leurs thèses sur l'homme et son inconscient que les mathématiciens par ce qu'ils pensent de l'algèbre.

Pourquoi ? Parce que leur savoir scientifique s'appliquant à une réalité qu'ils sont eux-mêmes, ne répond pas au même type de science que celui qui convient aux objets mathématiques et physiques. Cette réalité, ce n'est pas « la névrose », mais l'homme touché ou non par la névrose. Et comme ils s'appliquent à saisir dans l'homme le jeu de dynamismes non conscients, il est évident qu'ils doivent se trouver eux-mêmes pris dans ce jeu, jusqu'à un certain point, plus sans doute qu'ils ne le voudraient. Ils ne peuvent donc voir clair immédiatement ni dans ce qui mobilise leur propre intention thérapeutique, ni dans ce qui se tient au cœur du domaine psychique considéré. C'est bien pourquoi la présence de motivations irrationnelles ou passionnelles à l'intérieur de leur recherche et de leurs affrontements de théoriciens ne constitue pas un argument décisif contre le sérieux de cette recherche, ni contre la possibilité d'aboutir à un savoir fondé touchant l'inconscient. Par contre, c'est une invitation à ne pas adhérer inconsidérément à leur propos lorsqu'ils prétendent décider, au nom de leur seule science ou expérience psychanalytique, si et comment la question religieuse est impliquée et élucidable au niveau de cette expérience. Car il est patent que, sur ce point, les expériences sont loin de concorder.

Devra-t-on s'en étonner ? Ce n'est pas, en tout cas, l'homme religieux comme tel qui pourra y trouver matière à surprise. Il remarquera même que rien n'évoque autant le style des controverses surgissant sur des points de foi que celui des débats entre théoriciens de l'inconscient, surtout lorsque ceux-ci tiennent à se démarquer par rigueur scientifique de toute obédience religieuse. C'est un psychanalyste particulièrement averti qui le leur rappelle :

« Les psychanalystes, qui manient bon gré mal gré les archétypes et les mythes, doivent être plus que d'autres avertis des propriétés de ces substances dangereuses. Ils n'ont communément pas encore assez remarqué que l'inconscient lui-même est la dénomination moderne d'un archétype redoutable, le même qui apparut à travers les âges sous les diverses figures du mystère, de l'au-delà et de l'occulte, et qui éveille spontanément toute une conduite associée à ces figures : la conduite précisément des « mystères » antiques, éleusiniens ou autres, celle, pour le dire en un mot, des ésotérismes. Il faut, croyons-nous, descendre jusque-là pour rendre compte de ces intolérances, de ces façons d'initiés, de cette facilité à jouer de l'excommunication, dont les premières écoles de psychanalyse ont trop souvent donné le spectacle peu édifiant. Logiquement, il eût semblé que des hommes si informés des mobiles passionnels eussent dû être indemnes de ceux-là ; de fait, ils paraissaient leur être livrés plus que le commun des mortels : n'étaient-ils pas livrés surtout à un archétype qu'ils n'avaient pas reconnu, et qui déployait à travers eux, sans contrôle, les conduites qui lui sont propres ? »[1]

Ainsi s'exprime Charles Baudouin, se référant ici au vocabulaire de Jung. Veut-on infirmer la légitimité scientifique de ce propos ? Ce ne sera possible qu'en fonction d'une autre représentation, supposée plus objective : de préférence celle de Freud, hostile à toute interprétation religieuse des données de la psychologie profonde. Mais dans ce sens, le débat ne se maintient pas moins autour d'une question cruciale, celle du rapport entre

---

1. Charles BAUDOIN, *De l'instinct à l'esprit* (Desclée de Brouwer, 1950).

la réalité de l'inconscient et le phénomène religieux. Affirmer le non-sens de ce phénomène oblige en même temps à dévoiler son sens vrai, par démystification de ce qui empêche d'en percevoir scientifiquement le caractère illusoire. Démystification qui vaudra aussi bien pour les psychanalystes qui croient devoir reconnaître dans la dimension religieuse une dimension authentique, irrécusable, de l'homme. Mais alors, comment ces derniers, à leur tour, expliqueront-ils scientifiquement l'origine de la théorie freudienne de la religion névrose Par quelque côté qu'on prenne la question, il faut constater, très empiriquement, que les conflits sévissant autour de l'idée d'inconscient incluent et trahissent un aspect de conflit autour de l'idée de religion. Mais ce constat, à quoi nous conduit-il?

Pour voir plus clair en cette affaire, il importe d'examiner les inéluctables prolongements religieux des thèses relatives à l'inconscient. Sur ce point, peu de secours à attendre d'une nouvelle consultation d'Adler. Ce n'est pas qu'il nie le sérieux du problème: simplement, il s'y engage peu, se contentant de vues sommaires sur la nature de cet ordre sociétaire dont la religion fait partie. Il n'ignore pas que du métaphysique se trouve impliqué dans sa conception des finalités de l'individu et de l'intégration de celui-ci à la totalité sociale, mais sa réflexion ne fait qu'effleurer ce métaphysique et la question de son rapport à la réalité religieuse. Nous pouvons d'ailleurs admettre qu'une reprise des problèmes inclus dans la notion adlérienne d'image directrice serait possible, et viendrait corroborer les leçons fournies par l'examen du débat dont Freud, Jung, et quelques autres, nous permettent d'entrevoir plus nettement l'enjeu. Bien loin d'être amoindri par l'idée d'un tel examen, l'intérêt scientifique des recherches sur l'inconscient devrait y trouver confirmation. Car prendre sur le fait l'« irrationnel » religieux, au moment même où il vient perturber la sérénité de l'observation et de l'interprétation psychanalytiques, cela ne constitue en rien une offense à l'esprit scientifique. Ce serait plutôt une façon de le soustraire à certaines perturbations accidentelles, d'origine inconsciente.

2. Freud et la motivation religieuse

Plus un chercheur se livre à une critique insistante du fait religieux, moins devient plausible l'hypothèse que cette critique serait signe d'une absence de préoccupation religieuse. Du moins, pour ce qui est du cas de Freud, une telle hypothèse équivaudrait non point à une reconnaissance de sa maîtrise scientifique, mais à une infidélité vis-à-vis de ses enseignements. Autrement dit, tout psychanalyste formé à l'école de Freud et adoptant ses critères d'interprétation des conduites humaines, aurait dû juger que chez celui-ci la critique globale du surmoi religieux n'allait pas sans une certaine expérience personnelle de la religion comme surmoi, et non point seulement chez ses patients, mais en lui-même aussi et peut être d'abord. Ce qui renvoyait chez Freud à un certain débat avec ses parents et avec sa tradition religieuse juive plus ou moins récusée.

En ce qui concerne l'explication même du fait religieux, rappelons les points essentiels. Le centre à partir duquel s'organise, selon Freud, l'ensemble du système religieux, est bien la situation œdipienne, très spécialement en tant qu'elle est dominée par la figure du père. Alors que la théorie de Jung insiste sur le rapport cosmique de l'inconscient à la mère, celle de Freud le laisse le plus souvent dans l'ombre, ne prenant guère en considération cet aspect du sentiment religieux qui commente l'immersion dans le «sein de la nature». Plus que la mère, en effet, le père est supposé tenir le rôle de surmoi dans l'expérience première de l'enfant. C'est de lui d'abord qu'émane l'interdit. Représentant d'un ordre moral et social qui refoule l'expression anarchique des pulsions, en particulier la pulsion «incestueuse» de possession de la mère, il suscite par là, en même temps que la crainte et la sécurité fondées en sa puissance protectrice, un dispositif inconscient d'agressivité jalouse. Agressivité réprimée, mais qui inclut tout de même le souhait de la mort du père. A son tour, ce souhait entretient dans l'agresseur virtuel un état de culpabilité. Par ailleurs, la pratique de l'analyse a convaincu Freud de l'existence d'un rapport entre l'angoisse ainsi refoulée et les multiples rites expiatoires privés par lesquels le névrosé se punit lui-même, tout en se pourvoyant d'une sécurité morale[2].

Or, comment se présente la religion, en tant que phénomène collectif? D'abord comme un ensemble d'interdits et de rites destinés, d'une part, à contenir l'anarchie des pulsions individuelles, et d'autre part à dissoudre par une contrepartie sacrifi-

---

2. «L'angoisse de mort qui accompagne la mélancolie ne se prête qu'à une seule explication: le moi se sacrifie parce qu'il se sent haï et persécuté, au lieu d'être aimé, par le surmoi. C'est ainsi que pour le moi, vivre équivaut à être aimé par le surmoi, qui, ici encore, représente le ça. Le surmoi remplit la même fonction de protection et de salut que le père, la providence, ou plus tard le sort. Mais la même attitude s'impose au moi lorsqu'il se trouve dans un danger réel particulièrement grave, auquel il ne croit pas pouvoir parer par ses propres moyens. Il se voit alors abandonné par toutes les puissances protectrices et se laisse mourir. Situation analogue à celle qui peut être considérée comme la source du premier état d'angoisse qu'éprouve l'enfant à la suite de sa première séparation nostalgique d'avec la mère, comme formant la raison profonde de la nostalgie angoissante de la première période infantile.

Ces considérations sont de nature à nous faire apparaître l'angoisse de mort, ainsi que l'angoisse provoquée par des scrupules de conscience, comme des produits d'élaboration de l'angoisse de castration. Et étant donné le rôle très important que le sentiment de culpabilité joue dans les névroses, il est permis de penser que, dans les cas graves. l'angoisse névrotique commune se trouve renforcée par l'angoisse ayant sa source dans la région qui s'étend entre le moi et le surmoi...» (*Le Moi et le Ça*).

cielle l'angoisse d'êtres qui s'éprouvent démunis devant la puissance incontrôlable dont ils dépendent. A cet égard, les processus qui déclenchent la pratique religieuse apparaissent de même nature que ceux dont la psychanalyse détecte la présence dans l'état névrotique. Plus largement, disons que c'est l'ensemble de la situation religieuse qui correspond à celle de l'homme névrosé. Celui-ci recherche dans une représentation irréelle de l'existence le moyen d'échapper à un réel ressenti comme hostile et mal supportable. Or l'humanité aussi, particulièrement dans son état primitif, a éprouvé son impuissance et son abandon face à un univers menaçant. L'ordre sociétaire qu'elle s'est donné pour survivre comportait la répression de l'instinct brut, ainsi que la justification religieuse de cette répression. Une puissance imaginaire, redoutable, protectrice, compensatrice, était postulée par une humanité en état d'enfance: «Aux époques d'ignorance et de faiblesse intellectuelle qu'elle a d'abord traversées, l'humanité ne pouvait réaliser le renoncement aux instincts indispensables à la vie en commun des hommes qu'en vertu de forces purement affectives. Et le résidu de ces démarches, analogues au refoulement, qui eurent lieu aux temps préhistoriques, subsiste longtemps comme partie intégrante de la civilisation. La religion serait la névrose obsessionnelle universelle de l'humanité; comme celle de l'enfant, elle dérive du complexe d'Œdipe, des rapports de l'enfant au père.»

Il est vrai, remarque Freud, que cette névrose du groupe n'est pas sans effet bénéfique pour l'individu. Elle absorbe, pour ainsi dire, en elle une part de sa névrose personnelle. Par son système de croyances, de morale, de rites, elle institutionnalise le surmoi hérité du premier âge. Elle dispense ainsi jusqu'à un certain point l'individu impuissant à accepter la réalité nue de l'existence, de se créer une névrose personnelle. Elle résout pour le croyant un conflit dont l'incroyant doit se libérer seul. Serait-ce donc que ce processus de dérivation de la névrose par voie religieuse peut témoigner en faveur de la religion ? La théorie freudienne, pour autant qu'elle porte des jugements de valeur et de vérité sur l'essence même de la religion, ne s'oriente aucunement en ce sens. Il n'en faut pourtant pas conclure que l'explication théorique du processus religieux traduit intégralement la manière d'être et de sentir de Sigmund Freud en présence du fait religieux. Lui aussi porte sa part d'embarras. Qu'il entre en rapport avec un croyant comme son disciple Pfister, alors les choses deviennent plus complexe que ne le laisserait croire la théorie : « Vous avez devant vous, écrit-il au pasteur-thérapeute, des êtres jeunes, en proie à des conflits tout frais ; des êtres qui, fixés sur votre personne, sont prêts à la sublimation, et notamment à la forme la plus commode dont elle soit susceptible : la sublimation religieuse. Vous avez la chance de pouvoir conduire ce transfert sur votre personne jusqu'à Dieu, de rétablir ainsi ces temps heureux, heureux au moins sur ce point, où la foi religieuse étouffait la névrose. Pour nous, cette issue n'existe pas. Notre clientèle, de quelque origine qu'elle soit, est irreligieuse. Nous le sommes nous-mêmes pour la plupart, de façon tout à fait radicale, et comme les autres voies de la sublimation qui nous tiennent lieu de religion ne sont pas accessibles à la majorité de nos patients, notre cure se déroule le plus souvent dans le sens d'une issue par la satisfaction [3].

Les rêves eux-mêmes ne parlent pas plus clair, dans la symbolique de leurs images, que ce texte dans la modulation de ses mots. Le propos de Freud ne concède rien quant à la théorie de la religion. Car ce propos, comme la théorie, appartiennent au système conscient. Mais à travers lui, par transparence, apparaît le discours de l'autre, comme eût dit Lacan. Nous entre-

3. *Lettre à Pfister*, citée par A. Vergote dans : *La psychanalyse, science de l'homme*.

voyons comment la théorie elle-même ne se comprend que dialectiquement, c'est-à-dire en contrepoint de ce qu'elle refoule pour apparaître comme affirmation sûre d'elle-même. Il s'avère que la théorie exige d'être située relativement à un « état culturel » dont Freud ne doutait pas qu'il fût conforme aux enseignements de l'expérience et des sciences, mais dont il percevait en stoïcien l'aspect désespérant. Si désespérant que, par contraste, la possibilité laissée à certains jeunes de bénéficier d'un processus de sublimation religieuse en est considérée avec quelque nostalgie. Et pourtant, jamais la religion n'a été présentée par la théorie comme correspondant à une direction légitime de la sublimation, au contraire de la science et de l'art. A travers la situation de son ami et disciple Pfister, Freud entrevoyait-il donc l'avantage pratique d'une thérapeutique « religieuse », quand bien même son système en exigeait la disqualification ? Et si, en la circonstance, le pressentiment avait entrevu plus de vérité que n'en tolérait la théorie ?

Sans doute, Freud n'a jamais supposé sérieusement que l'idéologie à travers laquelle il entendait régler le problème religieux (à contrepente de certains de ses optatifs) ait pu résulter elle-même, pour une part, de déterminismes soustraits à sa conscience claire. Ou, s'il l'a fait, cela ne l'a pas conduit jusqu'à concevoir réellement que la « sublimation religieuse » pouvait, aujourd'hui encore et demain, représenter une solution normale : normale parce que conforme à la structure permanente de l'existence humaine. Et d'ailleurs, dans ce cas, il n'eût pas parlé de sublimation, au sens où celle-ci procède d'une ruse, heureuse ou malheureuse, de l'instinct. Il eût plutôt parlé des interférences entre l'état névrotique et les échecs de la réalisation de soi sur le plan religieux. Et alors, c'est l'attitude religieuse parvenue à son accomplissement qui aurait constitué l'ultime point de visée de la thérapeutique médicale, même si le thérapeute avait éprouvé personnellement une difficulté à l'adopter.

Dans la personne de Freud, qu'est-ce donc qui s'opposait le plus efficacement à ce que la religion devienne, à défaut d'un objet d'adhésion explicite, du moins celui d'une recherche orientée dans la bonne direction ? Sans doute déjà la difficulté à connaître cette direction. Mais une telle difficulté n'explique pas l'obstination avec laquelle Freud localise le religieux du côté de l'infantile pour l'individu, et du côté du totémisme pour les collectivités, en dépit de la fascination exercée sur lui par le personnage de Moïse. En cette affaire, d'obscurs déterminismes et des interdits ne sont-ils pas à l'œuvre ? Qu'est-ce qui retient Freud de procéder à un examen méthodique de l'ensemble du fait religieux, et de tenter de comprendre l'homme de foi comme celui-ci s'efforce de se comprendre lui-même ? Si l'on se pose ce genre de question, si l'on cherche à y répondre, il devient difficile d'affirmer que tous les obstacles se tiennent à l'extérieur de la subjectivité de Freud. Absence de documents, manque de temps, manque de goût pour la spéculation, inaccessibilité d'authentiques représentants du fait religieux actuel ? Dans le cas de Freud, et compte tenu de ses préoccupations habituelles, ce ne peuvent être là que des obstacles relatifs, et qui deviendraient en partie surmontables si n'intervenait pas quelque chose de plus intime, une impuissance, un interdit. Or, quiconque s'est enquis des arrière-plans possibles de l'athéisme de Freud a pu apprendre de lui certains faits significatifs. D'autant plus significatifs qu'on les aura interrogés avec le moins contestable des thèses du psychanalyste Freud.

Accordons-lui qu'il a raison quand il atteste l'importance du surmoi paternel aux origines des dispositions affectives et religieuses de l'enfant. Accordons-lui aussi que quelque chose de ces dispositions premières subsiste : par la suite, en conflit avec le processus qui vise à l'annuler ; et que c'est là précisément l'infrastructure de la névrose, celle-ci survenant chaque fois que le sujet s'est trouvé impuissant à obtenir satisfaction dans son rapport à l'objet réel. Admettons enfin que les interdits, phantasmes, mythes, en provenance du surmoi, puissent révéler, à l'analyse, quelque chose des origines de l'attitude adoptée à l'égard de l'objet religieux. Alors la confrontation devient assez significative entre la mythologie freudienne concernant l'origine de la religion et certains épisodes, désormais connus, de sa propre vie. Épisodes en rapport avec son héritage religieux par lignée paternelle: celui du «juif infidèle» qu'il reconnaissait être.

Sigmund Freud fut, vers la fin de son enfance, profondément troublé le jour où il apprit de la bouche de son père comment celui-ci, jadis publiquement humilié en tant qu'israélite par un chrétien, avait subi l'affront sans réagir: «Cela ne me parut pas héroïque de la part d'un homme grand et fort qui me tenait, moi le petit, par la main. A cette situation qui ne me contentait pas, j'en opposais une autre qui répondait mieux à mes sentiments: la scène où le père d'Annibal, Amilcar Barcas, fait jurer à son fils, devant l'autel domestique, de se venger des Romains. Depuis lors, conclut *La Science des rêves,* Annibal tient une grande place dans mes fantaisies.» — Place si grande que l'époque qui suit la mort de son père — celle où il évoque ce souvenir d'enfance — est marquée pour lui par une réactivation du thème d'Annibal, et du besoin d'aller affronter Rome, tandis qu'une inhibition pèse sur ce projet de voyage. La résistance enfin surmontée, et le voyage accompli, une détermination toute nouvelle devient possible: Freud va s'affirmer plus audacieusement dans la voie de l'engagement psychanalytique.

Nous sommes là en présence d'une grandiose symbolique de l'existence religieuse, en rapport avec le drame spirituel de la vocation et du rejet d'Israël, et de son lien avec la rédemption de l'homme. Confiant à Fliess ses impressions de Rome, Freud s'exprime avec netteté: «Toutes les réalisations de ce genre sont toujours un peu décevantes, quand on les a trop longtemps attendues. Néanmoins, il s'agit quand même d'un point culminant de mon existence. Mais tandis que j'ai contemplé la Rome antique paisiblement, sans en être troublé, il m'a été impossible de tirer de la joie de la deuxième Rome. Sa signification me troublait. J'étais poursuivi par l'idée de ma propre misère et de toutes les autres misères dont je sais l'existence. Je ne puis supporter le mensonge de la rédemption des hommes, qui dresse orgueilleusement sa tête vers le ciel»[4].

Mais la considération du cas Freud, si éclairante qu'elle soit, représente une base trop limitée pour l'élaboration de la problématique du rapport entre psychanalyse et religion. Il est utile de la compléter par une évocation du cas, corrélatif, de Jung.

3. Jung et ses mythes

La rupture entre Jung et Freud s'est produite à propos de la libido et de la sexualité. A ce moment, la question religieuse n'était pas ressentie comme un objet de litige. Ni l'un ni l'autre ne s'était engagé suffisamment en elle pour en faire le cœur même du débat. Sur la nature de la religion, Jung, en 1909, s'exprimait encore en termes relativement freudiens. Or vingt années plus tard, il en était arrivé à résumer ainsi l'opposition entre Freud et lui: Freud n'entend rien à l'expérience religieuse; moi, Jung, je reconnais et estime cette expérience à sa juste valeur.

Effectivement, ce qui a été dit au précédent chapitre de la théorie générale de Jung manifeste que chez lui le problème religieux a été progressivement ressenti comme coextensif à celui de la psyché. L'intérêt de plus en plus grand porté à l'étude des symboles de l'inconscient et à la mythologie universelle expri-

4. *Lettre à Fliess*, 19 septembre 1901.

mait la venue au grand jour de la conscience de la question religieuse. Mais chez Jung, comme chez Freud, la façon d'aborder cette question comportait des préalables lointains. Il s'agissait pour lui aussi, en quelque manière, de s'expliquer avec les données premières de son expérience religieuse. Et ces données avaient été fort différentes de celles de Freud. Celui-ci en sentait bien le poids dans son rapport humain et scientifique avec Jung. Au moment où il s'efforçait d'amener à lui ce fils de pasteur, Freud attribuait à son atavisme chrétien les résistances intérieures à l'œuvre chez ce disciple possible, qu'il eût souhaité traiter en fils et en héritier. Jusque-là, la psychanalyse avait été une « affaire nationale juive ». Il importait d'ouvrir le cercle, et de l'ouvrir, pour commencer, à ce chrétien.

Après quelques années, l'échec mettait fin à cet espoir. Freud sut trouver alors des considérants religieux pour radicaliser et sacraliser, en quelque sorte, la rupture. Son dernier chapitre de *Totem et tabou,* si infidèle soit-il au contenu de la religion judaïque, entendait fixer dans la controverse avec Jung un point de non-retour. Freud confia alors ceci à Abraham : ce chapitre « servira à établir une nette division entre nous et toute la religiosité aryenne ». Ainsi intervenait en cette affaire bien autre chose que la pure objectivité scientifique. Le complexe paternel avait frémi. Cette paternité que Freud — « Moïse » symboliquement — avait souhaité exercer à l'égard de Jung, ce « Josué destiné à explorer la terre promise », un éprouvant refus était venu l'atteindre [5].

Pour ce qui est de la « religiosité aryenne » alors en voie d'affirmation chez Jung, et qui avait provoqué Freud à se lancer dans l'étude des rapports entre psychanalyse et religion, elle consti-

5. Voir L. BEIRNAERT, *Introduction à la psychanalyse freudienne de la religion*, dans *Études*, février 1968.

tuait apparemment en Jung une résurgence. Durant son enfance, il avait baigné dans les eaux d'une religiosité préoccupante et incertaine. Incertaine, notamment, quant à son rapport à la dogmatique chrétienne. Enfant tourmenté et intrigué par le mystère, comme le redeviendrait plus tard le quêteur inlassable du « numineux » universel, Carl Gustav avait rencontré auprès de son père pasteur, en un foyer d'ailleurs peu uni, certaines conditions d'insatisfaction mystique et dogmatique. Dans un de ses ouvrages relatifs aux Archétypes, lui-même confiera ce fait parfaitement archétypique : l'enseignement que lui donnait son père, du catéchisme l'ennuyait fort. Toutefois, anticipant sur les leçons à venir, il était tombé en arrêt devant le chapitre concernant la Trinité. Il en attendait l'explication avec impatience. Mais « quand arriva enfin l'heure tant désirée, mon père dit simplement : 'Nous passerons ce paragraphe, car je n'y comprends rien moi-même'. A ce moment mon dernier espoir s'est évanoui »[6].

Le rendez-vous obscurément mais vivement souhaité avec l'archétype central venait d'être manqué. L'initiation nécessaire avait été éludée par l'initiateur désigné. Or, il ne me paraît pas arbitraire de suggérer que toute la recherche ultérieure de Jung peut être comprise comme une tentative d'approche hasardeuse de ce centre vers lequel son père s'était reconnu impuissant à le guider, mais dont il n'avait pas nié l'existence. Lieu sacré par excellence, dont le psychologue n'osera interroger le mystère, de façon méthodique, que cinquante années plus tard. Alors, avec plus de bonne volonté que d'assurance, il s'appliquera à confronter la dogmatique trinitaire (ou ce qu'il croyait en comprendre) avec ce que l'analyse lui avait désigné comme consti-

6. Cité dans R. HOSTIE, *Du mythe à la religion*, Desclée de Brouwer 1955. Le même événement est relaté par Jung dans : *Ma vie...*

tuant le central vital de la psyché, et qu'il nommait le *Soi*[7]. Mais à ce moment-là, malgré certains progrès vers une compréhension du rôle tenu par la formule dogmatique dans la structuration de la vie religieuse, de graves obscurités subsistaient dans sa pensée. Elles lui dissimuleront la voie à suivre pour trouver l'articulation secrète des données de son exploration empirique et du type d'expérience transcendante, irréductible à toute autre, dont la dogmatique d'Église est l'expression divinement garantie.

Comparée à celle de Freud, la méthode d'analyse à laquelle Jung s'était voué représentait certains avantages quant à l'approche du fonds religieux commun (virtuellement commun) de l'humanité. Très vite, il comprit que ce qui s'exprime en un symbolisme relativement constant par les mythes et les rêves entretient un rapport avec cette réalité cachée, « divine », à laquelle renvoient en ordre dispersé toutes les religions. Aussi n'était-il pas question pour lui d'inviter l'homme à se dessaisir de son commerce avec ce divin-là, reconnu comme si essentiel à l'âme profonde[8]. Il considère bien plutôt que le malheur et le déséquilibre fondamental de l'homme des sociétés rationalistes vient de son impuissance à effectuer une expérience, pourtant indispensable, du numineux. La subjectivité des névrosés modernes est malade de s'être rendue, ou d'avoir été rendue

---

7. Cf. R. HOSTIE, *Du mythe à la religion*, 2e partie.

8. « Pourquoi la psychologie est-elle la plus jeune des sciences expérimentales ? Pourquoi n'a-t-on pas découvert l'inconscient depuis longtemps, et n'a-t-on pas mis au jour son trésor d'images éternelles ? Simplement parce que nous disposions d'une formule chrétienne pour toutes les choses de l'âme, formule bien plus belle et plus vaste que l'expérience immédiate. Si, pour bien des gens, le monde des idées chrétiennes a pâli, par contre les trésors symboliques de l'Orient sont encore pleins de merveilles qui peuvent longtemps nourrir notre désir de visions et de vêtements nouveaux » (JUNG, *L'âme et la vie*).

étrangère aux puissances vivifiantes longtemps captées par les religions et objectivées en grands symboles. L'irruption dans le monde d'aujourd'hui des psychologies de l'inconscient, le goût pour l'exotisme des mystiques orientales, Jung estime qu'ils sont l'effet logique et la sanction de la perte par les Occidentaux de l'intelligence des symboles autochtones de leur christianisme.

Il serait inexact de dire que Jung encourage cet homme moderne perturbé par son conflit avec lui-même à reconquérir en propre âme par l'adhésion aux mythes congénitaux à la religiosité de l'Orient. Il ne veut pas privilégier ceux-ci par rapport aux expressions de provenance chrétienne. Mais il n'accorde pas non plus à ces expressions une valeur de vérité transcendante au sein de la mythologie universelle. Par décision de méthode — l'empirisme du psychologue — mais aussi, à un moindre degré peut-être, par conviction personnelle, il se montre comme naturellement syncrétiste. Refuser de choisir une orthodoxie religieuse, c'est dans son cas, pense-t-il, effectuer un choix positif: celui d'un certain universalisme. A ses yeux, rien de décisif ne semble autoriser l'idée que la symbolique chrétienne pourrait bien, dans sa forme originale et dans le contenu qu'elle donne à l'expérience religieuse, renvoyer à une manifestation absolument unique du divin. Sans doute ne voit-il pas quel sens prendraient alors les autres manifestations de l'âme religieuse partout rencontrées dans le monde, et charriant des éléments archétypiques comparables. L'enfant divin sauveur, la jeune fille divine, les figures sacrées, trinitaires ou «quaternitaires», constitutives des madalas orientaux et spontanément restitués par l'inconscient en cours d'analyse [9]! ces symboles majeurs, et d'autres, ne

9. «Pendant de longues années, Jung avait été frappé par le fait que ses patients produisaient fréquemment des dessins, disposés en rond ou en carré. Ces dessins évoluaient, tant dans leur structure intérieure que dans leur rap-

sont-ils pas plus ouverts et compréhensifs que la formulation dogmatique particulière qui leur correspondra dans le Christianisme ?

Question inéluctable, sur laquelle il y aura lieu de revenir. Pour l'instant, j'observe seulement ceci : l'expérience non structurée doctrinalement que constituait la religion de son enfance, Jung s'était appliqué à en retrouver le sens universel. Or, il ne pouvait le faire d'une manière concluante sans expliciter sa conception générale du rapport entre personnel et universel. Mais s'engager en une telle voie, c'eût été tenter l'exploration d'un domaine métaphysique, et finalement théologique, où il ne se permettait que des incursions furtives, armé seulement des données psychologiques dont il disposait. Il faut pourtant reconnaître que l'évolution de Jung s'est réalisée, en fait, dans le sens d'un meilleur pressentiment de l'intérêt présenté par les définitions dogmatiques. A celles-ci il finit par accorder, selon son expérience de psychologue, une valeur vitale, à laquelle doit être attentif quiconque a souci des choses de l'âme. L'autorité elle-même qui veille sur ces formules apparaît alors comme protec-

---

port avec le fond, selon un rythme parallèle à celui de la cure psychothérapique. Jung était intrigué par ces documents, mais restait dépourvu de point de repère et de référence lui permettant de les expliquer. Lorsque plus tard, entre 1925 et 1929, son ami le sinologue Richard Wilhelm le mit au contact avec le symbolisme asiatique, il a retrouvé dans les cultures religieuses de l'Inde, de la Chine et du Tibet, des dessins qui présentaient une ressemblance frappante avec ceux qui lui étaient livrés par ses patients ignorant tout de ces cultures. Comme ces dessins portent en Orient le nom de *mandala* (cercle magique), Jung reprend le terme (...). En Orient, les mandalas sont essentiellement des instruments de méditation et de contemplation. "Le mandala, écrit Jung, est toujours une image intérieure, qui se constitue lentement par imagination active, en particulier quand l'équilibre de l'âme a été troublé, ou quand une idée (religieuse) ne peut être trouvée, et qu'il faut la chercher, parce qu'elle n'est pas contenue dans la doctrine sacrée" » (R. HOSTIE, *Du mythe à la religion*).

trice nécessaire de certaines forces inconscientes, qu'on ne « libérera » pas sans qu'il en résulte de redoutables conséquences.

A cet égard, le processus de dislocation dogmatique et institutionnelle mis en branle par la réforme protestante est considéré par ce protestant comme la suite d'une sorte de fatalité, certes, mais combien perturbatrice pour la psyché occidentale : « L'homme moderne — protestant ou non — a perdu la protection des remparts ecclésiastiques si soigneusement élevés et renforcés depuis le temps de Rome. Et du fait de cette perte, l'homme s'est approché de la zone de feu où les mondes se détruisent et se créent. La vie s'est accélérée et intensifiée. Notre monde est ébranlé, envahi par des vagues d'inquiétudes et de peur. » Et quel désarroi pour les êtres en formation aujourd'hui, et pour ceux qui ont charge d'exercer en leur faveur une pédagogie, au milieu des traditions effondrées !

La situation étant telle, que fait Jung, et quelle direction de salut tente-t-il d'indiquer ? Il médite sur l'intemporelle image du Centre, que l'homme moderne s'applique à fuir, en même temps qu'il risque de s'y bruler. En sage, il enseigne que, pour chacun, se trouver n'est possible que par accession au Soi. Là seulement s'obtient la stabilité de l'âme, par accord des opposés. Sagesse de l'Orient ? Équilibre du Tao ? Mais Jung vient du Christianisme. De ce fait, il ne trouve pas de bonne place. Il croit d'ailleurs constater que la projection graphique, faite par ses patients, de leur espace intérieur, comporte un certain vide central. Leurs mandalas en font implicitement l'aveu. Aux âges de foi, l'art religieux projetait en des figures analogues sa vision intérieure de l'âme. Alors, l'image du Christ, ou de la Vierge Mère portant l'Enfant, ou encore le symbole trinitaire centrait et stabilisait le tout. Pour Jung, auquel ni son père ni sa mère n'ont pu ouvrir la porte du mystère, celui-ci garde un attrait numineux, et une large part d'énigme. Il suscite souvent des hypothèses embarrassées.

4. Le problème du lieu spirituel

Nombre de psychologues et guides spirituels en conviendraient : si, à travers les épisodes fort divers — et néanmoins comparables à bien des égards — des nombreux cheminements intérieurs qu'ils sont accompagnés, ils tentent de comprendre le drame commun des hommes en recherche de paix, cette recherche leur apparaît comme celle du Lieu [10]. Qu'est-ce à dire ? Ceci : l'homme poursuivi par l'angoisse est un être impuissant à se situer vitalement par rapport à lui-même, ce qu'il ne réussirait à faire qu'à la condition de se sentir absolument accueilli, accepté et confirmé par l'Autre. Lorsque le thérapeute offre une confirmation de cette sorte au patient, celui-ci présentent une possibilité de s'accepter mieux lui-même. Toutefois, ni la disponibilité du thérapeute, ni son savoir ne constituent un absolu, et c'est surtout à sa névrose que le sujet s'abandonnerait s'il s'abandonnait au psychanalyste comme à un absolu dépositaire de la puissance rédemptrice, pensant accéder par lui au lieu des sécurités définitives. Nostalgie de la mère, du père, du foyer primitif : c'est cette nostalgie — et l'agressivité avec laquelle elle se trouve mêlée aux profondeurs de l'inconscient

10. « C'est un étudiant qui m'a parlé ainsi un jour. Nous étions au coin de mon feu. Une amitié profonde nous liait l'un à l'autre. Il évoquait ses difficultés, cette angoisse qui ne le quittait jamais, et qui, parfois, tournait à la panique et à la fugue. Il s'efforçait de voir clair en lui-même, de comprendre ce qui se passait en lui. Et tout à coup, comme pour se résumer, il me dit d'un air pensif : "Au fond, je cherche toujours un lieu".

Il arrive qu'un mot éveille un écho surprenant dans notre cœur et dans notre esprit. C'est ce que j'ai éprouvé ce jour-là. Ce mot a été pour moi le départ de beaucoup de réflexions (...). Il me semble qu'elles m'ont aidé à mieux comprendre certains besoins fondamentaux des hommes, et la détresse d'un grand nombre d'entre eux » (Paul TOURNIER, *L'homme et son lieu*, Delachaux et Niestlé, 1966).

— qui entretiennent le sentiment d'avoir perdu tout lieu assuré, une fois accompli l'acte de naissance, ainsi que le rêve d'annuler la détresse d'exister comme individu solitaire.

Tel est le drame secret du patient. Mais tel peut être aussi, sans qu'il s'en avise toujours, celui de l'analyste de qui il attend secours. Or, du point de vue de la vérité et de l'efficacité du rapport interpersonnel, il ne semble pas possible de faire comme si la condition spirituelle de l'analyste ne comportait aucune incidence sur l'esprit, la manière et les suites de son intervention. Certes, il ne faut pas que l'aspect technique de celle-ci soit télescopé, mais il ne faut pas davantage que soit méconnu ce qui peut en rendre l'emploi bénéfique ou maléfique. On concevra donc qu'à compétence professionnelle égale, l'analyste pour qui l'absence de lieu est tenue pour une évidence, et celui pour qui ce lieu existe, expérimentalement connu de lui, ne sont pas en situation équivalente par rapport au sujet traité. N'avons-nous pas vu Freud lui-même signaler cet aspect des choses dans une lettre à Pfister? Assurément, la conviction subjective de l'analyste n'a pas en elle-même valeur de démonstration spéculative quant à la réalité ou à l'irréalité de ce lieu absolu. Elle n'en appartient pas moins aux variantes de la pratique. Elle s'oppose à ce que l'on prête à tous les thérapeutes une compréhension identique du sens de l'homme, et une égale aptitude à se comprendre eux-mêmes, ainsi que les tenants et aboutissants de leur propre entreprise.

Ici nous rencontrons le cas des analystes pour qui le véritable Absolu de l'homme est le Dieu de Jésus-Christ, et nul autre. Ils n'éviteront pas de se demander ce qui résulte pour un homme du fait qu'il ne reconnaît aucun absolu d'essence chrétienne. Ils en viendront logiquement à examiner cette hypothèse: ce qui n'a pas d'issue du côté du vrai Dieu pourrait bien s'en chercher une, sans aboutir, du côté des idoles. Simple déduction a priori? Non, mais constat psychologique. Car la névrose elle-même, que signifie-t-elle en définitive, et de quel désordre est-elle l'expression ? A sa racine, n'y aurait-il pas une manière d'être, consécutive à une manière de sentir affectivement, qui implique substitution pratique de valeurs, « hérésie vitale » ? Telle est bien l'origine de la névrose, au jugement des représentants de la nouvelle École psychanalytique de Vienne, un Caruso, un Daim. Un objet particulier appartenant au monde existentiel du sujet se trouve affecté d'une valeur qui lui fait jouer dans son système vécu le rôle de l'absolu. La charge émotionnelle ainsi transférée sur lui atteste que l'existence entière tend à s'organiser en fonction de lui. L'énergie psychique qu'il fixe de la sorte devient par là indisponible pour la réalisation humaine véritable du sujet. Il tient, en somme, le rôle de l'idole à l'intérieur d'un système religieux païen [11]. Mais il s'agit d'une idole d'usage privé qui, habituellement, ne sera pas reconnue par le sujet comme appartenant à la sphère du religieux. D'autant moins qu'un postulat irreligieux régnera davantage sur l'esprit du temps, comme ce peut être le cas dans nos sociétés modernes. Cette idole dispense plutôt de prendre en considération la possibilité même d'un objet religieux authentique, puisqu'elle a détourné à son profit une intentionnalité spirituelle qui ne

---

11. « Si l'Absolu n'est pas saisi comme absolu, mais comme relatif, et si, à l'inverse, quelque chose de relatif est saisi comme absolu, un conflit fondamental naît en l'homme. Dès lors, ce relatif érigé en absolu n'est pas Dieu, mais une idole. Celle-ci naît de la déification d'un relatif et marche de pair avec un détrônement de Dieu (...). Contrairement aux exigences de Dieu, celles de l'idole ne permettent pas d'affronter objectivement la réalité. De là naît un vaste conflit. Les exigences de l'idole masquent celles de la conscience, ce qui signifie que des composantes — érigées en absolu — du surmoi freudien, sont superposées à la conscience, et les impératifs absolus de ce surmoi ne sont pas distingués, subjectivement, de ceux de la conscience. Ainsi naît cette donnée que l'on nomme la conscience aberrante » (Wilfried DAIM, *Transvaluation de la psychanalyse*, Albin-Michel, 1956).

se reconnaîtrait elle-même qu'à la condition de se reconquérir sur l'aliénation idolâtrique.

Si le psychologue peut être conduit à interpréter en ces termes le phénomène de la névrose, ce n'est pas parce qu'il prendrait sur le fait, dans la conscience même du sujet, ce mécanisme de substitution. Celui-ci n'est pas conscient, mais inconscient. Il se constitue sur fond d'une tendance infantile à réactiver indéfiniment le «plaisir» éprouvé par usage des objets intéressant l'affectivité inévoluée. Et là, rien n'empêche de retenir un certain nombre de faits et d'éléments d'explication établis par l'analyse freudienne. On pourra aller jusqu'à reconnaître que la théorie de la religion-névrose peut comporter un sens exact, qui n'est pas précisément celui auquel Freud tient le plus. Toute fixation «religieuse» inconsciente sur un objet particulier, dès lors substitué à l'Absolu divin, est fondamentalement déséquilibrante. Elle inclut un aspect d'aliénation, ainsi que cela apparaît dans le jeu du moi et du surmoi. Un faux absolu fonctionne nécessairement comme surmoi oppresseur, réclamant en sacrifice — insatiable idole — la substance même de l'âme.

Mais ici deux remarques sont à faire: l'attitude idolâtrique qui se traduit en névrose, et que le comportement névrotique protège des interventions de la conscience, est pour une part rapport du sujet à lui-même, en tant qu'il se maintient dans l'impuissance face aux rénovations radicales qu'impliquerait une remise de soi à l'Absolu. Seulement, les conditions mêmes dans lesquelles cette attitude se forme font que le sujet n'est jamais seul en cause dans sa constitution. Au départ, elle est plutôt passive: elle consiste en un processus inconscient d'adaptation à la manière d'être des parents et de leur entourage. C'est ainsi qu'un attachement idolâtrique de la mère à son enfant, ou au contraire une hostilité parentale, montre naturellement en celui-ci des virtualités névrotiques. Au point de vue existentiel, tout s'accomplit dans le cercle d'une intersubjectivité déréglante, parce que prisonnière d'un égocentrisme mou ou dur.

Deuxième remarque : la contestation de ces thèses ne saurait se faire valablement sur le seul motif qu'elles « trahissent l'orthodoxie freudienne ». L'invocation d'une orthodoxie psychanalytique aurait plutôt pour effet de les confirmer. Il semble que seul le refus d'exiger de la théorie psychanalytique plus qu'elle ne peut donner permet de lui rendre justice pour ce qu'elle contient de scientifiquement justifié. Ainsi en jugent Jung, Caruso, Baudouin, Stern, et beaucoup d'autres, dont l'apport personnel n'est pas négligeable. Mais aussitôt survient le reproche d'éclectisme : on a méconnu et détruit la cohérence géniale du système freudien ! Reste à savoir ce qu'il faut penser de cette cohérence. Tient-elle à une vision supérieure exacte de l'état civil réel de l'homme ? Ne faut-il pas voir plutôt en elle la forme de systèmatisme qui devient la fatalité de Freud dès lors qu'il décide d'exclure du réel, au nom de ce qu'il en connaît ou pense en connaître, ce qu'il n'est pas parvenu à en concevoir ? Si à la première question la réponse est affirmative, c'est qu'on estime que Freud, en démystifiant l'homme de sa fausse conscience, parle à partir du lieu même de la vérité. Sa science est révélation de cette vérité. Si la réponse est affirmative à la seconde question, on incline du côté de Caruso et de Daim. On donne raison aussi à Jung, pour qui l'attitude systématique de Freud, et en particulier sa désignation vraiment passionnelle de la sexualité comme centre du psychisme, ne se comprend bien que comme l'expression d'un transfert de religiosité frustrée [12].

---

12. « De toute évidence, Freud avait à cœur — et de façon peu ordinaire — sa théorie sexuelle. Quand il en parlait, c'était sur un ton pressant, presque anxieux, tandis que s'estompait sa manière habituelle, critique et sceptique. Une étrange expression d'agitation, dont je ne pouvais m'expliquer la cause, animait alors son visage. J'en étais fortement frappé : la sexualité était

Mais Jung lui-même? S'il s'agit de comprendre sa problématique en fonction de coordonnées religieuses, la difficulté paraît d'abord moindre. Lui-même s'est convaincu de plus en plus fermement que le souci religieux y est central. Il suffit de réfléchir sur cet étonnant témoignage: *Souvenirs, rêves et pensées:* cela apparaît à pleines pages, et d'un bout à l'autre. Mais il faut entendre aussi les avertissements de ceux qui nous mettent en garde contre l'idée que la religiosité étrange de Jung serait plus rassurante que l'athéisme de Freud. En réalité, la question n'est pas, pour l'instant, de décider si la gnose de Jung est rassurante et l'athéisme de Freud inquiétant. Elle est d'expliquer comment chacun, partant d'où il partait, a pu ressentir le numineux — pour parler comme Jung — en l'absence d'une initiation ecclésiale. Relativement au Lieu où un catholique a la possibilité de faire l'expérience du divin, leurs lieux de naissance se trouvaient excentrés, et dans des directions différentes. Différents étaient aussi leurs complexions familiales, et l'a priori affectif de chacun face au mystère caché. Et puis, le secret des cœurs échappe

---

pour lui une réalité numineuse (...). J'ai encore un vif souvenir de Freud me disant: "Mon cher Jung, promettez-moi de ne jamais abandonner la théorie sexuelle. C'est le plus essentiel! Voyez-vous, nous devons en faire un dogme, un bastion inébranlable!" Il me disait cela plein de passion, et sur le ton d'un père disant: "Promets-moi une chose, mon cher fils: va tous les dimanches à l'église." Quelque peu étonné, je lui demandai: "Un bastion contre quoi?" Il me répondit: "Contre le flot de vase noire de ..." Ici, il hésita un moment pour ajouter: "... de l'occultisme!" (...)

Il était clair pour moi que Freud, qui faisait sans cesse et avec insistance état de son irréligiosité, s'était construit un dogme; ou plutôt, au Dieu jaloux qu'il avait perdu, s'était substituée une image qui s'imposait à lui: celle de la sexualité. Elle n'était pas moins pressante, exigeante, impérieuse, menaçante et moralement ambivalente! A celui qui est psychiquement le plus fort, donc le plus redoutable, reviennent les attributs de "divin" et de "démoniaque"!; de même la libido sexuelle avait revêtu et jouait chez lui le rôle d'un *deus absconditus» (Ma vie, souvenirs, rêves, pensées).*

à l'homme, y compris à celui qui analyse le sien avec l'audace pathétique de Jung. Mais comment ne pas retenir respectueusement ce qu'il nous confie au sujet du drame de sa « communion manquée », auprès d'un père-pasteur pour lui sans confidence sur sa foi harcelée de doutes ?

« L'échec de ma communion, était-ce mon échec ? Je m'y étais préparé avec le plus grand sérieux, et j'espérais que j'y vivrais la grâce et l'illumination, mais rien n'était arrivé. Dieu était resté absent. Par la volonté de Dieu, je me trouvais séparé de l'Église et de la foi de mon père et de tous les autres, dans la mesure où ils représentaient la religion chrétienne. J'étais tombé hors de l'Église [13]. »

Son père déjà, hélas, pasteur qui n'avait pas lui-même de Pasteur... Mais Sigmund Freud, juif incroyant, fût-il jamais visité par la pensée que l'Église est une Demeure où même le fils de Jacob Freud n'eût pas été sans ancêtres ?

---

13. JUNG, *Ma vie...*

IV

CONSULTATION PHILOSOPHIQUE

Au moment où Freud, médecin, effectuait des fouilles dans le domaine de l'inconscient, aucun courant de pensée philosophique bénéficiant d'une large notoriété ne disposait de concepts immédiatement capables d'intégrer ces découvertes, aucun ne disposait d'une perception réfléchie de l'homme qui soit en mesure de les admettre : ni les matérialismes, ni les idéalismes, résultant les uns et les autres de la scission cartésienne. De nos jours, des correspondances s'affirment entre la psychanalyse, qui découvre un inconscient autre que la « conscience », en-deçà ou au-delà d'elle, et divers courants de phénoménologie, qui admettent l'irréfléchi en même temps que le réfléchi, un irréfléchi qui précède l'éveil de la conscience de soi. Toutefois, pour la psychanalyse, l'inconscient est comme habité, et jusqu'à un certain point interprétable, tandis que pour la phénoménologie, du moins pour un certain type de phénoménologie encore assez tributaire de l'idéalisme, une telle région de l'humain équivaut à l'impensé, sinon à l'impensable.

Faute d'une approche suffisante du mystère — intelligible comme tel — des rapports entre le sujet humain et l'être, la phénoménologie éprouve de sérieuses difficultés à sortir du cercle des relations entre le projet personnel tenu pour conscient, et l'*étranger* subsistant en chaque homme. De son côté, la psychanalyse semble le plus souvent se refuser à répondre aux questions primordiales et ultimes concernant la situation de l'homme vis-à-vis de la transcendance, et très particulièrement de la transcendance telle qu'elle s'affirme en contexte chrétien ecclésial. Or c'est bien en direction de ce point de rencontre qu'il me faut continuer de progresser, en ce chapitre où tend à se préciser l'enjeu philosophique d'une question de cette sorte.

1. Trouble au royaume des idées claires

Entre la conception psychanalytique et la conception religieuse de l'homme, certaines convergences ont été constatées, et aussi certaines intolérances de fait, en lesquelles il n'est pas si facile de voir clair. Qui arbitrera ces relations confuses, fréquemment conflictuelles ? Elles sont pour nous encore pleines d'inconnues, puisque nouées à un niveau psychique originel, où ambivalences, rivalités, contradictions semblent faire la loi, et s'entourer d'une impénétrable obscurité. En appellera-t-on simplement à la science elle-même qui professe s'identifier sur la base de cette expérience déconcertante ? Mais la science de l'inconscient paraît vouée par nature à pâtir des paradoxes inclus dans son objet. A considérer les figures sous lesquelles elle se présente suivant les écoles psychanalytiques, quelle conviction provisoire s'impose ? Cette science manifeste trop de constantes pour qu'il soit sérieux de lui dénier toute compétence, toute capacité de rigueur. Mais elle présente aussi trop d'oppositions internes pour qu'il soit réaliste de s'attendre à voir un jour son objet provoquer l'accord de ceux qui s'efforcent d'en préciser la nature. Une oscillation conduit d'une disjonction absolue de l'inconscient «scientifiquement» saisi et du numineux géré par la religion, à une quasi-identification de ces deux mêmes termes.

Là semble se localiser le débat essentiel entre explorateurs ou théoriciens interprètes des obscurités de l'homme. L'arbitrage efficace, qu'il paraît vain d'attendre de la seule expérience thérapeutique, et pour lequel il est prématuré de solliciter le théologien, peut-être faut-il présentement interroger le philosophe sur la façon dont lui-même l'envisage?

Il faut le faire, en effet, sans préjuger de la possibilité d'aboutir à une réponse satisfaisante. Est-ce bien d'ailleurs à *une* réponse qu'il convient de s'attendre de la part des philosophes? Sachant qu'ils s'opposent sur tant de sujets essentiels, on ne peut tenir a priori pour vraisemblable que l'apparition dans leur champ d'étude d'un donné nouveau, sur lequel les psychologues tendent à se diviser, puisse avoir pour effet de susciter entre eux un accord. Mais ce qui subsistera d'irrésolu au centre de leurs débats et de leurs dissentiments ne sera pas insignifiant. Ce nouvel épisode de notre enquête pourra sans doute proposer un enseignement ultérieurement exploitable.

Nombre de philosophes ont cru, plus ou mons tôt, devoir prendre au sérieux le difficile problème mis en circulation par des médecins se prononçant au nom d'une expérience empirique, et non à partir d'un déploiement d'idées nécessaires: ce qui est un argument en faveur de leur souci de vérité, et d'un certain besoin réaliste. Car les orientations qui dominaient au moment où Freud, Jung, et d'autres, travaillaient à accréditer la notion d'inconscient psychique, n'allaient pas dans le sens d'une facile coïncidence des points de vue, mais plutôt dans celui d'un expéditif jugement d'invraisemblance. J'ai rappelé précédemment quel était le contexte prochain de la «philosophie de l'homme» au moment de la formatin des hypothèses freudiennes. Ni du côté matérialiste, ni du côté idéaliste, le genre de fait sur lequel construisait Freud n'apparaissait assimilable par la raison, par une certaine raison présumée forte de ses évidences hâtives [1].

Pour les tenants de l'homme-machine, l'exploration du psychanalyste donnait trop de poids à une réalité psychique incontrôlable par leurs procédés d'étude de la mécanique neurologique. De ces procédés et du parti-pris qui les constituaient en juges souverains de ce qui est et de ce qui n'est pas, Freud éprouva vite les effets à son égard. Ils étaient trop chargés d'irrationnel pour autoriser l'attitude d'accueil scientifique que lui-même préconisait — sans l'adopter toujours à l'endroit d'autrui. Ainsi fonctionne la mentalité positiviste, qui contrevient tant à certaines requêtes de la pensée philosophique qu'à certaines requêtes de l'esprit scientifique. Du côté des théoriciens idéalistes de la pure conscience de soi, la difficulté d'être entendu était, pour Freud et ses émules, à peine moindre. La manifestation d'un inconscient dynamique, mû par une intention autonome obscure, échappant à la conscience, signifiait à l'impérialisme de la subjectivité rationnelle un démenti trop insolent, et limitait par trop les possibilités de construction du philosophe, pour bénéficier du préjugé favorable. D'un côté comme de l'autre, face à ce nouveau-venu de l'inconscient psychique, une anthropo-

---

1. «Freud fut un grand destructeur. Mais lors du changement de siècle s'offrirent tant d'occasions de démolir qu'un Nietzsche n'y a pas suffi non plus. Freud s'est chargé de ce qui restait, et il l'a fait à fond. Il a éveillé une méfiance salutaire, et ainsi aiguisé le sens des vraies valeurs. Le vertige de l'homme bon, qui obnubilait les esprits alors qu'ils ne pouvaient plus comprendre le péché originel, a été en très grande partie démoli par Freud. Et ce qu'il en restait encore, la barbarie du XXe siècle, espérons-le, l'extirpera définitivement» (JUNG, *L'âme et la vie*).

logie dualiste semblait constituer la seule ligne de repli acceptable. On s'allierait donc provisoirement, en toute équivoque, pour neutraliser ce qu'il semblait inévitable de retenir des faits mis en avant par le médecin. Présence en l'homme d'un certain automate? Peut-être. Mais quelle surprise, puisque la mécanique du corps doit suffire à en rendre compte? — Subsistance temporaire, à la périphérie de la conscience spirituelle, d'idées confuses et de sentiments incertains? Sans doute. Mais quoi de troublant, puisqu'il sera au pouvoir de l'esprit de les clarifier, et même de les éliminer en cas de récidive? De toutes façons, la pensée cartésienne demeure maîtresse du terrain.

Diviser pour régner: ce principe ne lui a-t-il pas réussi dès l'origine? D'une part, ce qui relève de l'espace physique et procède dans le corps même par figures et mouvements. La pensée pure y est chez elle, à condition de fonctionner selon la géométrie. D'autre part, ce qui relève de l'âme et s'ordonne selon la logique des idées. Ici encore la pensée est chez elle, souveraine. Dans la lumière des idées nécessaires elle s'affirme en conscience de soi, dès le présent, ou à terme. Bref, au prix d'une disjonction des substances corporelle et spirituelle, la victoire du moi et de son savoir rationnel pur est assurée, tandis que se trouve renvoyée au néant la chimère dangereuse de l'*autre*.

Si cette condition était parvenue à se faire prendre pour la seule réplique philosophiquement autorisée face aux paradoxes de l'inconscient, il y aurait eu dans les thèses des psychanalystes une assez grande part de vérité d'expérience pour disqualifier avec elle toute anthropologie philosophique. Aujourd'hui encore, certains freudiens se persuadent de l'emporter sur toute philosophie, du fait qu'ils jettent le trouble aisément dans la mythologie des idées claires. Cela peut signifier seulement deux choses: soit qu'ils n'ont jamais ouï-dire que le type de philosophie auquel ils s'attaquent n'a plus guère de réalité que dans quelques esprits cartésiens excessivement simplistes (par lesquels

Descartes lui-même se sentirait probablement un peu trahi); soit qu'ils éprouvent le besoin de s'en prendre à la philosophie *en général* (quasi ignorée d'eux) comme au symbole d'un surmoi méprisé en même temps que redouté. Dans l'un et l'autre cas, ils se connaissent mal eux-mêmes. Et ils ont omis de prendre en considération les efforts grâce auxquels psychanalystes et philosophes ont pu réduire la distance qui les séparait. Cela sans tomber nécessairement dans la confusion des disciplines, mais aussi sans toujours parvenir à bien localiser cette énigme de l'homme qu'ils souhaiteraient approcher chacun par sa voie.

De toute façon, l'échange élargit les horizons et apporte sa lumière. Il est symptomatique que dans un colloque médical consacré à l'inconscient, plus d'un psychanalyste débat ses propres questions au niveau de la réflexion métaphysique, tandis que les professionnels de la philosophie sont entendus comme interlocuteurs de plein droit[2]. Certes, cela ne plaît pas à tous, et tous ceux qui passent de l'un à l'autre registre n'opèrent pas, ce faisant, avec le même bonheur. Mais la recherche est commune, et la confrontation fructueuse. Les oppositions entre philosophes et entre thérapeutes n'en sont pas nécessairement atténuées. Les problèmes spécifiques de la philosophie, en s'ajoutant à ceux qui naissent de la pratique médicale, ne sont pas de nature à rendre moins sensibles les partialités de l'inconscient.

---

2. « La psychopathologie est souvent considérée comme la plus légère des filles de la science. On lui reproche surtout ses fréquentations suspectes avec la philosophie. On connaît d'autre part les réticences de la philosophie à l'égard de l'inconscient freudien. En fait, le problème se pose surtout à nouveau avec la phénoménologie, dans laquelle ont baigné les philosophes qui prennent part de près ou de loin à ce débat » (A. GREEN, au Colloque de Bonneval sur *L'Inconscient*).

2. La phénoménologie et l'inconscient

Ce n'est pas un hasard si les philosophes les plus consultés par les praticiens (et personnellement les plus intéressés par la difficulté que représente l'inconscient) se rattachent au mouvement phénoménologique inspiré par les travaux de Husserl. Quiconque sait quelle diversité de tendances philosophiques peut subsister parmi ceux qui adoptent un point de vue phénoménologique comprendra que je ne veuille pas m'engager ici en des considérations très techniques. Je dois m'en tenir à situer sommairement le rapport entre l'accès psychanalytique et l'accès phénoménologique du problème de l'inconscient.

A priori, une réflexion qui se propose d'analyser rigoureusement l'expérience de la relation entre la *conscience* et les objets inclus dans l'horizon de son *monde*, ne semble pas engagée sur un chemin où elle ait chance de rencontrer un inconscient de type freudien. Il y a du vrai dans cette impression. Néanmoins, la conscience thématisée par la phénoménologie inclut nécessairement cet autre qu'est l'ensemble de ses objets intentionnels. Un complément survient toujours, mais comme à partir d'une autre origine, à la structure en forme de *conscience de...* pour en faire une *conscience d'objet*. Dès lors, l'expérience phénoménologique ne peut jamais appréhender la conscience comme intériorité pure, susceptible de se définir intégralement en termes de conscience de soi. En-deçà de son point de naissance, et au-delà de son horizon actuel, il y aura toujours un quelque chose qu'elle ne contient pas, ni n'atteint selon son mode direct d'appréhension, et qui, cependant, appartient à sa problématique. L'irréfléchi est nécessairement donné avec le réfléchi. Irréfléchi qui se tient avant cette naissance subjective à soi qu'est une conscience capable de se poser elle-même. Il ne s'agit pas seulement du substrat biologique individuel, mais encore, et surtout de ce vécu spontané qui demeurant à l'état pré-réfléchi, n'en appartient pas moins à ce monde au sein duquel opère la conscience. (Sans doute n'est-ce pas là l'unique modalité sous laquelle peut se présenter ce réel que la conscience n'enveloppe pas. Mais je m'abstiens de faire état, pour l'instant, de ce qui se tiendrait au-delà de la conscience constituée.)

C'est, en effet, d'abord à l'en-deçà que semble s'intéresser la psychanalyse. L'en-deçà, c'est-à-dire, pour elle, ce dispositif monté plus ou moins en l'absence du moi réfléchi, au temps de l'enfance surtout, par le jeu d'événement et surtout de relations parentales dont le sujet intéressé n'avait pas l'initiative. Serait-ce donc de ce côté qu'il convient de situer le point où doivent converger l'inconscient psychanalytique et l'irréfléchi — ou vécu implicite — de la phénoménologie?

De ce côté, oui, vraisemblablement. Mais cela ne veut pas dire qu'en désignant cette direction, le psychanalyste et le phénoménologue désignent aussi toujours exactement la même réalité. Tout au plus conçoivent-ils en commun un certain emplacement qui se caractérise comme *autre que* celui dont la conscience occupe le centre, et dont elle observe l'horizon. Mais en m'exprimant de la sorte, comme porte-parole du psychanalyste et du phénoménologue, je sais que, comme eux, je maintiens entre parenthèses la question de savoir quel sens donner à « autre que », et même à « conscience ». Cette question ne pourra certainement pas être toujours éludée, mais il vaut mieux que l'un et l'autre chercheur ne s'astreigne pas à lui trouver une réponse dernière au niveau même de sa réflexion « scientifique », telle qu'il tient à la délimiter. Car ce n'est pas une question susceptible d'être résolue à l'intérieur des bornes qu'on lui impose. D'elle-même, elle exige de relever de la juridiction de l'ontologie. Par contre, il revient au psychanalyste et au phénoménologue de préciser quelque peu en quoi diffèrent les points de vue selon lesquels ils abordent l'énigme de cet « autre ».

Le phénoménologue ne se sent pas sollicité de définir le rapport entre ce qu'il nomme la conscience et le pré-réfléchi en termes de conflit ou de méconnaissance réciproque. Simplement, il constate que du non-conscient est toujours présupposé par l'expérience prenant forme de conscience. Là où il estime que la réflexion peut gagner du terrain, il ne s'attend pas à devoir compter avec une résistance intentionnelle. Il ne voit pas d'où celle-ci pourrait procéder, ni quelle raison d'être la pensée devrait lui attribuer, ni pourquoi la vérité de la conscience serait menacée par les ruses d'un « autre » aux dispositions hostiles. Il s'agit seulement d'une région à l'intérieur de laquelle la pensée ne dispose que d'un champ d'exploration restreint, et qu'elle n'a nul besoin d'explorer plus avant. Disons même : plus *arrière*, puisqu'en cette direction il semble qu'elle ne doive jamais rencontrer que l'impensable des origines biologiques.

Telle est du moins la tendance générale de la réflexion phénoménologique lorsqu'elle n'urge pas l'examen de l'intersubjectivité. Quant à la théorie psychanalytique, son originalité est de faire de ce domaine supposé inhabité un domaine habité. Mais par qui ou par quoi ? Pas par le moi, assurément, mais bien plutôt par d'autres moi, et d'abord par celui du père et celui de la mère. Formule approximative, d'ailleurs, puisque le père et la mère n'inscrivent leur présence dans l'inconscient que par l'attraction qu'ils exercent, par le poids dont ils pèsent, et par la répulsion qu'ils déterminent, le tout au niveau des dynamismes pulsionnels. Ils agissent et par présence et par absence, mais jamais de telle sorte que le moi de l'enfant recevrait d'eux la possibilité de s'appartenir en une exacte conscience de lui-même. C'est toujours en partie contre eux, contre le surmoi qu'ils ont incrusté à l'intérieur de leur enfant, que celui-ci doit, sous peine de névrose, se reconquérir à mesure de son développement personnel. Il apparaît après coup que cette communication de vie, marquée d'ambiguïté, posait les conditions, difficilement éliminables, d'une certaine interdiction d'être soi-même. L'inconscient recèle un secret banal, mais pathétique : celui de la relation ambiguë de chaque être à son origine, et non point à une origine entièrement anonyme. En elle s'entremêlent et s'affrontent Eros et Thanatos, mais par le truchement d'êtres indispensables, objet de désir et de jalousie.

Il faut remarquer ici que la phénoménologie elle-même (pour autant qu'elle s'applique à décrire, par-delà les structures formelles de la conscience, sa condition concrète et son destin à l'intérieur du monde et de la société d'autrui), retrouve nécessairement certains aspects de cette aliénation que la psychanalyse rattache d'abord à la relation parentale. On pense ici, par exemple, à la structure d'existence définie par Heidegger comme « existence inauthentique ». En quoi consiste-t-elle ? Justement en cette impuissance où se trouve l'existant-dans-le-monde à se reconnaître pour ce qu'il est : une conscience étrangère à sa propre subjectivité, un être oublieux de son être, et retenu à distance de soi par son incapacité de s'appréhender réellement comme être-pour-la-mort.

On peut penser également à ce que la phénoménologie de Sartre décrit comme la relation à autrui : l'existant ne prend jamais conscience de lui-même qu'après avoir subi l'intrusion étrangère, et comme dépossédé de son identité. L'autre est toujours déjà là. Il est celui par qui chaque conscience est condamné à ne plus pouvoir se réaliser comme pure conscience de soi. En un contexte différent, on pourra encore observer que l'apparition même de cet « objet de science » dont la psychanalyse se pourvoit, ne saurait s'effectuer en dehors d'une relation intersubjective. L'inconscient, en tant que réalité pensable, échappe d'abord au sujet porteur. Il est repéré, et sera éventuellement réduit quant à son effet névrotique, grâce à l'intervention d'une conscience témoin, qui n'est pas celle du patient, mais celle de l'analyste [3].

Tout cela, je ne le reprends pas nécessairement à mon compte. J'en déduis seulement que la réflexion phénoménologique rôde autour d'un problème essentiel qui concerne la condition humaine. Ce problème s'exprime ainsi : aucune coïncidence ne peut être envisagée entre la conscience individuelle en situation et l'idéal (mythique) d'une conscience réflexive qui serait parfaite et comblée. L'*autre* s'entremet toujours entre moi et moi-même. Mais cela doit être dit d'abord d'une manière générale. Comment entendre l'altérité ainsi évoquée ? C'est une question sur laquelle il faudra consulter le philosophe, et peut-être aussi

---

3. « On ne souligne pas assez le rôle de la conscience-témoin, celle de l'analyste, dans la constitution de l'inconscient comme réalité. On se borne généralement à définir l'inconscient par rapport à la conscience qui le "contient". Le rôle de l'autre conscience n'est pas considéré comme essentiel, mais accidentel, réduit à la relation thérapeutique. Mais l'inconscient est essentiellement élaboré par un autre, comme objet d'une herméneutique que la conscience propre ne peut pas faire seule (...). C'est pour un autre, d'abord, que j'ai un inconscient. Certes, cela n'a finalement de sens que si je puis reprendre pour moi les significations qu'un autre a élaborées sur moi et pour moi ; mais l'étape du dessaisissement de ma conscience au profit d'une autre dans la recherche du sens est fondamentale pour la constitution de cette région psychique que nos appelons l'inconscient (...). Nous dirons donc que l'inconscient est un objet, en ce sens qu'il est « constitué » par l'ensemble des démarches herméneutiques qui le déchiffrent ; il n'est pas absolument, mais relativement à l'herméneutique comme méthode et comme dialogue. C'est pourquoi on ne saurait voir dans l'inconscient une réalité fantastique qui aurait le pouvoir extraordinaire de penser à ma place. Il faut relativiser l'inconscient, mais cette relativité ne diffère pas non plus de celle de l'objet physique, dont toute la réalité est relative à l'ensemble des démarches scientifiques qui le constituent. La psychanalyse relève du même "rationalisme approché" que les sciences de la nature. C'est par rapport à ces deux premiers sens du terme *relativité* que l'on peut parler, en un troisième sens, de la relativité de la personne même de l'analyste » (P. RICŒUR, *Le conscient et l'inconscient*, VIe Colloque de Bonneval).

le théologien. Seulement, pour le psychanalyste très dépendant des positions de Freud, le mode d'altérité qui est désigné par le terme d'inconscient ne devient qu'avec réticence, et secondairement, un objet de spéculation philosophique, ou paraphilosophique. Il s'agit, en effet, d'un concept de médecin, concept d'abord opératoire. Il désigne le lieu et les symptômes d'une situation à rectifier par méthode empirique, et sur chaque cas particulier, en écartant l'objection que cet empirisme pourrait bien dissimuler quelque résolution de rejet de l'altérité la plus fondamentale.

En réalité, l'analyse ne peut s'effectuer indépendamment de toute compréhension de l'objet auquel on l'applique. Elle doit avoir pour effet de contribuer à la révélation de constantes à l'intérieur de l'inconscient humain. Dès lors, la théorie psychanalytique, une fois développée, incluera nécessairement une idée générale de la condition humaine, et en particulier des implications profondes du rapport parental. Rien ne s'opposera donc à ce que cette idée soit confrontée avec celle qui inspirent les phénoménologies de type existentiel. La problématique de Freud, comme celle d'Adler, appellera sans doute alors, pour être saisie en son unité, la mise en œuvre de concepts extra-psychanalytiques, les seuls qui permettent de la situer dans l'expérience vivante de son auteur, et, si possible, dans l'expérience totale de l'humanité. Quant à la théorie de Jung (dont le systématisme est moindre à certains égards), elle est, semble-t-il, tributaire autant que celle de Freud, des particularités existentielles du théoricien. Mais ouvrant un plus large crédit à la poétique de l'imagination religieuse, elle peut sembler comporter des aspects plus déroutants.

Il est important de constater ce caractère d'irréductibilité des expériences singulières dont dépend en partie la diversité des théories de l'inconscient. Mais serait-on fondé à leur opposer l'objectivité supérieure d'une phénoménologie de l'existence, identique chez tous les philosophes ? Non, assurément. Impossible de faire état d'une herméneutique de l'inconscient qui serait parvenue à annuler les variantes introduites en elles par les circonstances de personnes. Impossible également de se référer à une description phénoménologique qui aurait atteint l'idéal de « science rigoureuse » que lui assignait Husserl. Cela ne signifie certes pas que la permanence d'un facteur différentiel, fût-il ambigu, retire aux théories de l'inconscient, d'une part, et aux phénoménologies de la conscience ou de l'existence, d'autre part, tout contenu de vérité. Il ne faut pas aggraver par un préjugé sur la nature du vrai et du non-vrai les difficultés rencontrées par la pensée face au fait, assez évident, du conditionnement des systèmes par l'expérience subjective, et réciproquement. L'approximatif a droit d'exister, pourvu qu'il ne prétende pas tenir lieu de vérité trop arrêtée. Si une vérité absolue est concevable, elle ne saurait s'identifier à une hypothèse scientifique sur l'inconscient, ni même à une philosophie de l'homme plus compréhensible. Car une philosophie reflétera toujours quelque chose des limites intellectuelles et morales de celui qui lui donne forme. Il est de la condition nécessaire des sciences et des philosophies de traduire dans leur finitude et surtout dans leurs conflits la condition même des hommes. Et si théories de l'inconscient et phénoménologies de la conscience parviennent à se rapprocher et à s'instruire mutuellement, ce ne peut être que sur la base d'une volonté de soumission à l'expérience intégrale, et au prix d'une renonciation à obtenir de la pensée humaine laissée à elle-même toute la lumière souhaitée au sujet des énigmes de l'existence.

3. La philosophie et la condition humaine

Voici plusieurs siècles que se diffuse dans la culture d'Occident une forme de pensée *critique* dont l'intention, avouée ou non, est de substituer à une justification théorique et métaphysique de l'existence des explications s'autorisant de la raison suffisante et de ses évidences propres. Elle va à requérir comme seul type de causalité valable celui qui fonctionne, ou fonctionnera un jour sous son contrôle souverain. Non critique en ce qui concerne l'origine et le sens de ces postulats, cette pensée se donne comme radicalement critique en ceci qu'elle suspecte et disqualifie toute explication faisant appel a l'Absolu. Les phénomènes jadis situés à l'intérieur d'un dispositif trouvant en Dieu son sens premier et ultime ne seront désormais « pas autre chose que... », la négation important d'ailleurs davantage, selon cette mentalité, que la nature même du « principe » enfin découvert. Car ce principe peut varier selon le type de science auquel on s'en remet pour relancer la négation. Ainsi, un économiste d'obédience marxiste placera au principe de tout le rapport constitutif du régime de propriété. Un biologiste d'inspiration positiviste attribuera une fonction analogue à la première formule chimique de la vie. Pour un freudien de stricte observance, ce sera la relation œdipienne au père ou à la mère, c'est-à-dire la forme primitive de la libido sexuelle.

Chacun sera conduit à absolutiser son principe explicatif, en ce sens que nulle réalité ne lui apparaîtra plus fondamentale que celle dont il se recommande pour établir son savoir. De quelle réserve d'intelligibilité lui faudra-t-il charger cette fragile et très partielle origine pour en faire sortir « rationnellement », par évolution, complication ou sublimation, de quoi remplacer les dieux dont il a, au nom de sa science, dépeuplé le ciel ! De ce point de vue, l'explication freudienne ne présente qu'une originalité limitée : elle se tient quelque part sur l'une de ces nombreuses voies divergentes proposées par la pensée critique à qui s'interroge sur le vrai processus de genèse de l'homme, après élimination de toute explication par la Transcendance.

Originalité limitée, mais originalité tout de même. Car ici le principe fondateur n'appartient pas au monde des choses, puisqu'il est défini comme d'ordre psychique. Or, le domaine psychique où joue le mécanisme est inconscient, et en rapport avec le conscient. Il faut donc lui accorder la puissance de critiquer la représentation que la conscience se donne de la réalité, y compris celle qu'elle se donne de lui. En droit, la théorie appelle donc sa propre contestation. Et l'on comprend qu'elle veuille opérer un passage à la limite dans une direction ou dans une autre : chez Ferenczi, du côté d'une étrange chimie de la fonction génitale ; chez Lacan, du côté du formalisme linguistique strictement impersonnel. Dans ce dernier cas, l'inconscient est censé justifier le soupçon de toute subjectivité individuelle, au point de fonder celle-ci dans une illusion narcissique pure (exception faite, sans doute, pour la subjectivité prophétique du théoricien). Alors subsiste seulement le discours absolu, et cependant fini, d'un inconscient qui n'est propriété de personne, mais s'offre par là d'autant mieux à l'analyse scientifique. Nul sujet particulier n'en vient plus perturber le jeu.

La philosophie, toutefois, pour autant qu'elle ne pense pas devoir se résorber dans ce genre de « discours freudien », conserve la tâche de comprendre comment a pu se constituer ce discours sur l'inconscient, à l'intérieur de notre monde culturel moderne (et sans doute non en totale indépendance des subjectivités individuelles de Freud et de ses disciples). En dépit de toute revendication contraire, la condition humaine ne devrait-elle pas imposer à toute théorie de l'homme de rester encore celle d'un homme en relation plus ou moins heureuse avec d'autres hommes ?

Il faudrait pouvoir procéder ici à certaines analyses appelées par quelques questions majeures, dont aucun philosophe ni aucun psychologue ne devrait s'estimer exempté. Ce n'est pas le lieu de s'y attarder, mais il faut au moins les évoquer. Voici : existe-t-il un rapport logique — psychologiquement logique —

entre : d'une part, le fait qu'une doctrine anthropologique écarte passionnément l'idée que chaque homme pourrait trouver dans un Absolu divin l'origine première de son être et le mouvement de son retour au Donateur, et d'autre part, le fait que cette doctrine situe dans la sexualité et le complexe parental le principe interprétatif premier de l'humaine condition ? — Existe-t-il une relation entre l'assurance « scientifique » affichée par l'auteur de la théorie, et l'état d'incertitude auquel cette théorie voue irrémédiablement les opérations de la conscience, y compris celle de l'auteur lui-même ? — Existe-t-il un rapport entre le paradoxe de cette incertitude productrice de tant d'assurance « critique », et la façon dont elle localise au niveau de la relation parentale l'origine des illusions auxquelles succombe le moi, notamment en matière de religion ?

Un problème commun, essentiel, est impliqué en toutes ces questions : celui de la relation de chaque être humain à ce qui, pour lui, constitue l'*origine*. Problème aussi de la relation ontologique entre cette origine particulière et ce qui lui donne d'être source ; et de l'être en des conditions telles que le sujet engendré recevra d'elle liberté et non servitude. La chose est patente : pour la théorie psychanalytique originelle, la forme prise par le rapport fils (fille)-père, ou par le rapport fils (fille)-mère, ainsi que le rapport époux-épouse qui le conditionne, engage quelque chose de définitif et de dangereux dans l'intimité psychique de chaque homme. Et puisqu'il ne s'agit pas de cas exceptionnels, mais bien d'un fait universel, nous nous trouvons ici en présence d'une constante de la condition humaine, en ce qu'elle a de plus essentiel. D'autre part, chez Freud au moins, cette condition exclut toute relation avec l'Absolu de la religion, et avec toute communauté religieuse fondée en cette relation. A elle seule, la figure concrète des parents inclut tout ce qui va définir originellement le destin de l'individu. Ce que les religions voudraient présente comme un fondement transcendant des relations parentale, filiale, fraternelle, conjugale, est l'objet d'un constat d'absence. La conscience ne le pose jamais que sous l'effet d'un mensonge fomenté à l'intérieur de l'inconscient. L'entrée dans la vérité, par dénonciation des figures religieuses du Père, de la Mère, du Fils, passe par la reconnaissance du domaine sexuel comme recélant tout le mystère de l'origine.

Pourtant l'homme et la femme ne sont jamais réductibles à leur fonction sexuelle ou génitale. La signification dont les affecte la subjectivité première de l'enfant est certainement complexe, et elle doit comporter bien des variantes possibles selon ce qu'ils laissent apparaître de leur attitude profonde face au *réel*. La manière dont ils se situent eux-mêmes au sein de la société familiale, sociale, religieuse, a de soi nécessairement un effet initiateur chez l'enfant. Elle l'introduira à ce monde relationnel qui est le leur, et dans lequel lui-même inscrira progressivement sa personnalité originale. Mais, dans la conception freudienne, tout se passe comme si le père ou la mère se trouvaient réduits en eux-mêmes à leur fonction procréatrice et « libidinale », et, de ce fait, n'offraient aucun accès direct à des valeurs d'un autre ordre. De là leur constitution par l'affectivité de l'enfant en absolus plus ou moins rivaux. De là cette définition par le « sexuel » de l'ensemble des structures inconscientes. Assurément ces structures s'édifient dans l'enfant autour des pôles parentaux, mais non pas autour de personnalités restreintes à ce qu'en laisse subsister le schématisme de Freud.

Invraisemblable refoulement de tout ce que le père et la mère (et les frères et les sœurs) pourraient représenter de signes efficaces : de tout cet au-delà d'eux-mêmes et de leur individualité « charnelle » à quoi ils devraient introduire l'enfant, par des voies obscures et inconscientes, certes, mais conduisant vers les réalités profondes dont ils vivent. Il n'est pas question de rejeter certaines évidences dont Freud nous a pourvus, ou dans lesquelles il nous a confirmés par une démarche originale : qu'il existe chez l'enfant une tendance à exploiter ses parents, de manière égocentrique, comme objet à posséder, comme réserve de sécurité paresseuse ; qu'eux-mêmes sont enclins à se rechercher dans la manière dont ils l'aiment, lui imposent leur humeur, cèdent devant ses caprices ; que le reflux instinctif vers les formes de relation infantile entretient cet incapacité à naître spirituellement qui constitue le fond de certains états névrotiques. Mais comment expliquer l'impuissance de Freud à comprendre le sens du père et de la mère en référence au mystère infiniment plus vaste et profond de l'origine ? Comment rendre compte du processus qui le sensibilise d'une façon totalitaire à un aspect réel, important certes, mais néanmoins non-ultime, de la condition humaine ? Nous sommes en présence d'une objectivation en termes de théorie d'un donné psychique singulier, dont il faudrait pouvoir rendre compte. Le prochain chapitre s'en préoccupera.

Quant aux questions que peut susciter le cas de Jung, elles ne présentent pas un moindre intérêt. On devine l'importance du rôle joué dans la constitution de sa personnalité profonde par celles de son père et de sa mère [4]. On doit pourtant remarquer qu'au contraire de Freud, ce n'est pas directement en fonc-

---

4. « Les idées "religieuses" particulières qui m'assaillirent dès ma plus tendre enfance naquirent spontanément comme réaction à mon entourage parental, et c'est ainsi qu'il faut les entendre. Les doutes religieux auquels mon père devait manifestement succomber plus tard eurent naturellement en lui une longue préparation... Il est compréhensible que des pressentiments aient très tôt causé de l'inquiétude à mon père ; et naturellement cette inquiétude m'atteignait aussi. Je n'ai jamais eu l'impression que de telles influences émanaient aussi de ma mère : elle était, je ne sais comment, ancrée dans un fond invisible et profond, qui ne me parut jamais être une certitude de foi chrétienne. Ce fond avait, selon mon sentiment, quelque attache avec les animaux, les arbres, les montagnes, les prairies et les cours d'eau... Cet arrière-plan s'accordait tellement avec ma propre attitude, qu'il n'en naissait nulle inquiétude » (JUNG, *Ma vie...*).

tion de leur individualité «biologique», non plus que de leur signification «libidinale», qu'il s'est représenté la condition humaine. Selon lui, c'est aux figures archétypiques des parents que revient le maximum de réalité. Ce qui serait, d'après Freud, fabulation névrotique, est considéré par Jung comme une structure essentielle de la psyché. Sans être dévaluée, l'individualité des parents n'épuise pas la puissance de signification des grandes figures symboliques avec lesquelles chaque sujet se trouve en communication au niveau de l'inconscient collectif[5]. Se fixer en elles afin de progresser vers le centre de l'âme, ce n'est pas s'abandonner à l'illusion, mais bien se soustraire aux illusions d'un faux réel extérieur.

Bref, l'aisance avec laquelle Jung passe de la figure singulière à la figure générale du père et de la mère, et par celles-ci aux autres archétypes, contraste avec l'attitude critique et restrictive de Freud. Chez le premier, la vérité de l'homme semble présente comme intemporellement, et accessible à qui s'efforce d'y atteindre aux profondeurs de lui-même. Chez le second, l'approche de cette vérité ne s'effectue que par arrachement aux attitudes fausses préconisées par l'inconscient primitif. L'un invite à retrouver le point d'origine, l'autre à s'en déprendre. C'est sans doute que pour l'un et pour l'autre l'origine n'évo-

---

5. «A peine l'homme a-t-il abandonné sa mère, source de sa libido, qu'il est animé d'une soif éternelle de la retrouver pour boire le renouvellement à la fontaine de Jouvence, et il accomplit son périple afin de retourner dans le sein de sa mère. Chacun des obstacles qui s'amassent sur le chemin de la vie et menacent d'arrêter son ascension porte vaguement les traits de la mère terrible qui, par le poison dévorant de la nostalgie secrère du passé, paralyse son courage de vivre. Dans chaque succès il retrouve un peu de la mère souriante, dispensatrice de vie et d'amour. Ce sont là des images qui appartiennent à la profondeur intuitive du sentiment de l'homme, dont les traits ont été déformés jusqu'à les rendre méconnaissables par l'évolution toujours progressive qui se fait à la surface de l'esprit humain» (JUNG, *L'âme et la vie*).

que pas exactement le même lieu, ni la même réalité. Le rapport entre le singulier et l'universel n'est pas perçu de la même façon. Alors, serait-ce encore à l'inconscient qu'il faut attribuer la responsabilté des différences et divergences qui interviennent entre ceux qui voudraient caractériser, à partir de leur expérience intime de l'originaire, le tout de la condition humaine ? Car c'est bien d'elle qu'ils pensent parler : de la même dont parlent aussi les philosophes de l'existence, qui sont loin d'en dire la même chose. C'est donc que les uns et les autres ne disposent pas, pour entendre exactement ce qu'ils veulent dire eux-mêmes, de tous les éléments d'appréciation.

V

L'HÉRITAGE DISPONIBLE

Est-il possible de mettre en paix un savoir d'intention scientifique — la psychanalyse — et l'idéal de vérité qu'on voudrait voir se réaliser en lui ? Pour y tendre, il faut que le chercheur reconnaisse loyalement qu'il ne peut — en tant que chercheur positif — se prononcer sur le tout de l'homme. Le fond primitif que tente de saisir le psychanalyste fait allusion à un état plus originaire de l'homme et de l'humanité en son ensemble. Le psychanalyste consentira à s'appliquer à lui-même le « soupçon » inhérent à son art. Il le fera notamment devant certains cas de refus, ou de certitudes trop rigidement assurés.

En cette étape, il nous faut envisager les hypothèses que voici, à partir des cas plus typiques examinés précédemment. D'abord, en ce qui concerne les théories de Freud : ne doit-on pas les mettre en relation avec le milieu juif dans lequel a baigné l'enfant, mais plus encore avec toute une théologie judaïque de la Loi et de la génération, théologie à la fois prégnante et incomprise ?

Ensuite, en présence des théories de Jung, qui vont dans le sens de la réintégration, du retour au lieu spirituel, ne doit-on tenter d'expliquer sa réserve à l'égard du mode d'intégration singulier rendu possible en Église, moyennant un foi dogmatique précise ? Nous nous trouvons ainsi au cœur du problème de l'interprétation d'ensemble à proposer face au phénomène psychanalytique. Cette interprétation va-t-elle s'adosser à une philosophie déchirée ? Va-t-elle, au contraire, profiter de ce que l'Église offre comme remède aux ruptures internes des pensées humaines ? Nous voici en quête d'une harmonie entre ce que l'homme parvient à connaître de lui-même par son effort rationnel et ce que l'Église lui transmet touchant sa vocation ultime.

1. L'oblitération du mystère

Que de reproches adressés aux croyants qui tiennent encore à manifester leurs raisons de croire ! Reproche, par exemple, de fonder leur foi essentiellement sur une analyse des manques, réels ou prétendus, de la condition humaine. Les convictions religieuses apparaîtraient ainsi misérablement tributaires des lacunes provisoires de la connaissance et du pouvoir de l'homme face à son destin. Par crainte de s'engager dans la voie d'une compréhension lucide et agissante de l'existence commune, le croyant se pourvoirait, naïvement et prétentieusement, d'un privilège spirituel, exhortant autrui à entrer, au prix d'une illusion identique, en un héritage dont celui-ci n'a que faire. A l'utopie religieuse l'incroyant ne peut-il pas opposer l'enseignement et les promesses scientifiques, notamment en matière de psychanalyse ? Comment lâcherait-il la proie pour l'ombre ? Quant au parti que le croyant prétend parfois tirer tant du positif que du négatif de l'expérience analytique, la manœuvre est connue : prétention à gagner sur tous les tableaux à la fois. Que ce soit en vue d'illustrer la vérité de l'idée catholique de l'homme plutôt qu'en vue d'un avantage personnel, voilà qui ne change rien à l'affaire. On se met toujours dans son tort en postulant une convergence de l'humain et du divin, une transfiguration par celui-ci, aux conditions fixées par l'Église, alors qu'au jugement mieux éclairé du grand nombre, l'acquis des sciences modernes de l'homme va bien plutôt dans le sens d'une mise en question radicale de l'a priori catholique et des harmonies dont il préjuge à son avantage.

Et pourtant, s'il est un témoignage dont ne devraient pas trop se réclamer les réprobateurs d'une expérience ecclésiale multiséculaire, n'est-ce pas celui des psychologies de l'inconscient ? Car celles-ci risquent de faire surgir le soupçon, et à bon escient, partout où l'attitude conflictuelle est posée en thèse. En effet, il est dangereux d'exiger de la psychanalyse en même temps ces deux attitudes : d'une part, qu'elle démasque les inconséquences, d'origine inconsciente, qui falsifient l'attitude religieuse ; et d'autre part qu'elle révèle scientifiquement le caractère illusoire d'un idéal de vérité intérieure au nom duquel sont dénoncées ces inconséquences. Il y a là contradiction. Cette contradiction appartient-elle en propre à la psychanalyse ? Alors, il ne faut pas faire fond sur elle comme sur un savoir parfaitement scientifique, mais il faut travailler à la mettre en paix avec l'idéal de vérité qu'on souhaiterait voir réalisé en elle. Ou bien la contradiction est-elle plutôt chez celui qui argumente (mal) en son nom, à des fins douteuses ? Alors, il y aura avantage pour lui à apprendre d'elle ce qu'elle peut valablement lui apprendre touchant l'origine de son double-jeu. L'équivoque et la contradiction sont le fait de l'homme lui-même avant de se trahir en ses thèses concernant sa propre condition. Supposons que le déséquilibre de celle-ci ne puisse être évalué qu'en référence à l'Absolu divin. Il faudra alors envisager que seule une explication divine du sens de cette condition soit en mesure d'éclairer l'homme sur sa vérité la plus profonde.

Ainsi, le jugement porté sur la pensée croyante sur l'expérience analytique présentera inévitablement quelque complexité. D'une part, il ne sera pas équitable de lui dénier toute valeur de « révélation » quant à la situation de chaque homme au sein de son monde humain. Mais, d'autre part, on n'attendra pas d'elle une compréhension intégrale de sa propre situation à l'intérieur du tout de l'expérience humaine. Car elle ne peut se prononcer sur l'homme qu'après s'être constituée sous l'urgence de certaines contradictions existentielles dont ses inventeurs ne sont pas indemnes. Mais à travers ce qu'ils expriment de scientifiquement vrai au sujet de l'origine des névroses, nous pouvons saisir une allusion indirecte et ambiguë à un état plus originaire et plus universel de l'homme, état dont le sens ne sera jamais compris qu'à partir d'un point de vue plus transcendant. Or, le psychanalyste refuse souvent toute réalité à ce point de vue transcendant, qui relativise inévitablement celui d'où il observe le phénomène humain. Cela arrive chaque fois qu'il décide de reconstituer l'ensemble de l'anthropologie en fonction de sa science particulière. Son habitude des ruses de l'inconscient devrait bien lui suggérer l'existence possible de mobiles incontrôlés dont il dénoncerait le jeu partout ailleurs qu'en ces profondeurs ultimes de l'âme où lui-même n'a pas accès, et où il ne tient peut-être pas à pénétrer. Il ignorera alors ce qui se passe en lui aussi longtemps qu'il n'aura pas été éclairé sur l'origine et les procédés de la résistance par laquelle il se protège.

Tout psychologue a l'évidence que certaines formes de critique et de passivité face à tel objet sont à base de ressentiment, de refus, d'impuissance, de frustration affective. A ses yeux, le nœud de la difficulté est situé au niveau de la relation première du sujet à son origine, et les parents sont toujours en quelque mesure visés par la protestation névrotique. Il sait que l'obscurité règne dans les zones psychiques où s'est constitué et où persévère le dispositif de la névrose. Il sait également que la même obscurité dissimule le sens réel de telle ou telle disposition négative ; disposition portant sur des valeurs apparemment sans rapport avec le contexte parental, et qui, effectivement, ne se laissent nullement localiser en lui. Ainsi en va-t-il pour certaines formes de relativisme, de scepticisme, pour certaines incuriosités étranges vis-à-vis de questions pourtant fondamentales. On est prêt à tirer sentiment de supériorité de telles attitudes. Or, en regard de cela, même si je ne suis pas sûr de l'exactitude entière de ma conception de l'homme et du monde, je ne me laisserai guère impressionner par le propos selon lequel n'en avoir aucune constitue une supériorité[1]. D'autant qu'un minimum de réflexion et de pratique m'auras permis de comprendre qu'il n'y a pas nécessairement moins de « dogmatisme » dans les attitudes critiques radicales que dans les attitudes de foi. En outre, une certaine critique réductrice peut comporter une forme de refoulement tout en refusant de l'envisager comme refoulement : elle a traité péremptoirement d'illusoire ce dont la découverte rendrait seule possible l'effrondrement du préjugé critique.

1. « Beaucoup d'hommes de science évitent d'avoir une conception du monde parce que ce ne serait pas scientifique. Ces gens ne voient évidemment pas bien ce qu'ils font en agissant ainsi. En réalité, ils laissent volontairement planer l'obscurité sur leurs idées directrices. Autrement dit, ils en restent à un degré de conscience plus inférieur et plus primitif que celui qui correspondrait à leurs aptitudes conscientes. Critique et scepticisme ne sont pas toujours des preuves d'intelligence ; bien au contraire, surtout quand on se retranche derrière le scepticisme pour voiler son manque de conception du monde. Bien souvent, ce qui fait défaut, c'est plutôt le courage moral que l'intelligence. Car on ne peut voir soi-même le monde sans se voir soi-même comme on voit le monde ; il faut pour cela un asez grand courage. Aussi est-il toujours désastreux de n'avoir pas de conception du monde » (JUNG, *L'âme et la vie*).

Sans doute y a-t-il peu de freudiens à n'éprouver aucune gêne devant la façon dont est conduit le procès freudien de la religion. Nul ne leur reprochera sans nuances d'accorder à Freud le droit de composer, lui aussi, ses mythes simili-historiques. Pourquoi pas la fable du « meurtre du père primitif »[2] ? Reste à savoir de quelle région du psychisme de Freud surgit ce mythe, et quelle représentation religieuse il est destiné à tenir en échec. Qui ne voit le rapport entre ce mythe et l'entreprise critique du « père de la psychanalyse » ? Un freudien serait-il logique avec ses propres principes d'interprétation s'il dissociait ici le « système scientifique » et l'« hypothèse religieuse », c'est-à-dire l'assurance de l'engagement critique à l'encontre du message judéo-chrétien ? Pourquoi conserver le premier et disqualifier toute tentative pour soumettre à examen les conditionnements spirituels de la seconde[3].

---

2. « Un jour, les frères chassés se sont réunis, ont tué et mangé le père, ce qui a mis fin à la horde paternelle (...). Qu'ils aient mangé le cadavre de leur père, cela n'a rien d'étonnant, étant donné qu'il s'agit de sauvages canibales. L'aïeul violent était certainement le modèle envié et redouté de chacun des membres de cette association fraternelle. Or, par l'acte d'absorption, ils réalisaient leur identification avec lui, s'appropriaient chacun une partie de sa force. Le repas totémique, qui est peut-être la première fête de l'humanité, serait la reproduction, et comme la fête commémorative, de cet acte mémorable et criminel qui a servi de point de départ à tant de choses : organisations sociales, restrictions morales, religions » (FREUD, *Totem et tabou*, Payot, 1965).

3. « Le besoin psychologique qu'éprouvent certains savants de couronner en quelque sorte leur œuvre en réfutant la foi religieuse est du plus haut intérêt pour la psychologie scientifique. Pourquoi doit-il en être ainsi ? Et pourquoi doit-il en être ainsi dans le cas de Freud ? C'est une question à laquelle il est impossible de répondre, parce que la réponse est profondément enfouie dans la psychologie personnelle du créateur de la psychanalyse. Ce coin personnel de sa vie intime lui appartient en propre, et nous n'avons pas le droit de chercher à y pénétrer, même si on le déclarait "ouvert au public" » (Erich FROMM, *Psychoanalysis and Religion*, cité par Gregory ZILBOORG dans : *Sigmund Freud et l'activité mentale de l'homme*, Le Cerf, 1957).

La meilleure façon de reconnaître les éléments valables inclus dans les doctrines psychanalytiques, à commencer par celle de Freud, ne serait-ce pas d'envisager l'hypothèse que voici : puisque la psychanalyse a proposé une interprétation (partielle et partiale, mais féconde dans son ordre) de l'oblitération des souvenirs les plus perturbateurs, ne pourrait-on pas présumer également une oblitération analogue au principe du malaise spirituel, d'où procède la critique psychanalytique du fait religieux en général, et, à un titre particulier, de la foi chrétienne ? De même, en effet, que la réaction névrotique représente une tentative inadéquate pour échapper à la reconnaissance douloureuse d'un certain désordre existentiel surmontable seulement au prix de cette reconnaissance, de même, analogiquement, la critique réductrice conduite, au nom d'une certaine psychologie, contre l'attitude et contre l'objet de la foi chrétienne, serait l'effet d'une absence éprouvante : l'absence de la paix illuminatrice liée à l'expérience authentique de Dieu.

Le déclenchement des démarches indispensables au recouvrement de ce qui a été perdu et méconnu suppose habituellement et des conditions extérieures favorables — en particulier une aide facilitant la conversion ou l'initiation — et une disponibilité intérieure difficile. S'il en est ainsi, on comprend que le maintien obstiné de la théorie critique radicale puisse s'apparenter, à certains égards, au fameux processeur de refoulement décelé par la psychanalyse. Mais ici, qu'est-ce qui est objet de refoulement ? Tout à la fois : la détresse d'une existence acculée à subsister au sein d'une désespérante et contradictoire finitude, et l'hypothèse que cette détresse pourrait bien faire suite à la méconnaissance du Mystère révélé. Mystère libérateur, accessible seulement dans l'obéissance de la foi, sous la lumière de l'Esprit divin, et incluant participation personnelle à la communauté ecclésiale. Dans ces conditions, il devient peut-être légitime de transposer à un niveau existentiel ultime ce que Freud conçoit en termes de thérapeutique psychologique, mais dont il exclut le sens le plus vrai : « Si l'on parvient à ramener le refoulé dans le plein jour de l'âme — ce qui suppose que des résistances considérables aient été surmontées — alors le conflit psychique né de cette réintégration, et que le malade voulait éviter, peut, sous la direction du médecin, trouver une meilleure solution que celle qu'offrait le refoulement. Une telle méthode parvient à faire évanouir conflits et névroses »[4].

Freud semble ici plus optimiste que Freud, mais ce point est sans importance, à moins qu'il ne soit à sa manière révélateur. Ce qui me retient, pour l'instant, c'est la possibilité de charger (parfois) la lettre freudienne d'un sens que Freud n'accepterait assurément pas, puisqu'il va à l'encontre de ses convictions les plus fermes. Aussi convient-il de reconnaître immédiatement trois choses. La première, que cette suggestion n'est pas faite sur la base de l'anthropologie de Freud, ni au nom d'une quelconque anthropologie purement médicale ou même philosophique, mais bien au nom d'une expérience d'un autre ordre, et en référence à une idée théologique de l'homme. La deuxième, c'est que la réévaluation théologique du sens de la psychanalyse n'est pas dissociable d'une réflexion sur ce que fut la situation religieuse de ses promoteurs, mais qu'elle ne se laisse pourtant pas réduire à celle-ci. Enfin, le troisième point : que la mise en évidence d'un oubli plus originaire que celui dont se préoccupe l'analyste n'infirme pas la réalité de l'oubli névrotique, ni l'intérêt d'un certain nombre d'éléments de la critique freudienne de la religion. Bien au contraire : l'attention portée au Mystère méconnu permet de dégager finalement de l'expérience psychanalytique une dimension humaine plus profonde que celle dont se contente l'athéisme. Mais cette dimension n'apparaît que moyennant la mise au rebut de la mythologie athée.

4. *Cinq leçons sur la psychanalyse.*

2. Psychanalyse et dépossession du Père

Assez d'aspects de l'expérience personnelle de Freud, relativement à l'objet religieux, ont été précédemment évoqués pour qu'un diagnostic soit désormais possible. Ce diagnostic ne préjuge en rien des responsabilités intimes de Freud et de ses proches, ni de celles de sa communauté ethnique, ni de celles de son « milieu culturel », quant à ces dispositions d'incroyance. Il concerne seulement le sens théologique du type d'incroyance qui s'exprime en lui. En lui, ce qui apparaît, c'est la condition de l'Israélite des sociétés modernes, pour autant qu'il s'est retranché de sa tradition religieuse, et lui a substitué, jusqu'à un certain point, la fiction de la science rédemptrice. Cet homme n'en reste pas moins marqué par un profond pessimisme face au destin de l'homme, ainsi que par le drame historique d'une race élue en contexte religieux, puis dépossédée du sens véritable de cette élection et profondément affectée par les comportements antisémites dont elle ne cesse de pâtir séculairement. Race élue, avec ce que cela comporte toujours en Israël de sacralisation des liens de la chair et du sang, d'ineffaçable singularité, et de fierté face à ceux qui prétendent l'avoir supplantée sous le rapport de l'élection, et même de besoin d'accéder à quelque entreprise universelle, par mise en œuvre d'autres supériorités que celle — crucifiante — de l'appel divin.

Le drame fondamental de l'ancien Israël, à partir du moment où il a manqué sa promotion à l'économie divine de la grâce, saint Paul l'a puissamment exposé dans l'Épître aux Romains. Dévoilant ce qu'avait été la fonction providentielle de la Loi mosaïque, fonction pédagogique et moralisatrice — non sans approfondissement du malaise du péché — mais en-deçà de la liberté spirituelle définitive, l'Apôtre rend manifeste le caractère culpabilisant du propos judaïque d'obtenir la justice véritable sous le régime encore relativement extrinsèque des préceptes vétéro-testamentaires. De l'état de culpabilité ainsi suscité dans l'âme juive, il n'est d'autre délivrance que celle qu'apporte la grâce reçue en Jésus-Christ. Car alors, par la mort et la résurrection du Fils, survient l'Esprit. Celui-ci ouvre le croyant à l'effusion de la sainteté divine. Il lui donne de s'approprier et de faire sienne l'obéissance filiale de Jésus. La justice de grâce ainsi obtenue n'est pas acquise par le mérite d'une observance juridique, d'ailleurs impossible à l'homme que le péché divise intérieurement. Elle consiste en une régénération intime par disponibilité de foi à l'égard de la Miséricorde remettant toute dette en Jésus-Christ : « Il n'y a donc plus maintenant de condamnation pour ceux qui sont dans le Christ-Jésus. Car la loi de l'esprit qui donne la vie dans le Christ t'a affranchi de la loi du péché et de la mort. De fait, chose impossible à la loi, que la chair rendait impuissante, Dieu, en envoyant son propre Fils avec une chair semblable à celle du péché, a condamné le péché dans la chair, afin que la justice de la loi s'accomplît en nous dont la conduite n'obéit pas à la chair, mais à l'esprit » (Rom 8, 1-4).

Les considérations de saint Paul sur le péché, sur la condamnation, et sur la libération du péché en régime chrétien, Freud ne les a pas entièrement ignorées. Mais jusqu'à quel point les a-t-il réellement entendues ? En tout cas, il ne les a pas entendues en elles-mêmes. Il les a interprétées en dépendance de sa thèse générale, purement psychanalytique, sur le monothéisme d'Israël, n'en retenant que ce qu'il supposait démonstratif de son idée de culpabilité névrotique. On sait comment il n'a pas craint de réinventer l'histoire de Moïse, champion du monothéisme, de manière à y retrouver le mythe du meurtre du père. Les Israélites, actualisant à leur insu le crime primordial, l'auraient reproduit sur le représentant de la religion du Père. Moïse aurait été mis à mort par les siens. Mais chez ceux-ci le refoulement aurait joué contre le maintien d'un tel souvenir.

D'où l'intense culpabilité qui a obsédé le peuple de la Loi jusqu'à ce que Paul, substituant à l'immolation du fils meurtrier celle du Fils innocent, tente d'ouvrir la voie à un défoulement libérateur, et de simuler une réconciliation des fils coupables avec le père assassiné. En fait, la réforme paulinienne constituait la substitution de la religion du Fils à celle du Père. Tel est effectivement pour Freud le Christianisme: une entreprise visant à conjurer par l'idée de rédemption la culpabilité humaine, et cela au prix d'une renonciation à l'écrasante religion de la Loi dont Israël avait, par Moïse, été constitué l'élu, et la très inconsciente victime[5].

Ces vues ne présentent aucun intérêt exégétique quant à l'interprétation des Écritures juives et de la doctrine paulinienne du salut. Mais par contre, quel document sur la situation existentielle de Freud! Les mythes par lui rencontrés chez ses patients en cours d'analyse sont-ils plus expressifs de leur état profond

5. «S'emparant de ce sentiment de culpabilité, Paul le ramena très justement à sa source préhistorique, en lui donnant le nom de péché originel: un crime avait été commis envers Dieu, et la mort seule pouvait le racheter. Par le péché originel, la mort était entrée dans le monde. Il s'agissait en réalité — en ce qui concerne ce crime entraînant la mort — du meurtre du père primitif, ultérieurement déifié. Toutefois, il ne fut nullement question de ce meurtre, mais seulement du fantasme de son expiation, et c'est pourquoi ce fantasme put être salué comme un message de délivrance. Un Fils de Dieu, innocent de toute faute, avait pris à son compte la responsabilité de tous. Il fallait bien que ce fut un fils, puisque le meurtre avait eu un père pour victime (...).

L'ambivalence qui prédomine dans les relations entre père et fils transparaît... nettement dans le résultat final de la réforme religieuse qui, destinée soi-disant à amener une réconciliation avec le Père, aboutit au détrônement et à la destitution de celui-ci. Le Judaïsme avait été la religion du père, le Christianisme devint la religion du fils. L'ancien Dieu, le Dieu-Père passa au second plan. Le Christ, son Fils, prit sa place, comme aurait voulu le faire, à une époque révolue, chacun des fils révoltés. Paul le continuateur du Judaïsme, fut aussi son destructeur» (*Moïse et le monothéisme*, Gallimard, 1967).

que ne le seront, pour une analyse existentielle, les interpolations et les oublis qui lui permettent de se retrouver, ou de se projeter, ou de s'égarer dans l'histoire spirituelle de sa race ? Certes, ce que Freud nous dit par ailleurs de la manière dont la subjectivité religieuse se trouve conditionnée, à travers le surmoi parental, par le phantasme d'une transcendance oppressive, correspond bien en partie à ce qui se produit lorsque l'autorité du père n'a pas été libératrice, faussant par là-même les réactions primitives du sujet à l'égard de toute autorité. Mais cela permet justement de comprendre avec saint Paul comment la religion judaïque, en raison même de son statut transitoire, et de l'inachèvement où elle maintenait la révélation de la figure du Père, ne pouvait permettre de surmonter, en-deçà du passage à l'esprit, les servitudes d'une sorte de surmoi divin. Impossible de sortir de l'état de contradiction ainsi éprouvé autrement que par l'issue chrétienne. En tout cas, il est clair que pour un Israélite — Freud en témoigne — la solution par renonciation à l'héritage religieux du Judaïsme ne saurait en constituer une.

Que le père de Freud ait présenté tel ou tel trait caractérologique, il nous importe moins d'en faire état ici que de la façon dont sa paternité a été ressentie par le fondateur de la psychanalyse. Ce n'est pas seulement chez ses patients, mais aussi en lui-même que Sigmund Freud a pensé reconnaître l'*imago* du père-surmoi. Or, il faut remarquer que la signature paternelle dans le psychisme d'un fils agira d'autant plus comme surmoi indélébile, que lui-même étant dépossédé du sens religieux de sa paternité, ne sera pas en mesure de se relativiser de manière bénéfique. Et comment se relativiser soi-même en tant qu'individu fini dans l'ordre de la génération, sinon en initiant sa descendance au Mystère en vertu duquel toute paternité humaine devient signifiante de la générosité créatrice de Dieu ?

Réduites à leur dimension de génitalité, la fonction génératrice et la relation qu'elle instaure peuvent, certes, être encore ressenties de part et d'autre comme chargées d'une certaine sacralité, ainsi qu'il en va dans l'expérience personnelle de Freud. Mais cette sacralité-là comporte les ambiguïtés de ce qui demeure enfermé dans les étroitesses du biologique. Pour un Israélite plus que pour beaucoup, sans doute, l'importance du lien charnel tend à survaloriser l'acte d'engendrer, ainsi que la dépendance filiale qui lui correspond. Mais ce lien, à la fois contingent et irrévocablement déterminant, présentera un aspect mal tolérable dans la mesure où, faute de pouvoir signifier pour l'âme profonde l'infini d'un mystère d'amour créateur et libérateur, il sera éprouvé comme fondement d'une dépendance que le père, en tant que géniteur charnel, est bien incapable de transformer en libre et exaltante réciprocité. C'est pourquoi ce que l'expérience judaïque projette de sacralité sur la relation parentale jouera contre la reconnaissancce de l'individu par lui-même et contre sa reconnaissance de la Transcendance véritable, chaque fois qu'elle aura cessé de comprendre cette relation par analogie avec la relation humano-divine.

Jakob Freud n'était pas en état de transmettre à son fils un héritage religieux dont lui-même se trouvait dépossédé. Cela disposait l'inconscient du fils à un type de réaction marqué et d'insatisfaction et de conformisme, dans le régime de la négativité et de la critique. L'une et l'autre de ces données se manifestent dans le statut que Freud a imposé à sa méthode analytique. Celle-ci refuse, d'un même mouvement : l'arbitraire d'un surmoi parental inapte à susciter dans l'enfant la liberté d'être lui-même, et l'illusion d'un Surmoi divin reconstitué spontanément à partir de ce surmoi parental. C'est que pour Freud les dimensiosn spirituelles révélées dans la paternité humaine par la clarté exaltante du mystère de la Paternité divine étaient demeurées inconnues.

3. Symboles et vérité de l'âme

La critique freudienne du mythe paternel, si peu efficace pour l'élucidation par son auteur de ses propres mythes parentaux, nous laisse sur une impression d'exil, sans retour possible vers quelque partie. Chaque homme doit tenter de poursuivre sa propre vérité hors de tout ce qui pourrait constituer pour lui un lien familier et protecteur. Un tel lieu n'existe ni au ciel ni sur la terre. A l'inverse, la psychologie de Jung donne d'abord l'impression que chaque homme, à condition de prendre en considération les symboles peuplant le vaste et mystérieux espace de son inconscient, parviendra à se reconnaître partout chez lui. Bien loin de jeter l'âme sur les routes de l'exil, l'analyse jungienne l'invite à emprunter, partout où elle se signifie en rêve, une voie susceptible de lui donner accès au plus intime d'elle-même. Il ne s'agit plus de prendre ses distances par rapport au père, mais de se recueillir dans les profondeurs de la mère. Bien entendu, il ne saurait être question d'annuler réellement le temps de l'existence et de retrouver ainsi la condition prénatale. Aussi, le «sein maternel», retrouvé au terme de la voie vers le Soi, représente-t-il la vérité en quelque sorte universelle et vaguement transcendante de ce dont l'individualité maternelle n'avait pu constituer qu'une localisation biologique première [6].

Par rapport à l'«ontologie» de Freud, démystifiant tout ce qui n'existe pas sur mode individuel, l'«ontologie» de Jung

---

6. «Plus est lointaine et irréelle la mère personnelle, plus la nostalgie du fils va chercher loin dans les profondeurs de l'âme, et y réveille cette image originelle et éternelle de la mère, à cause de laquelle tout ce qui embrasse, qui entoure, qui nourrit et qui aide, prend la figure de la mère, de l'*alma mater* de l'université jusqu'à la personnification des villes, des pays, des sciences et des idéaux» (JUNG, *L'âme et la vie*).

occupe, à certains égards, une position antithétique. La réalité véritable y est située du côté de ce qui se présente sur mode de généralité cosmique, ou bien de symbole universel appartenant à l'inconscient collectif. La valeur du singulier en subit inévitablement une réduction au profit d'« abstractions ». Mais ces abstractions n'apparaissent pas telles. En effet, comme c'est le langage de l'âme poétique plutôt que celui de la rationalité spéculative qui est retenu par l'expérience de l'analyste, les archétypes correspondent non point à des formes conceptualisées de genre platonicien, mais à des images au riche contenu symbolique. Et comme, d'autre part, les religions se sont, de tout temps, formulées en termes de mythes et de symboles, l'âme humaine, telle que la comprend Jung, témoigne dans le sens d'une religiosité constitutionnelle. Que soient écartés les exclusivismes liés à la race ou s'exprimant en dogmes assortis d'anathèmes, alors l'inconscient collectif apparaît dans une véritable universalisme. Il est constant à travers la souplesse polymorphe des images archétypiques, et d'abord à travers celles de la mère et du père. S'il existe une vérité de l'âme, c'est bien là qu'il faut la reconnaître. En revanche, ce qui refuserait, au nom d'une autre idée universaliste, le syncrétisme religieux que Jung fait procéder de l'inconscient collectif, devrait être rejeté comme une violence exercée contre cette vérité de l'âme.

Il y a chez Carl Gustav Jung non pas seulement une réserve, mais une hostilité argumentée à l'égard des systèmes philosophiques ou idéologiques qui, dans ces derniers siècles, ont revendiqué chacun pour soi *la* vérité objective, alors qu'ils représentent plutôt, à ses yeux, une mutilation imposée à l'âme, celle-ci ne pouvant subsister dans son intégrité que là où elle fait la paix avec l'inconscient universel. *Animus*, en tant qu'il se pourvoit de conceptions du monde faussement compréhensives de la totalité, entre nécessairement en conflit avec *anima*. Engendrant des dogmes de tous ordres, philosophiques, théologiques, ou autres, l'esprit objectivant travaille en réalité contre l'exigence religieuse la plus authentique de l'âme. Que les dogmatiques consentent donc à se laisser interpréter comme des expressions symboliques de la commune espèce ! Alors elles accéderont à la forme de vérité dont elles sont porteuses. Elles témoigneront dans le sens de vérité de l'homme entendue à la manière de la psychologie analytique.

Jung, cependant, s'est acheminé progressivement vers une meilleure compréhension du rôle des schémas dogmatiques, et de leur effet de protection de l'héritage religieux en son intégrité. Pourtant, au regard de la foi catholique, son idée de la vérité et de l'universel apparaîtra tributaire des étroitesses du positivisme phénoménologique. Elle évoque celle dont se sont, en tous temps, réclamées les gnoses. L'unicité et la transcendance absolues de l'événement chrétien n'y sont pas reconnues, car toute expression religieuse est considérée d'abord comme en provenance de la subjectivité individuelle et surtout collective. Même au jugement d'un protestantisme en garde contre le libéralisme doctrinal extrême, l'acte sauveur de Dieu en Jésus-Christ, se trouvant comme dilué dans la symbolique générale de l'inconscient, n'aura pas été traité par Jung pour ce qu'il est. Et l'on comprend aussi qu'une sensibilité juive, héritière du passé biblique, puisse protester, fût-ce au sein de l'incroyance, contre ce qui lui semblera constituer une régression vers un panthéisme douteux. La tradition judéo-chrétienne nous a imposé une idée de Dieu tellement plus divine ! Il est arrivé à Freud lui-même de réagir de la sorte face à certains avatars de la « religiosité aryenne », tels que chez Jung : « On voudrait se compter parmi les croyants pour pouvoir exhorter les philosophes qui tentent de préserver le Dieu de la religion en lui substituant un principe impersonnel, obscur et abstrait, et leur dire: Tu ne prendras pas le nom du Seigneur ton Dieu en vain[7].»

En dépit de son effort de compréhension, Jung éprouvait en lui-même une résistance tenace devant l'idée d'une doctrine de type catholique, que sa rigueur, sa transcendance, et donc aussi son intransigeance, ne conduisent pourtant pas (bien au contraire) à mépriser toute cette richesse de religiosité imprécise dont témoigne l'expérience du psychologue[8]. Comprendre cela, ce serait comprendre du même coup ce qui le détournait de penser à l'Église catholique comme à ce Lieu central unique où l'ensemble de ses requêtes d'intelligence et de cœur eussent trouvé exaucement. Et une famille aux sentiments religieux assez discordants, et sans convictions théologiques très fermes, il avait hérité d'une curiosité intense et tourmentée pour ce qui concerne l'âme et ses énigmes. Mais il souffrit de l'absence de réponse paternelle à des questions intimes auxquelles seule une doctrine assurée et réfléchie eût pu répondre; de l'absence d'une règle de discernement des esprits permettant de clarifier une sensibilité pagano-chrétienne assez confuse; de l'absence d'une liturgie ecclésiale qui eût apprivoisé et élagué une imagination «sauvage» et surabondante. Quant aux références philosophiques qu'il chercha dans sa jeunesse chez Edouard von Hartmann, Schopenhauer, Nietzsche, et surtout chez Kant, elles ne pouvaient guère l'introduire à une métaphysique et à une théolo-

7. Freud, cité par Glover, dans: *Freud ou Jung*, PUF 1954.

8. Dans la dernière période de sa vie surtout, Jung a laissé libre cours à une énorme curiosité portant sur l'œuvre alchimique et ses symboles. Alchimie et psychologie scientifique, alchimie et religion, ce sont là des rapports qui relèvent de ce que Baudouin nomme, à propos de Jung, précisément: «des explorations aux confins». Il écrit à ce sujet: «Le critique... pourra se demander si l'immense effort déployé par Jung pour déchiffrer ce champ hirsute n'est pas, pour finir, disproportionné quant aux menus — bien que réels — trésors qu'il voit miroiter dans le sillon» (*L'œuvre de Jung*, Payot, 1975, p. 283).

gie qui eussent comporté une idée objective de la vérité de l'être et de la révélation biblique. Il allait demeurer dans le climat de religiosité immanentiste caractéristique du protestantisme libéral, dont il n'ignorait pourtant pas les méfaits dans l'âme de l'homme moderne.

Que de cette situation il n'ait pas été intérieurement satisfait; que la condition spirituelle du protestantisme, dont il percevait la logique dissolvante, lui ait laissé le sentiment d'un malheur irréparé dans le destin religieux de l'homme d'Occident, la chose est certaine. Souvent il s'exprima sur le thème de la frustration à laquelle la crise de la Réforme a voué l'homme moderne sur le point de son besoin de symboles. Et pour Jung, il y va de l'équilibre et de l'intégrité de l'âme profonde. Insatisfaction également quant aux moyens mis en œuvre pour l'éducation de la personnalité véritable: l'homme contemporain n'est préparé, le plus souvent, qu'à réaliser une adaptation superficielle, jamais réellement équilibrante, à un monde mouvant impuissant à définir sa propre destination.

Impossible de lire l'autobiographie de Carl Gustav Jung sans constater que cette souffrance d'abandon éprouvée par l'homme de ce temps, en ce centre de lui-même où nulle Église-mère ne vient plus le mettre en possession d'une vérité essentielle, stabilisante, vivifiante, c'est précisément celle dont il est conscient d'avoir pâti dans son enfance, et ultérieurement: « Pendant des années, il me fut impossible d'entrer dans une église catholique sans éprouver une peur secrète du sang, des chutes et des jésuites[9]. Et cependant, elles m'ont toujours fasciné. Le voisinage d'un prêtre catholique était, si possible, encore plus désa-

9. Allusion à des terreurs et à des incidents impressionants qui ont marqué sa sensibilité d'enfant à l'encontre de la réalité catholique comme telle. Voir: *Ma vie*..., p. 30 et 36.

gréable... Ce n'est qu'aux environs de ma trentième année, lorsque je pénétrai dans la cathédrale Saint-Étienne de Vienne, que je pus, sans éprouver de gêne, sentir ce qu'était la *Mater Ecclesia,* la Mère Église[10].»

Il l'a senti sans doute, jusqu'à un certain point, mais il n'est pas parvenu à le comprendre du dedans, en une expérience plénière de participation, en une adhésion de tout l'être. Peut-être a-t-il même rêvé de ce qui lui manquait pour se reconnaître en ce lieu où amour et vérité s'embrassent, unité et universalité s'y totalisant, bien loin de s'y opposer. Mais ce rêve, qui l'a intrigué, il n'a pas vu quel sens lui donner[11].

---

10. *Ma vie...,* p. 36-37.

11. Il est tentant de proposer à la sagacité des psychologues jungiens un rêve personnel rapporté par Jung, et sur lequel lui-même paraît n'avoir pas su se prononcer. Au chapitre VI: *Confrontation avec l'inconscient* de son *Autobiographie*, je lis:

«En 1912, vers Noël j'eus un rêve: Je me trouvais dans une merveilleuse loggia italienne avec colonnes, sol et balustrades en marbre. J'y étais assis sur une chaise dorée de style renaissance, et devant moi était une table d'une rare beauté. Elle était taillée dans une pierre verte, comme de l'émeraude... Mes enfants se trouvaient aussi autour de la table. Tout à coup un oiseau blanc plongea vers nous; c'était une petite mouette ou une colombe. Avec grâce elle se posa sur la table, et je fis un signe aux enfants afin qu'ils ne fissent pas peur au bel oiseau blanc. Aussitôt, la colombe se transforma en une petite fille âgée de huit ans environ, aux cheveux blond doré. Elle partit en courant avec mes enfants, et ils se mirent à jouer ensemble dans les merveilleuses colonnades du château.

Je restai plongé dans mes pensées, réfléchissant à ce qui venait de se produire et à ce que je venais de vivre. La petite fille s'en revint alors et me passa affectueusement le bras autour du cou. Puis soudain la petite fille disparut, mais la colombe était à nouveau là, et dit avec une voix humaine en parlant lentement: "Ce n'est que dans les premières heures de la nuit que je puis me transformer en être humain, tandis que la colombe mâle s'occupe des douze morts". Ayant dit cela, elle prit son vol dans le ciel bleu et je m'éveillai. Tout ce que je sus dire de ce rêve fut qu'il indiquait une activation inhabituelle de l'inconscient. Mais je ne connaissais pas de technique qui m'aurait permis

4. Présence de l'Église et révélation de l'homme

Dans ce chapitre, je n'irai guère au-delà de ces suggestions au sujet de la façon dont l'aventure psychanalytique, considérée dans son dynamisme, sa complexité, ses limites, ses contradictions mêmes, peut provoquer le croyant à prendre mieux la mesure du Mystère dont il devrait vivre pleinement. Bientôt une autre approche nous y aidera. Mais déjà les suggestions avancées ici heurtent assurément des idées reçues. Elle peuvent avoir quelque chose d'irritant pour le psychologue qui parlerait de l'homme comme si le genre de science empirique qu'il met en œuvre n'avait pas à se situer en fonction d'autre chose qu'elle-même. En pareil cas, il traite le fait et les hypothèses psychanalytiques comme un en-soi, à propos duquel on doit se contenter de collectionner les avis parfois concordants, mais plus souvent discordant, des spécialistes, et s'interdire de les juger d'un point de vue plus métaphysique. Or, c'est là préjuger de la réponse appelée par une interrogation plus exigeante et diversifiée du phénomène humain total. Mais d'autre part, il arrive aux croyants eux-mêmes de n'avoir pas d'idée précise sur l'unité des divers ordres de savoir relatifs au mystère de l'homme. Aussi, les corrélations indiquées ici peuvent-elles paraître à certains d'entre eux quelque peu forcées : précipitation d'apologiste, prétention totalitaire en rapport avec une certaine idée — insatisfaisante — de la philosophie et de la théologie.

Mais en vérité, n'y aurait-il pas de l'arbitraire à vouloir éviter que soient conduites jusqu'au terme de leur logique les interrogations incluses dans l'apparition et le développement des

---

d'élucider les processus intérieurs. Que peut avoir affaire une colombe mâle avec douze morts ? (...) Je pensai... aux douze apôtres, aux douze mois de l'année, aux signes du zodiaque, etc. Mais je ne trouvai pas la solution de l'énigme. Finalement, je dus l'abandonner... » (*Ma vie...*, p. 199-200).

théories de l'inconscient ? Arbitraire d'abord en ceci : que le postulat de non-confrontation permettant de soustraire la science de l'inconscient à tout jugement porté de l'extérieur, relève tout le premier d'une conception injustifiée des relations entre sciences de l'homme et philosophie. Arbitraire encore, parce que s'il est certain qu'un philosophe ne doit pas refuser, au nom de sa théorie, des faits empiriquement établis, il est certain également que les faits humains en question sont susceptibles de recevoir plusieurs interprétations ; et ces interprétations sont inégalement cohérentes, suivant la façon dont on relie les faits entre eux, et suivant l'issue que l'on propose aux ambiguïtés psychologiques et spirituelles dont ils témoignent. Arbitraire enfin, parce que, dans le cas où l'on autorise le philosophe à faire valoir sa compétence en un domaine qui relève aussi d'autres compétences, on accueille souvent d'autant plus volontiers ses conclusions qu'elles seront apparues moins accordées à ce que l'on tient pour l'*a priori* catholique. On verra donc parfois un bon indice de la rigueur du philosophe dans l'état de dissidence où il se tient par rapport à la Parole de Dieu, telle que l'Église la donne à entendre. Ainsi, il apparaît que le problème ecclésiologique ne manque jamais d'opérer, fût-ce de façon très implicite, partout où l'homme s'évertue à se comprendre lui-même rationnellement. Il intervient à coup sûr lorsque est prise en considération la délicate problématique de l'inconscient. Cet enjeu ecclésiologique se présente alors sous les espèces de la théorie herméneutique.

Étant recherche de sens, la philosophie s'est attribuée de tout temps un rôle d'interprétation des phénomènes en général, et du phénomène humain en particulier. De plus en plus chez les modernes l'interprétation porte sur le discours complexe que les hommes tiennent au sujet de l'homme et de sa relation à l'Absolu. Qui s'étonnera que cette entreprise d'interprétation aboutisse à des thèses gravement divergentes, suivant que le philosophe qui le conduit convient ou non de la possibilité d'une interprétation plus autorisée, dont l'Esprit de Dieu serait l'auteur, et dont une communauté vivifiée par cet Esprit serait la gardienne et l'annonciatrice?

Car ici, précisément, éclate le paradoxe ecclésiologique. La tradition catholique est entièrement favorable à l'idée que voici: la pensée philosophique, pourvu qu'elle demeure fidèle aux principes de la raison — chose assurément difficile — vérifiera l'existence d'une sorte d'harmonie préétablie entre ce que l'homme est apte à savoir pour son propre compte à la lumière de sa droite raison, et ce que l'Église l'invite à croire, par-delà ses acquis philosophiques, touchant sa vocation ultime. De son côté, la tradition protestante, si on la considère en son point de rupture chez les Réformateurs dont elle se réclame, conteste absolument à la raison le droit et la possibilité de se tenir en paix et en humble confiance face à sa souveraine Parole divine, Parole que nul Magistère n'est plus habilité à transmettre ni à interpréter avec la garantie même de l'Esprit. Mais la situation apparaît inversée si l'on prend garde à ce qui est advenu à la philosophie moderne, ainsi qu'à une certaine théologie, en contexte protestant. La pensée n'a cessé d'y osciller entre deux contradictoires, et a dû se pourvoir d'une dialectique mensongère pour s'attribuer la gloire de son impuissance à sortir de cette impasse.

D'un côté, choix en faveur de la raison souveraine (se substituant à la raison croyante) pour dire la vérité de l'Écriture, en conformité avec ses postulats critiques; d'un autre côté, exaltation pathétique du paradoxe de la foi individuelle, s'affirmant à l'encontre de toutes les raisons de ce même rationalisme incroyant. Passage incessant d'un rêve d'autonomie illimitée de la pensée pensante au tourment de l'irrationnel de la foi, d'une foi qui tend à se vider de tout contenu objectif. Tient-on à ce que la philosophie, ou ce qui se désigne sous ce nom, se déchire et s'évanouisse en ce régime impossible? Alors, il n'y aura plus pour elle d'autre solution — et ce n'en est pas une — que s'enfermer en une confusion mentale où la vrai raison humaine n'aura plus guère de part.

Le moment psychanalytique vient naturellement prendre place dans une dialectique de cette sorte. Correspondant à la découverte d'un négatif pur au sein d'une subjectivité prétendûment conquise à la cause de la raison pure, il dramatisera, sans vouloir l'abolir, le projet de connaissance de soi que tout un courant de philosphie moderne a projeté de réaliser selon un mode quasi divin. Il représentera le symétrique nocturne, voire ténébreux, de la «loi du jour». Il suggérera la nécessité d'identifier, par-delà toute logique pré-hégélienne, l'originaire et l'eschatologique. Non pas Freud d'une part, du côté inférieur, et Hegel d'autre part, du côté supérieur, mais Freud et Hegel ensemble, en dépit de tout ce qui pourrait les dresser l'un contre l'autre. Une ontologie paradoxale, dans le style de Jaspers, n'autorisera-t-elle pas la raison philosophique à se dépasser, en s'efforçant de penser encore cet au-delà du pensable [12]?

Tel est, par exemple, la direction de la recherche herméneutique de Paul Ricœur, en une confrontation serrée avec Freud.

---

12. «La grande tentation, au point où nous sommes, serait de dire: l'inconscient explique en l'homme la partie basse, inférieure, nocturne; il est la Passion de la Nuit; la conscience explique la partie haute, supérieure, diurne; c'est la Loi du Jour. Le péril serait alors de se reposer sur un commode éclectisme où conscience et inconscient seraient vaguement complémentaires. Ce genre de compromis est la caricature de la dialectique. Mais on ne l'exorciserait entièrement que si l'on arrivait à comprendre que les deux herméneutiques, celle du Jour et celle de la Nuit, sont la même chose. On ne peut additionner Hegel et Freud et leur donner à chacun la moitié de l'homme (...). Il faut avoir accédé à l'opposition la plus entière entre la conscience comme histoire et l'inconscient comme destin, pour conquérir le droit de dépasser cette opposition et pour comprendre l'identité des deux systématiques — l'une qui est une synthèse de la conscience, l'autre qui est une analyse de l'inconscient» (P. RICŒUR, *De l'interprétation*, Le Seuil, 1965).

Confrontation généreuse, suggestive, et remarquablement pénétrante à certains égards, mais tributaire encore d'une ontologie déchirée. Or, on peut estimer, dans la lumière d'une autre ontologie, que cet état de déchirement ne se trouve nullement imposée par les principes de l'être, ni par quelque fatalité inhérente à l'histoire de la pensée, ou à l'histoire tout court. Elle n'apparaîtra inéluctable que là où la ruine de la théologie spéculative a eu pour conséquence de charger le philosophe d'une tâche de suppléance, ou de substitution, sans rapport avec ses moyens. Jouant un rôle de sagesse ultime, cette philosophie surmenée en vient à entrer dans un jeu qu'elle ne contrôle plus, et à cesser de se comprendre elle-même. Le philosophe pourra certes, dans les meilleurs cas, garder un sens profond, tourmenté, de l'Absolu religieux. Il se trouvera alors intérieurement divisé entre des fidélités faites pour s'unir dans la paix, mais qui, inexactement situées, s'embarrasseront l'une l'autre jusqu'à se trahir réciproquement. Il y a, là aussi, une donnée d'expérience sur laquelle la réflexion herméneutique aurait avantage à s'exercer, en vue d'en retrouver les causes et d'en préparer le dépassement [13].

Ce dépassement n'est à concevoir ni en termes de retour en arrière, ni en termes de fuite en avant, vers on ne sait quelle méta-philosophie ou vers quelque théologie chargée de conflit. Il ne peut consister qu'en un effort méthodique pour retrouver le sens le plus profond et le plus vrai du mystère de l'être de l'homme: ce qui ne pourra s'accomplir indépendamment d'une réponse du Mystère présent au cœur même de l'Église. Mystère de Dieu et de l'homme relatif à lui, dont l'unité en Jésus-Christ fonde aussi l'être de l'Église. Ce Mystère, il est vrai que le péché des chrétiens et leurs défaillances face aux urgences de le pensée philosophique et théologique, et à celles de la

---

13. Cf. P. TOINET: *Exixtence chrétienne et philosophie*, Aubier, 1965.

charité, peuvent malheureusement avoir pour effet d'en voiler quelque chose.

D'où la nécessité d'une continuelle rénovation de l'existence et de la pensée chrétienne, dans le feu et la douceur du Saint-Esprit. Les purifications intérieures par lesquelles l'Esprit divin consume les tares humaines des croyants, il n'est pas donné au psychologue comme tel d'en expliquer, ni même d'en comprendre entièrement le processus. La redoutable et transformante *critique* que les nuits spirituelles exercent dans la substance de l'âme soumise à la loi de sainteté, procède par d'autres voies que la critique psychanalytique. Sans doute cette purification spirituelle n'effectue pas toujours, par surcroît, certaines rectifications d'ordre psychologique, pour lesquelles la compétence du psychologue demeure effectivement utile, quoique secondairement. Mais elle ne laisse jamais subsister de ces confusions spirituelles gravissimes d'un passage — même très mortifiant — par la psychanalyse peut fort bien épargner, voire même aggraver lorsque l'analyse en est lui-même victime. L'idéal serait que les maîtres spirituels qui, dans l'Église, sont sollicités d'apporter leur aide aux chercheurs de Dieu, aient acquis personnellement une expérience des harmonies de l'humain et du divin. Et pour la science de ces harmonies, l'apport de la psychologie profonde ne sera jamais ni inutile ni suffisant [14].

14. «Non sans raison, ce siècle avait fondé de grands espoirs sur la psychanalyse. Elle a prouvé, dans certaines limites, qu'elle est une méthode et une thérapie; et aussi qu'elle n'est pas un système intégrant tout l'être. Les mêmes symboles, les mêmes archétypes, servent à la psyché et à l'esprit; mais leur compréhension analytique n'en épuise ni la portée sur un destin, ni le sens théologique: l'esprit n'est pas objet de science. S'il est vrai que la quête du sens doit quelquefois traverser l'inconscient, ce dernier n'est pas le lieu de la découverte essentielle. Les grandes images qui déterminent notre être et sa destinée sont mystérieuses, religieuses: elles tirent la nature vers l'esprit. Ce sont des figures d'une Réalité suprême, avec laquelle leur

D'ailleurs, autant que d'une observation du psychologique — sur laquelle la psychologie aurait beaucoup à dire — la sagesse chrétienne aura à se méfier de certaines formes de mysticisme qui exalteraient douteusement la nuit de l'inconnaissance aux dépens de l'effort de compréhension théologique. Il y a, certes, dans l'Église, diversité de vocations, et de voies particulières en direction du but commun. Toutefois, l'une des leçons à retenir de l'exploration des symboles de la psyché, et de toute l'aventure moderne — y compris psychanalytique — pourrait bien être celle-ci : il importe que le milieu ecclésial, au sein duquel s'effectue chaque croissance spirituelle, soit sainement nutritif, et équilibrant par son dynamisme même. Que l'intelligence spéculative, le sens esthétique, la sensibilité affective, et surtout et à travers tout l'ardeur de l'esprit, puissent toujours bénéficier de la plénitude de l'héritage promis et donné dans la Révélation, telle que l'Esprit l'a effectuée. Et telle qu'il continue de l'actualiser en chaque sujet croyant, à mesure que celui-ci se laisse configurer activement à l'image du Fils parfait.

---

intercession nous situe dans un rapport affectif divino-humain, naturel et surnaturel (...).

Il me semble essentiel de fonder religieusement le comportement psychique, en le révélant comme l'embryon d'un comportement identique et tout autre, vécu en Dieu et à son égard. Toute relation humaine primordiale aurait ainsi pour archétype, pour principe et pour fin, une relation correspondante à l'Être total. Être *adulte* dans le comportement social et *enfant* dans le for intérieur, serait réaliser cette relation double et une. En accomplissant notre tâche journalière sans en changer le moindre geste ouvrier, nous la célébrerions comme une liturgie de la divine Rencontre (...). L'intelligence symbolique nous serait du même coup restituée, liant de réciprocité le savoir et le sens du mystère, singulièrement dans cette logique des symboles qui est une science du Cœur » (Pierre EMMANUEL, *La face humaine*, Le Seuil, 1965).

Intermède:

Propos risqué pour un congrès

Le texte qui suit constitue comme un bref intermède entre deux parties plus largement développées. Voici sa raison d'être, à ce point de l'ouvrage. Il prend le risque d'exposer devant un auditoire réel les thèses centrales qui se sont donné libre cours jusqu'ici. Il s'agit d'un exposé non pas *destiné* à ennuyer, ni à dérouter, et pas davantage à heurter ceux qui l'entendent, mais dont il est prévisible que tel sera son effet, ou ses effets, pour un certain nombre d'entre eux au moins. Vérification pourra en être faite sans surprise après coup. Sans surprise, ni agrément, ni désolation, mais non sans utilité.

Dans un livre, l'auteur se donne le temps d'un discours long et complexe. Il cherche à se donner les moyens d'en établir les fondements, et d'en justifier jusqu'à un certain point les considérants et les conclusions. Il doit trouver la juste dimension proportionnée à la nature et aux difficultés propres de son sujet. Il suppose un lecteur hypothétique, exigeant, informé ou désireux d'information, spécialiste ou non, mais en tout cas disposé à prendre son temps pour la lecture et la réflexion. Ce lecteur peut exister. Il est sans doute rare, surtout si l'auteur se présente exempt de toute publicité.

Le sujet étant celui avec lequel je me trouve aux prises dans ce livre, la mesure du texte et du développement — ni trop ni trop peu — n'est pas facile à trouver. Elle le sera beaucoup moins encore s'il faut tenter après cela de situer et d'exposer la conviction fondamentale acquise sur ce même sujet, mais en disposant d'une heure de parole face à un auditoire inconnu, ou seulement deviné dans la diversité de ses expériences, convictions, préoccupations, et dans l'inégalité de ses capacités d'écoute.

Il m'a fallu prendre ce risque un jour, sur le thème et dans les termes que l'on va rencontrer dans les pages qui suivent. Entre ceux qui m'ont invité à traiter des rapports entre *psychanalyse et foi chrétienne,* et ceux en face de qui je me suis trouvé (des chrétiens engagés à divers titres en milieu psychiatrique [1]) les attentes ne pouvaient pas être en tout identiques, ni même convergentes. Elles n'étaient pas davantage en tout divergentes. Je n'ai certainement pas traité le sujet selon une perspective prévisible par tous, non plus qu'appréciée par tous. J'ai pris un certain parti, qui n'était sans doute pas le meilleur à tous égards, mais qui, du moins, ne dissimulait rien de mes convictions, faute de pouvoir les justifier autant qu'il eût fallu. D'autant que dans le cadre d'un congrès, les discours se suivent et ne se ressemblent pas. Et il y a peu de moyens pour chaque intervenant de préparer les esprits à ce qu'il se propose de dire, ni de répondre adéquatement aux questions et réactions qu'il soulève. Celles-ci appartiennent pourtant au vif de la difficulté à élucider, très particulièrement en un sujet de cette sorte.

1. Session: *Chrétiens en psychiatrie*, Strasbourg, 5-8 juillet 1977.

Je transcris tel quel ce que fut mon propos en cette circonstance particulière, que je considère comme instructive. Certains des contrecoups de ce *propos risqué* m'offriront un point d'appui pour m'expliquer mieux — à moi-même et pour d'autres — ensuite, ce qui était impliqué dans ce sujet. Sujet à certains égards *impossible.* Impossible non pas en lui-même, si complexe qu'il soit, mais en raison de la diversité contradictoire des points sensibles rencontrés sur sa trajectoire. Points sensibles de l'intelligence, du cœur, dans les régions conscientes et inconscientes tant des individus que des groupes. De cela, il faut être averti, car le sujet, à juste titre, l'exige. Cet aspect de l'expérience demande à être pris en compte, et non pas seulement selon un angle psychologique ou philosophique, mais encore en dépendance de la Parole de Dieu.

Jusque-là les implications théologiques présentes dans notre approche de la question de l'homme ont pu demeurer en retrait. Elles ont été signalées et identifiées, mais non encore entièrement manifestées. Devant un auditoire chrétien lui-même aux prises avec ce problème, il y avait des raisons d'en suggérer d'emblée l'importance. Cela ne pouvait se faire de façon ouverte, mais nécessairement trop condensée, sans activer en lui aussi un débat toujours latent, que des réponses inadéquates ne peuvent que vouer à l'échec. C'est pourquoi, de ce débat il y aura lieu d'approfondir ensuite, de façon constructive, les données essentielles.

INTERROGATIONS PSYCHANALYTIQUES ET FOI CATHOLIQUE

Je tiens pour important chacun des mots de ce titre; important, mais difficile à bien entendre. Si nous devons tenter de dire et de comprendre quelque chose d'exact sur ce thème, il est prudent de renoncer au préjugé du déjà bien connu, d'abord en ce qui concerne le titre lui-même. L'illusionniste qui nous vouerait ici au superficiel et à l'erreur serait M. Tout-le-Monde. Ce personnage brumeux est, en effet, supposé savoir déjà suffisamment ce qu'il en est du sens de l'interrogation et de la procédure psychanalytique, comme du contenu et de l'esprit de la foi accordée dans l'Église à Dieu qui s'y révèle en Jésus-Christ. Il est donc supposé savoir comment ces deux réalités s'accordent, s'excluent, ou passent entre elles des compromis. A quelle école, s'en est-il instruit? Lui seul pourrait nous le dire, mais il n'en dit rien, n'étant lui-même rien d'autre que le représentant passif d'une opinion confuse. À nous de l'éclairer sur lui-même, s'il y consent, et de nous éclairer par là sur la part qu'il a en chacun de nous, hélas.

Puisque je m'adresse à des chrétiens, il me semble légitime de poser d'abord un principe qui devrait être admis par tous : dans les choses divines, et aussi dans les choses humaines, règne le *mystère*. Ce terme, je l'entends selon un sens métaphysique et religieux plénier. Dieu et sa révélation dépassent nécessairement les représentations, mêmes vraies, dont nous sommes capables, puisqu'elles sont toujours finies et partielles. Mais l'homme aussi est un mystère. Comme le dit Pascal, « l'homme passe infiniment l'homme ». Je suis et resterai en partie caché à moi-même. Et l'autre, caché aussi à lui-même, me demeurera caché. Le mystère de l'homme est mesuré par le Dieu créateur et rédempteur, non par l'idée que l'homme a de lui-même. Contrairement à ce qu'affirmait le sophiste Protagoras — et après lui bien d'autres — l'homme ne saurait être la mesure de toutes choses. Cette reconnaissance du mystère n'entraîne cependant pas pour nous un quelconque agnosticisme : ni psychologique, ni philosophique, ni théologique. Autrement, nous ne serions pas là à quêter plus de vérité sur l'homme et ses profondeurs. M. Tout-le-Monde est aujourd'hui, nous le savons bien, plutôt scientiste en psychologie, et agnostique en métaphysique et en religion. Rien ne nous impose de nous mettre à son école. Nous préférons celle de la vérité difficile.

1. La question de la découverte de soi

Nous devons nous interroger sur la psychanalyse, qui elle-même questionne en direction de la vérité de l'homme. Elle interroge en vue de découvrir, comme le suppose notre titre. Mais je commencerai à parler d'elle d'une façon seulement allusive et lointaine, car je ne puis m'enquérir de ce qu'elle a de propre sans la situer d'abord à l'intérieur d'un horizon qui la déborde. Celui plus général, de l'interrogation de l'homme par lui-même, à la lumière de sa raison. Vous le voyez, il n'est pas dans mon intention d'engager un procès unilatéral ou réciproque entre mystère de foi et mystère de l'homme. Je voudrais bien plutôt montrer la possibilité de correspondances et d'amitié entre démarche croyante et démarche réfléchissante, même si, en pratique, cette amitié n'est pas de tout repos.

Je m'attache donc d'abord à une idée aussi ancienne que les sagesses humaines : parvenir à se connaître lui-même est, pour chaque homme préoccupé de raison, un besoin, une tâche, une vocation. Mais c'est aussi un difficile problème. Deux évidences ici : se connaître est chose souhaitable aux yeux de quiconque poursuit un idéal de sagesse. Mais aussi la mise en œuvre de l'adage « connais-toi toi-même » présente un caractère tâtonnant, décevant, et parfois désespérant, ce qui n'empêche pas sa reprise inlassable, de génération en génération et à travers de nombreuses cultures. Cela n'a d'ailleurs pas commencé avec les sages d'Israël, ni avec Socrate, car il n'est pas nécessaire d'énoncer le précepte biblique ou socratique pour tenter spontanément d'en réaliser quelque chose. Les grandes religions ou sagesses d'Asie ont poursuivi à leur manière l'élucidation du moi à travers celle du Soi. Exister en vérité, c'est connaître la *voie*, par initiation, et c'est y progresser ensuite plus ou moins solitairement. Cette marche est identiquement un progrès en direction de soi-même. Quelle mystique, quelle philosophie antique ou moderne, quel projet analytique freudien ou postfreudien ne s'est défini par ce but : sortir de la nuit de l'inconscient, échapper à l'universelle illusion, dénoncer les phantasmes trompeurs, afin de « se réaliser » soi-même dans la vérité ou l'authenticité ? Bref, *se découvrir* en profondeur.

Cela dit, aussitôt peut surgir la réaction : « Oui, bien sûr, mais... Assurément, dira-t-on, c'est bien là un projet, parfois assez vague, plus ou moins commun aux hommes depuis toujours tourmentés par l'énigme qu'ils sont pour eux-mêmes. Mais ce projet ne saurait aboutir hors de certaines conditions *scientifiques* précises, et d'une pratique rigoureuse». Nos contemporains sont portés à penser ici aux modernes méthodes d'exploration de l'inconscient. La question est cependant entière de savoir si elles représentent une totale nouveauté. Il faudra revenir sur ce point. J'insiste seulement, pour l'instant, sur le fait qu'à tort ou à raison toutes les sagesses affichent sinon une prétention, du moins un souhait de cette sorte, et pensent être en mesure, chacune, de proposer quelque réponse à un problème constant : comment passer d'une situation dominée par le rêve à une situation de lucidité ? Faute d'entrer dans la voie ou dans la méthode de cette sagesse, mon projet d'éveil sera encore un projet rêvé. je rêve d'échapper à mon rêve, mais sans initiation et sans guide je n'atteindrai pas le but. Sans le savoir, et même en imaginant le contraire, je demeure prisonnier d'un rêve de vérité. Il vaut mieux dire, en effet, « un rêve » que « mon rêve », puisque le possessif suppose une personnalisation, et que celle-ci, par hypothèse, n'a pas encore eu lieu. Le *je* mis en scène ici est un faux *je*, puisqu'il ne s'est pas encore découvert lui-même en sa vérité.

C'est bien pourquoi seul un autre *je*, éveillé, celui-là, pourra savoir du sujet encore captif de son rêve ce que ce sujet ignore de sa propre identité. Seul il pourra le révéler à lui-même, ou du moins l'introduire et l'accompagner dans le processus de dévoilement. De toute façon la réussite de l'éveil du rêveur suppose l'intervention d'un autre-qui-sait. Celui-ci pourra s'appeler Lao-Tseu, Gautama l'Éveillé (buddha), Moïse, Salomon le Sage, Jésus de Nazareth, Saul de Tarse, Freud, Jung ou Lacan. Il peut s'appeler encore Spinoza, Hegel ou Nietzsche. Dans tous les cas, sa fonction est d'introduire autrui à une vérité de soi conforme à l'en soi de la Vérité. Mais en comparant des fonctions, d'initiateur à initiateur, je me garde bien de me prononcer sur les titres de chacun d'eux à se donner pour tel. Car, que sait-il réellement ? Et ce qu'il sait ou croit savoir, de qui l'a-t-il appris ? La question est à poser pour chaque cas. Il n'y a pas de réponse valable pour l'ensemble. Il ne peut y en avoir, car l'identité attribuée par chacun à la Vérité dont il se recommande diffère de celle que lui attribue l'autre. Par exemple, à supposer que Lacan soit en possession, mieux que Freud, de la vérité recherchée par celui-ci, et que la dénonciation lacanienne de l'universel mensonge des phantasmes du désir puisse être rapprochée de la dénonciation bouddhique de l'illusion d'exister pour soi, cela n'entraînera pas que ces expériences recoupent chacune celle que traduit le « connais-toi toi-même » de Socrate. Et la formule socratique ne coïncide pas avec la formule augustinienne : « que je Te connaisse, que je me connaisse », typiquement chrétienne. Et si je vois en Paul un disciple authentique de Jésus, je n'ai aucune raison de faire de Freud une réplique de Paul (ou de Moïse), ni de Jung un proche parent de Lao-tseu. Ce qui ne veut pas dire qu'entre tous ces quêteurs de sagesse, il n'y aurait aucune analogie explicitable, aucun rapport à établir. C'est ici une affaire à suivre.

Affaire à suivre également la question de la relation entre celui qui sait — ou est supposé savoir — et ce qui se tient à l'origine de son savoir réel ou présumé. Gautama s'est-il éveillé par lui-même de la commune illusion, ou bien a-t-il été éveillé par un autre, et lequel ? Freud a-t-il conquis dans l'activité même de son auto-analyse le secret auquel les autres, tous les autres, seront introduits par la médiation des héritiers de sa « science des rêves », ou bien faut-il s'interroger aussi sur les perplexités de l'auteur quant au processus de « révélation » dont il se tenait pour bénéficiaire en ce domaine ? Redoutable question, qui semble destinée à rester un point de controverse inépuisable, dans le cas de la psychanalyse et des psychanalystes. C'est sans doute que l'enjeu, en cette affaire, est d'importance. En tout cas, je sais que nul sage biblique ne s'est jamais présenté comme son propre père en sagesse. Pour lui, toute sagesse salomonienne, tout oracle prophétique, toute lecture des secrets de son propre cœur et du cœur d'autrui, représente un don en provenance de la Sagesse éternelle et de l'Esprit Saint de Dieu. Je sais également que les chrétiens, depuis l'âge apostolique, tiennent que la connaissance de chaque homme par lui-même est en dépendance de la connaissance que le Père communique à son Église en Jésus-Christ, dans l'Esprit de révélation. Jésus-Christ est le Verbe-Sagesse. Il est l'Icône de l'Invisible, le miroir de la Gloire éternelle. Et Paul, et Augustin, et Jean de la Croix, ont eu une conscience très vive de ne rien savoir d'essentiel sur eux-mêmes qui ne procède de la connaissance antérieure qu'en Jésus-Christ, le Père a de chacun d'eux. Si l'idée chrétienne de connaissance de soi par soi a une originalité, c'est assurément dans ce rapport entre identification de soi et révélation surnaturelle qu'il faut la situer. Mais la question évoquée ici est si grave et décisive qu'il nous faut maintenant nous y arrêter.

2. Être connu et se connaître soi-même dans l'Esprit Saint

On a fait observer souvent, et à juste titre, que le précepte auquel s'est référé Socrate — « Connais-toi toi même » — ne doit pas être entendu d'abord selon le sens qu'un spirituel chrétien pourrait lui donner, ni même un moderne épris de psychologie. Socrate n'exclut certes pas l'intérêt envers le sujet considéré en sa singularité, mais il comprend d'abord l'oracle delphique comme une invitation « divine » à faire de l'homme, et de ses problèmes d'ordre moral (plus encore que métaphysique) l'objet prioritaire de sa recherche et de son enseignement maïeutique. Non d'abord le cosmos et ses astres, mais l'être humain et surtout son âme, et par extension l'ordre juste de la cité.

Dans la tradition juive, puis chrétienne, une telle interrogation sur la nature de l'homme-en-soi n'est certes pas rejetée. Comment comprendre l'homme singulier que je suis, si le mot *homme* n'a pas pour moi de contenu précis? En réalité, cette question de la nature humaine, bien loin de s'évanouir ou de régresser, se surcharge d'un intérêt nouveau portant sur le sujet personnel que je suis, en tant qu'existant-devant-Dieu (comme dit Kierkegaard). Nous sommes en contexte de psychologie « différentielle » à dimension expressément religieuse, et même théologique. Il s'agit pour moi de percevoir en présence de Dieu et dans sa lumière ce que je suis pour lui, ce que je vaux devant lui, compte tenu, bien sûr, du jeu positif et négatif de ma liberté de répondre à son appel transcendant et personnalisant. Un Dieu supra-personnel suscite librement et électivement un être humain irréductible à tout autre, au sein de la communauté ecclésiale. Il l'instruit, le guide, le corrige, le renouvelle de l'intérieur, en vue de lui donner de s'accomplir conformément à l'exigence d'amour et de fécondité constituant sa vocation propre. Ainsi, pour l'élu de Dieu, se connaître c'est être révélé à soi dans la lumière de la connaissance que Dieu a de lui, en une expérience intime de grâce personnellement ajustée à son cas unique. L'appel divin révèle ainsi laborieusement à chacun, en contexte de foi obscure et de charité, la direction où poursuivre sa quête de vérité en Dieu, en sorte qu'il accède à sa place de « pierre vivante » dans l'édifice terminal de la Jérusalem céleste. Là où l'*ego* déchu était porté à s'affirmer en lui-même pratiquement, sinon théoriquement, à la façon d'un faux dieu, *je* doit (dois) advenir en toute vérité.

Mon *je* ne surgira authentiquement qu'en relation libre et aimante avec un *Je* divin (un *Nous* trinitaire) qui a pris l'initiative de l'appeler par son nom singulier : *toi,* mon partenaire d'alliance. Ce *je,* ce *toi,* n'est pas dissociable du *nous* constitué par la Communauté ecclésiale universelle, qui le précède et l'inclut dans le dessein créateur et sauveur de Dieu. Il doit néanmoins s'accomplir en une figure unique, qui est reliable et effectivement reliée à une multitude d'autres, selon un ordre complexe de paternité, de filiation, de fraternité, de conjugalité. Le principe de cet ordre se trouve dans les relations personnelles intra-divines, trinitaires, ainsi que dans la relation du Fils éternel devenu chair à son Église, qui est en toute vérité son Épouse. Celle-ci, il a voulu qu'elle soit avec lui «un seul corps» et «un seul esprit». Tout cela est essentiel à la Révélation, et appartient aux structures fondamentales non pas seulement de la foi chrétienne «théorique», mais à l'expérience pratique qu'on doit en acquérir.

Cette expérience n'est pas donnée indépendamment de l'ouverture à laquelle consent chaque élu quand la grâce divine le sollicite d'entrer librement dans le jeu de la Vérité et de l'Amour. C'est là une évidence pour quiconque s'efforce de vivre authentiquement en Église. L'amour divin reçu est celui du Père, appelant tous les hommes à s'approprier et à moduler, chacun selon sa vocation propre, la réponse obéissante dont le Modèle indépassable est Jésus-Christ. Non *je* le plus personnel, mon être ultime est *filial.* J'ai reçu un nom propre que connaissent seuls le Père, le Fils et l'Esprit Saint. Ce sont eux qui, dans la création et dans la rédemption, me donnent et me rendent la vérité de moi-même. Comment apprendrai-je mon nom mystérieux, comment reconnaîtrai-je mon être intime créé et recréé selon l'image et ressemblance du Dieu-Trinité? Comment sera restaurée en moi l'image divine détériorée? Comment reviendrai-je de mon lieu d'exil, du «pays de la dissemblance», au foyer paternel, où me sera rendue mon identité oubliée et disjointe? En quel miroir devant moi (et en moi) disposé découvrirai-je progressivement, en énigme, quelque chose de cette identité?

Pour la tradition chrétienne, fidèle à l'enseignement de la Révélation, nul doute n'est possible: c'est le Fils incarné, Jésus, qui me tend le miroir où se reflète mon principe éternel. Ce miroir, il l'est lui-même en sa condition d'humanité. Non seulement ce miroir n'est pour moi en rien déformant, mais c'est seulement en lui que je me re-forme. En lui et par lui je suis restitué à ma vérité éternelle, en Dieu et pour Dieu. Tout autre miroir — cosmique ou humain — auquel je prétendrais discerner mes traits, me défigurerait plutôt, s'il n'est pas selon le Christ. C'est seulement lorsque Jésus m'est annoncé en sa vie, sa parole, sa mort et sa résurrection, que je commence à me comprendre, à m'accepter, à m'aimer en lui, et autrui avec moi. L'Esprit de Dieu me dit: « Voici l'Homme. Reconnais-toi en lui, qui est Dieu-avec-nous, Emmanuel. Mais pour qu'il en soit ainsi, laisse-toi conformer à lui de l'intérieur. De cette rénovation, c'est moi, l'Esprit sanctificateur qui suis l'opérateur. L'ultime secret de ton *moi*, c'est l'Esprit qui en dispose et peut te le communiquer en prémices ».

En évoquant ainsi la fonction de l'Esprit du Dieu vivant à l'intime de chaque racheté, j'indique aussi quel est, au sein de l'expérience ecclésiale, le principe que l'on pourrait qualifier, par analogie, de « psychanalysant »: c'est ce feu d'amour divin qu'est l'Esprit régénérateur. Et le même Esprit qui effectue ainsi une *catharsis* douloureuse et joyeuse effectue aussi une « psychosynthèse » à haute température spirituelle. Lui seul est apte à agir de la sorte. Étudiez l'un ou l'autre de nos grands mystiques. Considérez attentivement son itinéraire intérieur dans la foi, l'espérance et l'amour. Considérez spécialement les « nuits » purificatrices où il se trouve plongé douloureusement comme dans la plus amère passion du Crucifié. Et puis, prenez à la lettre ses mystérieuses confidences au sujet de l'opération en lui de la « vive flamme d'amour » (comme dit Jean de la Croix)... Observez du regard de l'intelligence et de celui du cœur ce qu'il vous désigne comme étant la montée secrète en lui, dès ce monde, d'une aube radieuse de vie éternelle. Il y expérimente en vérité les abîmes de la communication trinitaire, autant que la fragile nature humaine peut la supporter en-deçà de la mort. Il se voit et se comprend fils dans le Fils, et participant, par don de l'Esprit, à la nature divine.

Oublions un instant toutes hypothèses sur le complexe d'Œdipe, l'*éros* freudien, les phantasmes névrotiques, les jeux du langage de l'inconscient. Et disons-nous : ce qu'expérimente le mystique chrétien, c'est cela même le Réel, et encore, de celui-ci n'a-t-il qu'un avant goût. Le reste n'est pas nécessairement irréel à tous égards. C'est bien aussi du vécu. Mais en quelles conditions existentielles, à quel stade d'éclosion ou de régression de l'être spirituel ? Il s'agit souvent d'ombres portées plutôt que de la substance même des choses de l'esprit. Le Réel suprême, n'est-ce pas la vie de Dieu, en lui-même d'abord, et ensuite en l'homme spirituel, par communication de grâce ? Ce qui contredit cette vie, prétend la juger, la subordonner à moins qu'elle, la nier même péremptoirement sans y avoir eu un commencement d'accès, c'est *néant,* mais néant se donnant pour de l'être et pour la vérité : ce qui représente le mensonge fondamental, et, littéralement, le péché contre l'Esprit. Heureusement, dans une attitude de cette sorte, il y a le plus souvent beaucoup d'ignorance et d'inconscience. Savons-nous jamais entièrement ce que nous faisons ?

Par contre, ce qui tend vers ce suprême Réel, fût-ce de façon défaillante et à travers des ombres, en reçoit une illumination et une justification, une brûlante ardeur aussi. Car quiconque approche de l'âme humaine — de la sienne déjà — s'approche du feu. Sera-ce pour se mettre en devoir de l'éteindre, en ignorant les lois de la combustion spirituelle, qui est vie ? Ne faudra-t-il pas plutôt que ce soit pour favoriser cette vie ? La favoriser fraternellement, paternellement, maternellement, filialement, conjugalement, médicalement, sacerdotalement, selon les cas et les vocations ? Comme celle du Buisson ardent rencontré par Moïse (*Ex* 3), cette combustion ne détruit pas. Elle vitalise, unifie, transfigure divinement celui dont elle s'empare.

J'ai défini ainsi l'acte d'identification de soi — long processus en vérité — comme l'œuvre commune de l'Esprit qui brûle en Dieu et de l'esprit qui brûle en l'homme, et éclaire. Ce faisant, je ne me suis pas éloigné de l'enseignement de la Révélation, par exemple, chez saint Paul 1 *Cor* 2; *Phil* 3, etc. C'est dire aussi que nous restons de part en part dans le contexte ecclésial. Celui-ci est de type maternel, intimement et transcendantalement maternel. L'Église nourrit ses enfants, nous-mêmes, de la Parole divine et de la grâce dispensée en ses sacrements. Elle exerce envers eux une pédagogie qui est celle de sa haute et riche tradition ascétique et mystique. Elle les envoie dans le monde afin d'y allumer et entretenir le feu d'amour dont elle vit, et qui devrait les brûler comme les disciples lors de la Pentecôte. Car dans l'Église la Pentecôte est permanente, mais par priorité dans le secret du cœur des saints.

Agissant de la sorte, l'Église ne méconnaît pas les médiations humaines nécessaires. Elle ne veut ignorer aucune de celles qui ont en l'homme une fonction fondatrice: relation à la mère, et à travers elle au père; relation aux frères et sœurs selon la chair. Elle sait que ces relations, constitutives pour chacun de la conscience de soi (et de l'inconscient, normal ou non) sont susceptibles de se fausser, de s'atrophier, de s'invertir, et que sans cesse elles doivent être entretenues et restaurées. L'Église sait également — ce que les psychanalystes n'admettent pas toujours — que les figures parentales, fraternelles, conjugales, et que la figure sacerdotale elle-même, renvoient à une Altérité réelle, structurée et structurante, qu'elles ne font jamais que signifier et symboliser de façon toujours plus ou moins inadéquate. D'où tant de risques de contresens sur Dieu, sur l'homme et sur l'Église de Dieu parmi les hommes. Ces contresens s'additionnent, et ne se corrigent nullement l'un l'autre. A moins donc de subvertir l'ordre divin de l'Être — mais telle ne saurait être l'intention des chrétiens que nous sommes et voulons être —

il faut poser le problème parental, celui du langage, et celui de la symbolique, qui se tiennent au cœur même de la psychanalyse, en des termes compatibles avec l'expérience du Réel accomplie en contexte d'Église. Pour donner un exemple de l'esprit permettant de prendre les choses selon cette perspective, je vais citer quelques aphorismes fort expressifs d'un écrivain contemporain, Jean Bastaire, dans son *Court traité d'innocence*[2]. L'esprit d'enfance évangélique ne nous fait-il pas signe en cette direction ?

« A l'inverse de ce qu'affirme une pensée réductrice, Dieu n'est pas la projection de nos parents dans le ciel. Ce sont nos parents qui sont des épiphanies de Dieu. Dieu se remet entre les mains de nos parents, de nos amis, de nos amours. A eux d'assurer la victoire. » — « Débroussailler cette forêt de symboles qu'est une vie ignorante de Dieu, mais où Dieu travaille et espère. Comprendre ces cris angoissés, ces appels confiants, ces attentes muettes, ces dégoûts secrets, ces joies enfantines. » — « Sainteté des affections humaines. Elles nous conduisent à Dieu. Elles sont la catéchèse de Dieu, le langage par lequel Dieu nous parle, le signe au moyen duquel il nous manifeste sa présence. » — « Nous ne pouvons appréhender les réalités spirituelles qu'à travers leur incarnation. Ainsi de l'enfance, que nous saisissons seulement à travers l'expérience temporelle que nous en avons. Il n'y a rien là d'inquiétant, pourvu que nous sachions distinguer le signe et la substance. » — « Nous passons notre vie à changer Dieu de place. Il est d'abord dans nos parents. Puis nous l'incarnons dans une femme ou dans l'art. Vient un moment où Dieu se trouve enfin en Dieu. » — « Les promesses de l'enfance humaine et de l'amour humain sont tenues par Dieu. Jésus est le garant de ces effervescences de l'éternel dans le temps. » — « Connaî-

---

2. Lethielleux, coll. « Le sycomore », 1977.

tre le Père sans passer par le Fils, sans passer par la terre, la chair, la création, l'incarnation, là est peut-être l'erreur des métaphysiques orientales de l'Impersonnel. Pour accéder à la transcendance, elles exténuent l'immanence au lieu de l'écouter. Elles s'en défient au lieu de lui faire confiance. » — « Notre histoire personnelle est une Histoire Sainte que nous avons à déchiffrer, un Ancien Testament dont le Nouveau donne la clé. Lentement et fidèlement nous devons comprendre ce que Dieu nous disait déjà par signes, et que son Fils nous dit maintenant en plénitude. »

3. Travailler avec Dieu à accomplir l'homme en lui

Sous ce titre, je voudrais non pas exposer, mais seulement suggérer une orientation herméneutique dont la psychanalyse serait l'objet et le bénéficiaire. Elle même se comprend comme disposant de certains principes d'interprétation du sujet singulier et de son histoire secrète. On ne saurait blâmer l'homme qui se recommande d'un savoir et d'un projet médical, de vouloir se consacrer au soulagement et contribuer à la guérison de ses frères en difficulté. La névrose, la psychose sont des figures mouvantes, souvent grimaçantes — mais pas toujours — de l'humaine détresse d'être au monde sans connaître la voie (au moins pratique) qui conduit à la paix de Dieu. Notre frère a besoin d'aide pour déchiffrer cette « forêt de symboles » qu'est son existence. Si nous connaissons la clé de la symbolique universelle de l'âme, nous serions bien coupables de ne pas chercher comment être secourables à ceux qui ne savent comment sortir de leur dédale intérieur. Ne nous revient-il pas, si nous en avons les moyens, d'aider ceux qui voient mal à recevoir plus de lumière, ceux qui se sentent captifs à trouver la liberté? Ne nous revient-il pas de contribuer à désaliéner autrui? Prêtres, médecins, soignants de l'homme en mal d'équilibre psychique, notre objectif n'est-il pas d'alléger, sinon toujours d'apaiser entièrement cette « souffrance de l'esprit » dont parle avec pertinence, me semble-t-il, le médecin-psychiatre Bruno Castets [3] ?

Mais l'affaire n'est pas seulement d'avoir des convictions concernant notre projet général et notre raison d'être, comme prêtre, comme praticien, ou comme serviteur de Dieu et des hommes, à quelque titre que ce soit. Il faut encore connaître les moyens dont nous disposons, et en faire un usage juste et efficace. Pour que cela puisse être, il me semble indispensable de prendre à cœur la tâche difficile que représente une herméneutique chrétienne du phénomène psychanalytique. Et pourquoi un projet d'interprétation de l'humain, où s'emmêlent de l'expérimental pratique, de la théorisation convaincue d'être scientifique, et inévitablement de la subjectivité inaccomplie, se refuserait-il à admettre la possibilité d'une sur-interprétation dont lui-même serait l'objet, et éventuellement d'une rectification chrétienne ?

A vrai dire, le « projet psychiatrique », ou le « projet analytique », ne refuse rien du tout, et pour cette raison simple qu'il n'a pas d'existence en soi. Seuls existent, selon un mode singulier, différents entre eux, parfois adversaires, des hommes ayant le titre de médecin et de psychanalyste. Ce sont eux qui se tiennent pour porteurs légitimes d'un projet thérapeutique. Acceptation et rejet d'un réexamen de leur projet sont leur fait, non celui de ce projet. Souvent, ils pensent pouvoir couvrir leur choix par invocation d'une expérience réservée et d'une science solidement établie. Du moins est-ce là commune tendance d'hommes en eux-mêmes limités, mais épris d'absolue vérité. La question se déplace alors, si l'on ne veut sombrer ni dans le

---

3. Cf. Bruno CASTETS, *Souffrance de l'esprit – Une introduction à la psychiatrie actuelle* (Privat, Toulouse, 1976).

mythe, ni dans sa version « savante », qui prend forme d'idéologie pseudo-scientifique. La question devient celle-ci : quel rapport chaque analyste entretient-il, consciemment ou non, avec l'idée thérapeutique adoptée par lui comme normative, parce que plus proche de l'idéal scientifique pur ?

Il n'y a pas lieu de nier l'importance décisive, et en quelque sorte originelle, de Sigmund Freud, de ses recherches, de ses théories, de sa pratique, de ses revendications de chef d'école, dans l'idée de l'homme et de sa vérité dont se recommande notre culture chaotique, souvent captive de ce qu'elle célèbre comme sa modernité. Mais dès lors, qu'advient-il ? Il advient que la question du rapport singulier entre l'homme Freud et l'entreprise psychanalytique se trouve mise en évidence comme problème de fond. Ce problème de vie ou de mort, mieux vaut ne pas le refouler. Il faut le considérer comme crucial, et l'aborder en toute lucidité rationnelle et critique. Personne ne peut longtemps manœuvrer impunément dans le dessein de soustraire Freud et son œuvre à une vérification herméneutique. Traiter un maître comme « celui-qui sait » universellement, et ses écrits comme un texte inspiré par la Science-en-soi, c'est ne le respecter ni en lui-même ni en son œuvre. C'est céder à quelque folie, qui conduit à beaucoup d'autres, et multiplie les victimes. Il faut en dire autant de l'œuvre d'Adler, de celle de Jung, de celle de Lacan, et de celles des théoriciens et praticiens qui approuvent ou réprouvent tel et tel de leurs collègues plus en vue. Je ne compare pas ici des théories, et ne me prononce pas sur des mérites et démérites respectifs. Je réfléchis sur les implications logiques du statut de la psychanalyse et des méthodes similaires.

Personne, parmi les hommes de métier, ne devrait ignorer qu'il n'est plus possible de soustraire aucun des « pères fondateurs » de la psychiatrie ou de la psychanalyse modernes à quelques-uns au moins des principes herméneutiques qu'ils ont appliqués à d'autres, ni d'interdire a priori toute tentative d'intervenir en ce domaine particulier en référence à d'autres principes, si du moins ceux-ci ont de quoi se justifier rationnellement. D'ailleurs, ce sont moins les hommes de métier qui, aujourd'hui, se risquent à écarter systématiquement tout débat sur ces choses, que ceux dont le culte révérentiel des « sciences humaines » s'entretient de l'ignorance où ils se complaisent à leur sujet. Dans le milieu médical, la tendance serait actuellement plutôt inverse. En effet, considérons une récente littérature freudienne ou post-freudienne en France. Je constate que, par exemple, chez François Roustang (*Un destin si funeste...; Elle ne le lâche plus*[4]), Vladimir Granoff (*Filiations*[5]), Robert Castel (*le psychanalysme*[6]), l'entreprise critique à l'égard du « père de la psychanalyse » est en plein essor, s'étendant, bien sûr, à sa descendance orthodoxe ou hérétique, faits et textes à l'appui. Freud, ainsi que ses disciples-adversaires, seront donc confrontés, par d'autres se réclamant aussi de leurs découvertes, ou de certaines d'entre elles revues et corrigées, avec l'inconscient psychique. La dimension *religieuse* de cet inconscient, en particulier dans le cas de Freud, sera expressément considérée. Cela, Jung s'en était déjà avisé, et d'autres. Il semble que Freud tolérait difficilement qu'on s'y prenne de la sorte avec lui et avec la psychanalyse qu'il institua et gouverna en fondateur de religion. Nous voilà ramenés sur son propre cas, et malgré lui, au problème universel de la difficulté présentée par toute connaissance de soi, et au caractère religieux des entreprises en vue d'éveiller l'homme à sa vérité ultime.

On dépouille maintenant les autobiographies, correspondances privées, actes manqués, archives diverses, permettant de voir

---

4. Les deux ouvrages aux Éditions de Minuit, 1976 et 1980.
5. Éditions de Minuit, 1975.
6. Éditions François Maspero, 1973.

plus clair (espère-t-on) dans les amitiés, amours, rivalités, drames secrets, généalogies par voie d'analyse didactique, sous-jacents à toute l'histoire de la psychanalyse. De celle-ci, on entreprend aussi de mettre en évidence le fonctionnement sociétaire, les rites, les intérêts d'ordre économique, les procédés d'auto-occultation conquérante[7]. On n'a guère de peine à détecter, chez les théoriciens et praticiens de l'inconscient, les phénomènes de «retour du refoulé». Quel en est le contenu? Ce contenu n'a-t-il pas quelque chose à voir avec les besoins religieux fondamentaux, dès lors qu'il leur est devenu interdit de prendre figure d'appartenance ecclésiale? On pourra lire là-dessus, par exemple, François Roustang, dans: *Un destin si funeste...* Directement, c'est à Freud, à Abraham, Jung, Lacan, et autres chefs de file qu'il consacre sa démonstration. Mais personne ne pourra jamais prétendre se soustraire à toute révision herméneutique de cette sorte. Seulement, qu'elle soit ou non pertinente, à quoi peut-elle bien conduire?

Ne va-t-elle pas se détruire elle-même, et acculer au ridicule et à la folie tout projet d'exploration systématique de l'inconscient entendu au sens autorisé par la théorie analytique? Ne va-t-elle pas conduire à prendre acte d'un inéluctable et funeste destin de la psychanalyse? Dès lors qu'on y est entré, impossible de s'en libérer. Je dis: destin de la psychanalyse, en pensant plus précisément: destin des psychanalystes et psychanalysés. Et pour faire partie des premiers, il faut avoir consenti à prendre place d'abord parmi les seconds. Se pose alors un étrange problème de filiations à l'intérieur des écoles. A considérer comment fonctionne ce jeu, peut-on échapper à la plus grave perplexité? Si tel est le cas, l'expérience chrétienne n'impose-t-elle

7. Cf. par exemple dans Robert CASTEL: *Le psychanalysme*, chapitre 6: *De la secte à l'église*, et chapitre 8: *Le grand enfermement.*

pas de chercher à y voir clair en référence à un autre jeu, qui est de sainteté, et dont la Révélation détient non seulement la règle, mais encore la lumière et l'énergie permettant de s'y engager ?

Je suggère donc qu'en connaissance de cause les chrétiens, une fois encore, essaient de correspondre à leur vocation au service d'une Sagesse qui vient de plus haut qu'eux. Qu'ils soient de leur mieux, chacun selon sa compétence, disciples dans l'Église. Disciples et témoins actifs de l'unique Maître. Lorsqu'ils se trouvent professionnellement concernés par les problèmes que j'évoque, et lorsqu'ils ont quelque compétence pour en traiter, qu'ils s'appliquent à discerner l'élément de vérité qui doit y être gardé des illusions, erreurs, perversions, par quoi on se trouve livré aux vérités devenues folles. Certes, ce ne sont pas seulement les vérités de provenance chrétienne qui apparaissent aujourd'hui menacées de perversion, mais nous savons bien que celles qui proviennent de la plus haute Sagesse risquent de devenir plus folles et dangereuses que d'autres. Pensons à la façon dont peut être trahie — le mot restant le même — la réalité chrétienne de l'amour-charité et de la liberté spirituelle ! Et pourtant, il ne s'agit pas d'osciller entre un scientisme indigent, anachronique, et un scepticisme destructeur, non plus que de se réfugier en un fidéisme qui écarterait tout dialogue avec l'homme d'aujourd'hui en mal de certitude. L'alternative de type « tout ou rien » procède habituellement d'une situation névrotique, et l'entretient. Que par bien des aspects nos sociétés frustrées d'absolu fonctionnent pathologiquement, c'est un fait évident, mais cela ne saurait entraîner pour nous l'obligation de céder à ce « destin si funeste ». Illusion de vouloir contribuer à une guérison par consentement à céder en soi-même à la force de la contagion ! Dans le domaine psychique, on n'aide bien que les sujets dont on comprend la détresse pour en avoir été soi-même libéré. Le Christ, dans l'Église, agissant par son Esprit, se révèle être notre thérapeute par une forme d'intervention qui est son secret. A découvrir comment il s'y prend avec nous, nous pouvons entrevoir mieux comment exercer une responsabilité là où la thérapeutique doit concerner l'être profond.

Dans le domaine des principes comme dans celui de la pratique, il nous faut alors acquérir un discernement, une mesure, et une intuition qui porte sur la synthèse au moment même où nous recueillons patiemment des éléments d'analyse. Il n'y a pas d'irrespect, ni de mauvais éclectisme, à traiter l'expérience foisonnante et bigarrée de la psychanalyse et de la psychiatrie — avec la littérature qui la justifie, la prolonge, la théorise et souvent la pervertit — comme une carrière d'où extraire certains matériaux utiles, sinon indispensables, pour la réédification du temple. Car l'idée du temple se trouve dans l'esprit de l'architecte et dans son expérience spirituelle, plutôt que dans la carrière d'où il tire la pierre. L'homme que je suis, le frère confié à mon attention, a été construit par Dieu en forme de temple. Comme chrétiens et comme psychologues nous aurions à progresser dans la compréhension de cette architecture, ou, pour prendre une autre comparaison, dans la connaissance de cette anatomie de l'âme.

Je ne puis développer cette idée, ni indiquer comment j'essaie de me représenter l'inconscient structuré en forme de corps et de temple, et noué avec l'esprit. L'expérience religieuse judéo-chrétienne, et même païenne, pourrait suggérer quelque chose en ce sens. Ce ne serait pas une topique freudienne, mais peut-être ce qu'il y a d'acquis dans la pratique et dans la théorie des écoles freudiennes et autres y trouverait-il place. C'est toute une symbolique de l'homme qu'il faudrait édifier en puisant à la fois dans l'héritage des sagesses religieuses s'achevant et se dépassant en christianisme, et dans les explorations concluantes dont nous sommes redevables aux praticiens.

Pourquoi Freud ne pouvait-il pas éviter l'occultation d'une

part essentielle de la vérité de l'homme ? On a de quoi se l'expliquer mieux aujourd'hui, du fait que l'on a mieux réfléchi sur le rapport entre l'expérience religieuse de Freud, expérience inhibée, et l'inconscient théorisé par lui. Je pense que l'on ne pourra plus faire l'économie d'une réflexion philosophique, anthropologique, théologique, sur la situation de l'israëlite moderne incroyant. Non plus d'ailleurs que sur les conditionnements religieux repérables dans l'histoire d'un protestant et dans celle d'un catholique. Ces conditionnements ne sont pas nécessairement favorables ou nécessairement défavorables à l'épanouissement du sujet. Ils peuvent, selon les cas et les situations, et selon l'histoire secrète de chacun devant Dieu, en Dieu, contre Dieu (connu ou défiguré) rendre possibles ou impossibles ou particulièrement difficiles, certaines ouvertures spirituelles libératrices.

Il devrait être, par exemple, de notoriété publique, que nombre de difficultés affectives, sexuelles ou autres, sont à interpréter aussi comme couverture occultant un malaise fondamentalement religieux. Nous sommes alors en présence d'un refoulement qui porte non point sur ce qu'il faudrait appeler l'inconscient inférieur, mais sur l'inconscient supérieur. Car celui-ci est mystérieusement sollicité, en même temps que « menacé », par la rencontre d'une grâce libératrice en provenance de la Croix de Jésus et de sa Résurrection d'entre les morts. D'où une question qui n'a rien d'absurde, me semble-t-il : quelle forme aurait prise la psychanalyse comme science de l'inconscient si Freud avait connu, ainsi que son coreligionnaire Saul de Tarse, l'éblouissante rencontre de la route de Damas ? Alors, il n'y aurait pas eu cette distance entre les situations que j'ai évoquées en première et troisième partie, et celle que j'ai décrite dans la deuxième, consacrée à la reconnaissance de soi dans l'expérience ecclésiale de l'Esprit.

En terminant, j'insiste sur l'importance de la notion d'ecclésialité, en précisant qu'il s'agit pour moi de la forme ecclésiale catholique. J'en indiquerai la raison. Celle-ci est accordée au besoin, que nous ressentons tous, d'ordre, de cohérence, et de synthèse ouverte, là où c'est de la connaissance et du salut de l'homme qu'il s'agit.

Personne ne renonce jamais réellement à trouver une voie d'accès à l'unité, et au Père d'où toutes choses, au ciel et sur la terre, proviennent selon un ordre qui ne laisse rien hors de lui-même, parce qu'il est l'ordre total, vraiment catholique. Ainsi en va-t-il pour ce besoin de sagesse dont il a été question au début de cet exposé. C'est par une seule et même sagesse que nous pouvons espérer être introduits dans l'immensité du tout et dans l'intimité du *je* et du *nous*. Le mystère est coextensif à la réalité, mais secrètement présent en son cœur il y a l'Exégète humano-divin de ce mystère: Jésus-Christ mort et ressuscité, Sagesse de Dieu, Sauveur universel. Et c'est parce que l'universel est en lui qu'il le communique à son Église. D'où le beau titre d'Église *catholique*. Mais cela impose des tâches de tous ordres aux membres de cette Église, si elle doit être effectivement catholique en eux et par eux. Et elle doit l'être dans l'attitude qu'ils adoptent, selon l'idéal commun qu'elle leur propose, à l'égard des tâches de la pensée et de l'action. C'est leur affaire. C'est la nôtre aussi dans le domaine anthropologique. Mais l'anthropos n'est révélé à lui-même, ultimement, que lorsque le Fils de l'Homme manifeste en sa personne la vérité de l'homme. Cette vérité est à recevoir de la philanthropie de Dieu, qui nous dispense en même temps la raison, la foi et la charité, avec l'obligation de les mettre en œuvre ensemble.

II.

La Genèse de l'homme nouveau

REPORT DES QUESTIONS

Si le texte qui précède présente quelque intérêt, celui-ci peut être de deux sortes: son contenu objectivement considéré en termes de vérité; ensuite et corrélativement, pour moi, les réactions qu'il a suscitées d'emblée en un public particulier et d'ailleurs fort peu homogène, auquel il fut d'abord proposé. Du point de vue de son contenu, que dire? Ce qu'il affirme sous une forme condensée, avec seulement un minimum d'explications et justifications, peut être, en soi, selon les thèses avancées, vrai ou faux, ou encore mêlé de vrai et de faux. De cela, il est toujours souhaitable de débattre avec quiconque est en disposition et capacité de soutenir sur ce point un débat. Sans doute puis-je considérer que les développements de la première partie de ce livre pourraient — ou auraient pu — satisfaire plus ou moins quelques auditeurs ou lecteurs demeurés perplexes, interrogatifs, voire plutôt réticents ou même franchement critiques, face aux thèses présentées telles quelles, sans préparation. Mais ce qu'elles ont suscité et pourraient encore susciter comme réactions sous cette forme relativement abrupte ne manque pas d'intérêt, surtout de la part de chrétiens concernés à quelque titre par le sujet dont elles traitent. C'est aussi à ces réactions, et d'abord à celles qui se sont présentées comme plus négatives, que je dois l'idée d'apporter en cette deuxième partie un supplément d'explication.

Certes, une fois entendues ces objections plus ou moins radicales, je ne perçois en moi aucune envie ni raison de renier, ni même de taire l'ensemble ou quelques-unes au moins des thèses récusées, non plus que de me laisser convaincre de la vérité des thèses opposées. Mais j'aurai tout avantage à m'interroger sur le genre d'obstacle mis en évidence par un débat de cette sorte. Cet obstacle, faudrait-il le lever par concession sur le fond des choses ? J'ai dit que je n'en crois rien. Faudrait-il le rendre plus méthodiquement surmontable par une meilleure mise en perspective des convictions exprimées et maintenues ? Je le pense, en effet. Mais les préparations et gradations dialectiques exposées dans la première partie pourraient remplir cet office, en quelque mesure au moins, pour qui en prendrait sérieusement connaissance. Peut-être cependant, pour d'autres esprits, ce qui devrait à mon sens dissiper certaines ignorances (assez compréhensibles en ce genre de sujet) et même certaines réticences ou indispositions provoquées par la forme trop elliptique de présentation, n'obtiendra aucun effet de cette sorte, mais bien plutôt un effet contraire : je les aurai confirmés dans leur inacceptation de la perspective proposée.

Chez qui cette récusation ? Chez des chrétiens plus authentiquement évangéliques que je ne le suis ? Il en existe tant que je dois me demander si c'est *en raison* de cette excellence spirituelle qu'ils diraient *non*. Chez des esprits (croyants ou incroyants) mieux instruits que moi sur plusieurs points de psychologie, de philosophie, et même de théologie ? Puisqu'il en existe aussi, je dois consentir à ce qu'ils aient beaucoup à m'apprendre en ces domaines et en d'autres. Mais la difficulté rencontrée ici est propre à une forme particulière de réflexion, en domaine mixte: il s'agit d'interroger simultanément la psychologie, de l'intérieur d'une expérience croyante, et la foi chrétienne, par inclusion en elle d'une expérience personnelle où la psychologie tient une certaine place, mais non pas n'importe laquelle. Cette difficulté-là, il me faut bien l'accepter en toute sa complexité. Je dois le faire pour moi-même et pour ceux qui peuvent la rencontrer sur leur chemin d'existence et de réflexion. Je sais que cette complexité, d'autres s'exercent à y voir clair sans l'aborder de la même manière que moi. Mais alors, qu'ils veuillent bien inclure en elle la gêne, si ce n'est l'hostilité, que suscite chez certains la franche formulation de thèses que je crois vraies, bien que je les serve peut-être de façon déficiente. En tout cas, j'ose les leur proposer au risque d'encourir de leur part l'un de ces diagnostics sans appel par suite desquels il devient presque indécent de prétendre encore survivre dans l'ordre intellectuel et moral à titre d'« homme de ce temps ».

Cette indécence, je me résous sans indisposition à en assumer les menus inconvénients, et d'autant plus volontiers qu'ils peuvent être occasion de réflexion, comme je tenterai de le montrer. Ne seraient-ils pas l'envers d'un avantage? Persévérer me semble donc ici un devoir, pourvu que l'occasion soit saisie d'entrer plus avant dans l'exposé des raisons que je pense avoir de situer en ces termes, l'une par rapport à l'autre, l'expérience anthropologique et l'expérience ecclésiale. Car à ce stade de la confrontation, c'est d'abord entre chrétiens que surgissent les dissentiments. De ceux-ci on s'applique alors à déterminer l'origine et la portée, tantôt en référence à une certaine idée de la foi, tantôt en fonction d'une certaine idée de la rationalité scientifique. En fait, on ne s'avise bien de la difficulté qu'à l'occasion d'une mise en rapport de deux ou plusieurs niveaux d'interprétation (ou tentative d'interprétation). Celle-ci concerne une Réalité plénière, dont on pressent, à juste titre, qu'elle doit détenir le secret de ce rapport, comme de beaucoup d'autres. Entre chrétiens s'interrogeant sur le sens et les effets de l'entreprise psychanalytique, il faudrait donc se mettre d'accord au moins sur la nécessité de prendre tous les moyens pour clarifier ce qui doit l'être en ce domaine.

Entre chrétiens d'abord, mais non exclusivement, cela va de soi. Ceux d'entre les hommes qui sont en quête de l'homme avec des dispositions qu'ils disent areligieuses, ou irréligieuses, ou du moins étrangères à la notion chrétienne de l'homme et de la vérité, ne cessent pas d'être concernés par le débat ici rencontré. C'est qu'il n'y a pas — nous le constatons bien sur cet exemple — d'un côté des chrétiens qui s'accorderaient en tout, et d'un autre côté des incroyants qui se sentiraient sinon accordés entre eux, du moins également extérieurs à toute problématique où la foi chrétgienne cherche à rendre compte méthodiquement de son contenu, ainsi que de sa visée à l'intérieur de l'histoire des hommes. Tous les incroyants et agnostiques ne sont pas enclins à s'amputer eux-même des questions soulevées par l'existence du Christianisme et de sa doctrine du salut de l'homme. Certains, d'ailleurs, se définissent ou se laissent définir plutôt comme « mal-croyants ». D'autre part, les chrétiens qui se tiennent pour croyants ne sont pas tous catholiques, Et parmi ceux qui gardent ce titre, il en est peut-être de plus en plus dont les orientations intellectuelles vont à contrepente de celles qui me semblent seulement compatibles avec l'expérience même de l'Église. Les positions que j'essaie de justifier sont assez différentes de celles qu'ils adoptent. Ils se sentiront plus accordés — du moins en termes de pensée — avec certains incroyants qu'avec quelqu'un de mon espèce. Or, si pénible soitelle, c'est cette situation qui peut, me semble-t-il, devenir avantageusement révélatrice de la nature des malentendus et de la gravité des enjeux inclus dans la confrontation en cours avec ces objectants.

Quel écho m'est donc renvoyé, par quelques-uns d'entre eux, du *propos risqué* que je leur ai tenu, ainsi qu'à d'autres ? Cet écho même doit m'instruire bien plus que les approbations. Je le recueille à travers quelques articles de la revue *Chrétiens en psychiatrie* qui, sous le titre général *Psychanalyse et vie de foi*, contient diverses appréciations du Congrès où j'ai apporté ma note [1] ? Comme je n'étais pas seul à intervenir en référence à des disciplines plus spéculatives — philosophie et théologie — je dois partager avec quelques autres les réserves critiques portant sur notre manière de concevoir et d'exercer le *pouvoir*. Car cette propension à conquérir le pouvoir, sans doute par volonté de puissance, semble bien être la pente du théologien. Il est donc invité à plus de modestie évangélique et épistémologique. Qu'il sache se garder de sa prétention à surplomber au nom de Dieu le champ d'exploration confié aux diverses disciplines. A quel titre disposerait-il d'une vérité à ce point assurée et dominatrice, alors que seuls sont concevables des savoirs particuliers, toujours réformables ? Il suffit qu'il se prête à nouer des relations avec les sciences, d'égal à égal, dans la différence, à hauteur d'homme. En ce qui me concerne plus directement, il apparaît que mon discours, clos sur lui-même, manifeste exemplairement, hélas, ce genre de suffisance métaphysico-théologique. Il est trop dépourvu de cette bonne dialectique qui impose aux savoirs de se relativiser les uns les autres. Il procède d'une disposition d'esprit, proprement « préconciliaire », qui n'a pas encore pris la mesure des suites de la « révolution galiléenne ». C'est-à-dire qu'il reste tributaire d'une conception des choses précritiques, dans la ligne des théologiens totalitaires qui prétendirent pouvoir, au nom de l'Écriture, récuser les évidences scientifiques de Galilée. Mon propos relève donc d'un autre âge de la pen-

1. Cf. *Chrétiens en psychiatrie*, n° 67, octobre 1977.

sée, maintenant révolu : l'âge métaphysique. En ce qui concerne l'anthropologie, il semble que je sois tout autant en défaut de modernité. Aussi m'invite-t-on à m'adresser, pour recyclage intellectuel, à des théologiens plus avisés qui, ayant su comprendre leur temps et quitter le passéisme métaphysique, donnent toute satisfaction, dans l'ordre scientifique, et aussi, par surcroît, en matière de théologie [2]. Ainsi, mon devoir laisse fort à désirer, mais j'ai la chance de bénéficier de la compétence d'excellents correcteurs...

En tout cela, rien qui doive trop m'impressionner : j'ai l'habitude. Dans les divers domaines où la pensée d'Église rencontre ce qu'on lui désigne comme constituant l'irrécusable moder-

---

2. C'est ainsi qu'un « théologien » de formation « scientifique » est loué de prôner les thèses suivantes : « L'âge métaphysique que nous quittons est un âge où l'on cherche la compréhention par les origines. Ce qui compte, ce qui rend la vie, les choses intelligibles, c'est un fondement... Quelque chose qui n'est pas une chose, mais une raison, et qui anime. Les mots clefs, dans ce système d'explication, seront : substance, âme, raison d'être, bien (...). Cet âge est aussi celui des grands dualismes (...). L'identité de l'homme, nous ne la comprenons plus, ou de moins en moins, comme âme et substance, nous la définissons par le mode de relation qu'il entretient avec tous les autres hommes, passés, présents et à venir, et avec toutes les autres choses. Quand les chrétiens déclarent aujourd'hui perdre leur identité chrétienne — la marque qui les fait différents des autres — cette marque ne peut être un esprit, une réalité spirituelle, une intention qui leur est propre, car cela est incompréhensible. Il faut plutôt chercher en posant ces questions : Avec qui êtes-vous en relation ? Avec qui échangez-vous ? Avec qui communiquez-vous ?

Et encore : « De toute façon, il n'y a pas de savoir de la vérité, car la vérité est toujours absente, manquante ; c'est même de ce manque, de cette absence, qu'est née la quête qui, dès le début, a déclenché le processus que nous tentons de décrire (...). Si l'on pense posséder un savoir de vérité, alors on devient étranger à soi-même dans ce savoir, on capte la vérité qui, de ce coup, échappe, qui se tait, puisque avoir un savoir de la vérité, c'est toujours rompre la communication, avoir le discours total, lisse, sans interstice... ». Tel est précisément, m'explique-t-on sur la base de ces arguments, le trop plein et l'anachronisme de mon discours « préconciliaire »...

nité, ce genre de directivité est aujourd'hui monnaie courante. A chacun de juger s'il convient de s'y soumettre. Le mieux que l'on puisse (et doive) faire, me semble-t-il, c'est de chercher à comprendre d'où procèdent des exhortations de cette sorte, et sur quoi elles prennent appui, à défaut de fondement rationnel. Elles préconisent l'entrée en un régime de « réforme de l'entendement » qui, admis comme justifié, conduirait à l'éviction progressive de la foi. Et ce qu'il faut encore, c'est s'efforcer, si l'on estime qu'il y a contresens sur le fond des choses, de donner soi-même le moins possible occasion à ce contresens. S'expliquer mieux et de manière plus approfondie représente un devoir, même si l'on se reconnaît peu de chances d'être lu par ceux dont l'opinion, en ces domaines, est devenue très résistante aux raisons proposées.

Il y a celles que développe la première partie de ce livre. Elles invitent à replacer l'interrogation et les réponses psychanalytiques à l'intérieur d'un champ d'expérience anthropologique où leur sens est susceptible de s'expliciter mieux, y compris en ses ambiguités. Procéder de la sorte, n'est-ce pas faire droit à une requête dialectique vraie, dont tout esprit pénétré de rationalité philosophique devrait comprendre la nécessité ? Mais est-ce suffisant ? N'y a-t-il pas attente d'un supplément de clarification portant sur le fond du problème ? En ce débat où sont engagés de tels intérêts spirituels, la réflexion ne doit-elle pas aussi aborder la difficulté persistante selon une perspective plus englobante ? Je veux dire : une perspective où il sera permis au croyant comme tel de faire valoir plus explicitement ses raisons d'assigner à la psychanalyse, et aux psychologies empiriques en général, la place qu'il pense devoir leur reconnaître. Ce croyant s'impose de rendre à la philosophie ce qui lui revient, mais non moins de rendre à Dieu ce que Dieu revendique de sa part. Revendication libératrice : il importe d'en apporter la preuve. Car le croyant, s'il correspond à sa vocation, peut se recommander d'une expérience plus intégrale, au sein de laquelle la démarche philosophique trouve sa justification, mais découvre également qu'il lui faut déterminer rigoureusement sa relation à plus ultime qu'elle, à savoir la souveraine Parole de Dieu. Dès lors, pourquoi devrai-je en rester aux considérations développées dans un premier temps sous le titre : *Hommes en quête de l'homme*? Dieu aussi, Dieu d'abord est en quête de l'homme, y compris du psychanalyste et de son patient. Ne faut-il pas exposer brièvement ce qui fonde cette affirmation, et ce qui en découle ?

J'estime que le croyant doit pouvoir *se permettre* de prolonger de ce point de vue les considérations proposées jusqu'ici selon deux approches complémentaires. Ce point de vue, plus théologique et donc aussi plus approfondi, est le seul qui puisse lui apparaître assez synthétique, s'agissant d'une question de cette nature. Non seulement il peut se le permettre, mais un moment vient où il lui faut engager ainsi résolument sa liberté chrétienne : précisément en termes de liberté de penser selon les exigences d'une raison elle-même soustraite à certains interdits. Car les plus intransigeants dénonciateurs de « tabous » — et parmi eux il en est qui se persuadent de l'être comme croyants « modernes » — reçoivent d'une certaine opinion aujourd'hui régnante l'aide très équivoque dont ils ont besoin pour en imposer d'autres. Naturellement ils dissimulent, l'ignorant eux-mêmes qu'il s'agit de décrets tout arbitraires, d'origine irrationnelle. Ainsi ceux qui concernent l'exercice d'une certaine forme de pensée, où expérience chrétienne plénière et expérience rationnelle, foi authentique et raison authentique, bien loin de se contrecarrer, se promeuvent mutuellement. Un interdit prononcé a priori contr la possibilité, et par suite contre la légitimité et l'obligation de hausser la réflexion jusqu'à ce niveau, quelle valeur de raison pourrait-on lui reconnaître ? Celle dont la rumeur publique la grafitie n'a pas force démonstrative. La pression qu'exerce cette rumeur, du dehors et du dedans, contre celui qui se risque à l'affronter lucidement, aggrave considérablement, dans le contexte idéologique de nos sociétés malades d'incertitude, la crainte que cette même lucidité lui inspire de n'avoir pas toute la compétence requise pour servir victorieusement la cause d'une si haute vérité sur Dieu et sur l'homme. Mais l'intimidation ne doit pas devenir paralysante : ce serait céder à l'esprit de peur. Il y a mieux à faire. Autant il importe de cheminer attentivement avec le philosophe et le prativien de la psychologie, afin de reconnaître leur part de vérité, autant il faut oser, le moment venu, expliciter pour soi-même et pour autrui les raisons dernières que l'on a de juger ainsi qu'on le fait. Raisons fondées en une *information* d'un autre ordre.

De ce qui informe ultimement ma pensée touchant les questions abordées dans ce livre, j'essaie maintenant, en cette seconde partie, de suggérer le contenu et les dimensions. Car il ne s'agit pas de déployer méthodiquement toute une théologie de l'homme en situation dans l'histoire : il y faudrait évidemment consacrer d'autres moyens. Je me propose seulement d'en indiquer brièvement, de façon coordonnée, certaine composantes majeures : celles dont peut tirer avantage plus directement une réflexion sur l'aventure psychanalytique. Le titre général est : *Genèse de l'homme nouveau*. Quel sens lui donner ? Celui-ci : le projet de remise en équilibre intérieur du sujet demandant, pour ce faire, secours au psychanalyste (ou plus généralement au psychologue), exige d'être mis en rapport avec l'action que Dieu poursuit en sa faveur au-dedans de l'histoire humaine, afin d'y susciter une *humanité nouvelle* par des voies d'abord inconnues à ceux qui sont appelés à y recevoir renaissance.

Trois chapitres suffiront à esquisser l'explication de cette thèse. En premier lieu, il faudra confronter avec l'étroite et contradictoire perception du *réel* où tend à s'enfermer le sujet humain plus ou moins frustré de la connaissance du Dieu vivant, l'expérience du *Réel* offerte à l'humanité à partir de l'action divine créatrice et régénératrice. Ensuite, la réflexion portera sur l'identité de la Parole divine elle-même, survenant dans l'histoire des hommes sans y être nécessairement reconnue et accueillie : d'où leur impuissance à déchiffrer le secret de leur existence, isolément et solidairement. Enfin, comment entendre le témoignage de l'Église — et en elle de ses enfants plus manifestement renouvelés par Dieu — quand elle commente, à l'intention de quiconque veut bien l'entendre, son expérience de la nouvelle naissance selon l'Esprit ? — Un épilogue conclura l'ensemble de ce parcours fait d'analyses et de synthèse.

I

L'HOMME, LE RÉEL, ET SON RÉEL

Nos contemporains auront beau faire : la question métaphysique de toujours ne les lâchera pas, alors qu'eux-mêmes se persuaderaient de l'avoir définitivement mise hors jeu, et scientifiquement disqualifiée *pour notre temps*. Certains hésitent à prononcer cette disqualification avec effet rétroactif, car en l'état d'ignorance ou du moins de minorité intellectuelle auquel se trouvait assignée (pensent-ils) l'humanité, antérieurement à son installation dans l'âge positif — celui des sciences — la recherche philosophique a pu constituer un prélude utile, nécessaire même, à l'inventaire objectif de la réalité. Mais ce stade doit être tenu désormais pour révolu : il est acquis que l'approche prétendûment métaphysique de cette réalité ne peut être que fautive, du point de vue d'une raison adulte. Vouloir s'y maintenir ou y revenir est non seulement anachronique, mais encore infidélité à l'exigence rationnelle. L'un ne va d'ailleurs pas sans l'autre. Préjugé, ignorance, peur, illusion, refoulement : quelque terme que l'on emploie pour désigner la cause de ce processus, on ne peut rien voir en lui de conforme aux requêtes de la vraie connaissance du réel.

Ceux qui argumentent de la sorte — et ils sont nombreux — s'avisent-ils du fait qu'en invoquant ainsi de confiance le réel, la raison, la vérité, l'erreur, la succession des âges, la mutation nécessaire des mentalités, et autres notions régissant leur propos, ils n'évitent pas de donner à entendre qu'une métaphysique de substitution, supposée vraie au point d'exclure la discussion, leur est indispensable pour déclarer périmée toute métaphysique? S'ils se refusent à reconnaître ce processus de substitution, c'est qu'ils le subissent sur mode de fascination, donc de façon non critique et assez inconsciente. Cela devient particulièrement digne de réflexion lorsque c'est au nom d'une connaissance plus rigoureuse des procédés de l'inconscient que se trouve récusée la démarche rationnelle permettant une appréhension vraie (encore que restreinte) du mystère de l'être. Car si, de fait, une telle appréhension est possible, et exigée par la condition humaine, il y a lieu de penser que quelque chose de fort opère inconsciemment dans cette théorisation de l'*inconscient*, et que le mot lui-même dissimule de graves malentendus sur la réalité de l'homme, et plus généralement sur ce qu'il faut bien désigner comme l'en-soi de la Réalité ou de l'être. Le métaphysicien, qu'il soit chrétien ou non, jugera qu'en lui signifiant son congé dans des conditions si étranges, on le confirme plutôt dans son devoir de témoigner de ce que lui a appris son expérience. Et s'il est chrétien il devra opposer une tout autre idée du Réel, très réfléchie celle-là, au préjugé subjectif, irrationnel, par l'autorité duquel on prétend l'en déposséder. Ce chapitre a pour dessein d'expliquer à quel titre il peut le faire, et quelle ouverture sur l'Infini il se sait en mesure de proposer à ceux qui l'exhortent à se replier comme eux sur une subjectivité que sa modernité prétendue n'empêche pas d'être captive d'une opinion dépersonnalisante.

1. L'expérience d'une autre profondeur

Pour introduire aux précisions objectives que j'aurai à donner au sujet de cette Réalité plénière dont je considère, comme tout chrétien, qu'elle seule constitue le lien ultime d'inscription de mon existence (et de la vôtre), j'évoquerai une expérience ou un type d'expérience humaine que je tiens pour fondée en vérité et éminemment révélatrice. Son caractère particulier pourrait suggérer qu'elle ne prend sens que pour ceux qui en sont bénéficiaires, et qu'elle n'autorise aucune conclusion quant au «fond des choses». Or il en va, me semble-t-il, tout autrement. Mise en relation avec des expériences humaines comparables (à quelque titre au moins), elle permet d'aller loin dans la perception réfléchie de la situation de l'homme par rapport à l'Absolu. Elle recoupe de façon significative, mais en les débordant, les modes d'expérience dont se réclament les sciences humaines pour tenter d'établir leur objectivité. De part et d'autre, il y a expérience, attestation, essai d'interprétation générale sur la base de faits compris comme signifiants. Mais il faut en apprécier chaque fois la nature, l'authenticité et la portée. Dans le cas que je retiens, il s'agit de la soudaine et décisive irruption du *Dieu vivant et vrai* en une existence que rien ne semblait prédisposer à une telle rencontre, à un si radical bouleversement de toutes les fragiles et confuses évidences antérieures, à une si irrécusable libération intime.

Dans son livre: *Dieu existe, je l'ai rencontré*, suivi de: *Il y a un autre monde*, André Frossard se présente en témoin — un parmi d'autres — de l'événement imprévu, inconcevable, à partir duquel tout, pour lui, est devenu nouveau. Mais ce *pour lui* n'est pas à entendre en un sens restrictif: en réalité, il découvre alors qu'aux frontières intérieures de tout sujet humain, un Autre est présent et peut choisir de se faire connaître par son Nom, sans préavis. Et ce Nom n'est assurément pas l'*Inconscient*, comme il sera tentant pour quelques-uns de le suggérer à celui qui a ainsi assisté à sa propre naissance spirituelle. Voilà qui pourra donner matière à réflexion sur l'homme, sur le Réel, et sur ce que chacun est porté à en affirmer et à en nier selon l'expérience qu'il dit avoir de sa propre réalité. Mais d'abord, voici quelques propos, parfaitement clairs, du témoin :

« Il se trouve que je sais, par extraordinaire, la vérité sur la plus disputée des causes et le plus ancien des procès : Dieu existe. Je l'ai rencontré.

Je l'ai rencontré fortuitement — je dirais : par hasard, s'il entrait du hasard dans cette sorte d'aventure — avec l'étonnement du passant qui, au détour d'une rue de Paris, verrait, au lieu de la place et du carrefour familiers, une mer inattendue battre le pied des maisons et s'étendre à l'infini devant lui. Ce fut un moment de stupeur qui dure encore. Je ne me suis jamais habitué à l'existence de Dieu.

Entré à dix-sept heures dix dans une chapelle du Quartier Latin à la recherche d'un ami, j'en suis sorti à dix-sept heures quinze en compagnie d'une amitié qui n'était pas de la terre.

Entré là sceptique et athée d'extrême-gauche, et plus encore que sceptique et plus encore qu'athée, indifférent et occupé de bien autre chose que d'un Dieu que je ne songeais même plus à nier, tant il me semblait passé depuis longtemps au compte des profits et pertes de l'inquiétude et de l'ignorance humaines, je suis ressorti quelques minutes plus tard « catholique, apostolique, romain », porté, soulevé, repris et roulé par la vague d'une joie inépuisable.

J'avais vingt ans en entrant. En sortant, j'étais un enfant prêt au baptême et qui regardait autour de lui, les yeux écarquillés, ce ciel habité, cette ville qui ne se savait pas suspendue dans les airs, ces êtres en plein soleil qui semblaient marcher dans l'obscurité, sans voir l'immense déchirure qui venait de se faire dans la toile de ce monde. Mes sentiments, mes paysages intérieurs, les constructions intellectuelles dans lesquelles j'avais déjà pris mes aises n'existaient plus; mes habitudes elles-même avaient disparu, et mes goûts étaient changés [1].»

Mais l'événement lui-même, en son irruption, en son identité? L'événement en son cœur secret, présence soudaine et inoubliable de Quelqu'un qui ne cessera plus d'être là, même lorsque l'onde submergeante se sera retirée, mettant fin à sa véhémence sans mettre fin à l'évidence qu'elle a apportée. L'événement est-il descriptible? Frossard osera tenter de le rapporter, après trente-quatre années de silence (quant au témoignage public). Il faut donc l'entendre en direct:

«Tout d'abord, ces mots me sont suggérés: *vie spirituelle*. Ils ne me sont pas dits, je ne les forme pas moi-même, je les entends comme s'ils étaient prononcés près de moi à voix basse par une personne qui verrait ce que je ne vois pas encore.

«La dernière syllabe de ce prélude murmuré atteint à peine en moi la rive du conscient que commence l'avalanche à rebours. Je ne dis pas que le ciel s'ouvre; il ne s'ouvre pas, il s'élance soudain, fulguration silencieuse, de cette insoupçonnable chapelle dans laquelle il se trouvait mystérieusement inclus. Comment le décrire avec ces mots démissionnaires, qui me refusent leurs services et menacent d'intercepter mes pensées pour les consigner au magasin des chimères? Le peintre à qui il serait donné d'entrevoir des couleurs inconnues, avec quoi les peindrait-il? C'est un cristal indestructible, d'une transparence

1. *Dieu existe, je l'ai rencontré* (Fayard, nouvelle édition avec postface de l'auteur, 1975), p. 12-13.

infinie, d'une luminosité presque insoutenable (un degré de plus m'anéantirait) *et plutôt bleue*, un monde, un autre monde d'un éclat et d'une densité qui renvoient le nôtre aux ombres fragiles des rêves inachevés. Il est la réalité, il est la vérité, je la vois du rivage obscur où je suis encore retenu. Il y a un ordre dans l'univers, et à son sommet, par-delà ce voile de brume resplendissante, l'évidence de Dieu, l'évidence faite personne de celui-là même que j'aurais nié un instant auparavant, que les chrétiens appellent *notre père*, et de qui j'apprends qu'il est doux, d'une douceur à nulle autre pareille, qui n'est pas la qualité passive que l'on désigne parfois sous ce nom, mais une douceur active, brisante, surpassant toute violence, capable de faire éclater la pierre la plus dure et, plus dure que la pierre, le cœur humain.

« Son irruption déferlante, plénière, s'accompagne d'une joie qui n'est autre que l'exultation du sauvé, la joie du naufragé recueilli à temps, avec cette différence toutefois que c'est au moment où je suis hissé vers le salut que je prends conscience de la boue dans laquelle j'étais sans le savoir englouti, et je me demande, me voyant par elle encore saisi à mi-corps, comment j'ai pu y vivre et y respirer.

« En même temps une nouvelle famille m'est donnée qui est l'Église, à charge pour elle de me conduire où il faut que j'aille, étant entendu qu'en dépit des apparences une certaine distance me reste à franchir, qui ne saurait être abolie que par le détour de la gravitation.

« Toutes ces sensations, que je peine à traduire dans le langage inadéquat des idées et des images sont simultanées, comprises les unes dans les autres, et après des années je n'en aurai pas épuisé le contenu. Tout est dominé par la présence, au-delà et à travers une immense assemblée, de celui dont je ne pourrai plus jamais écrire le nom sans que me vienne la crainte de blesser sa tendresse, devant qui j'ai le bonheur d'être un enfant pardonné, qui s'éveille pour apprendre que tout est don [2]. »

« Le miracle dura un mois. Chaque matin, je retrouvais avec ravissement cette lumière qui faisait pâlir le jour, cette douceur que je n'oublierai jamais, et qui est tout mon savoir théologique. La nécessité de prolonger mon séjour sur la planète quand il y avait tout ce ciel à portée de la main ne m'apparaissait pas très clairement, et je l'acceptais par reconnaissance plutôt que par conviction. Cependant, lumière et douceur perdaient tous les jours un peu de leur intensité. Finalement, elles disparurent sans que pour autant je fusse rendu à la solitude. La vérité me serait donnée autrement, j'aurais à chercher après avoir trouvé. Un père du Saint-Esprit entreprit de me préparer au baptême en m'instruisant de la religion, dont je n'ai plus à préciser que je ne savais rien. Ce qu'il me dit de la doctrine chrétienne, je l'attendais et la reçus avec joie ; l'enseignement de l'Église était vrai jusqu'à la dernière virgule, et j'en prenais acte à chaque ligne avec un redoublement d'acclamations, comme on salue un coup au but. Une seule chose me surprit : l'eucharistie, non qu'elle me parût incroyable ; mais que la charité divine eût trouvé ce moyen inoui de se communiquer m'émerveillait, et surtout qu'elle eût choisi, pour le faire, le pain qui est l'aliment du pauvre et la nourriture préférée des enfants. De tous les dons éparpillés devant moi par le christianisme, celui-là était le plus beau [3]. »

Voilà le fait. Il importait de laisser le témoin le relater lui-même. Nous sommes mis en demeure de prendre position face à cette expérience, dont il n'est pas possible de prétendre qu'elle n'a nulle part son équivalent. Singulière, certes, elle l'est au plus

---

2. *Op. cit.*, p. 165-167.
3. *Op. cit.*, p. 171-172.

haut point, comme tout ce qui est éminemment personnel[4], mais non pas en ce sens qu'en nulle autre existence personnelle ne surviendrait jamais un événement comparable, voire même étrangement comparable[5]. Rare, peut-être, à ce degré d'intensité, mais moins sans doute que ne le prétendraient ceux qui ignorent à peu près tout de l'histoire secrète des âmes, lesquelles n'ont pas fréquemment l'obligation ni les moyens de procéder à ce genre de confession publique[6]. Reste qu'une question, un ensemble de questions, devient dès lors inévitable pour quiconque pratique un art ou une profession incluant dans sa définition le mot *âme, psyché*: psychologie, psychiatrie, psychanalyse.

---

4. « Je ne vois pas comment une expérience intérieure pourrait ne pas être "personnelle", si c'est bien une expérience, ni pourquoi ce fait lui retirerait de sa signification. Ce qui peut ariver à un homme vaut, si peu que ce soit, pour tous les autres, et il me semble que le christianisme repose sur une série d'assertions expérimentales tout aussi "personnelles" que celle-ci: "Jésus est ressuscité, son tombeau est vide, je l'ai vu" » (p. 177-178).

5. « Mais si par extraordinaire nous étions deux témoins, qui n'aient pu se concerter, et pour cause, étant nés à un siècle d'intervalle, et le deuxième ignorant tout du premier au moment des faits? Si deux hommes, presque au même âge, avaient connu la même aventure spirituelle et connu le même retournement imprévisible de l'intelligence et du cœur, en des conditions psychologiques et des circonstances matérielle analogues? Si l'on pouvait faire état de deux conversions instantanées, de deux irruptions brusquées de la lumière dans deux existences tournées vers le monde, et aussi peu soucieuses de religion l'une que l'autre?... C'est bien longtemps après ma conversion que j'ai entendu parler pour la première fois d'Alphonse Ratisbonne (... et) que j'ai su le détail de son histoire. J'en fus surpris au-delà de ce que je pourrais dire: je croyais relire la mienne, à quelques différences près dans les antécédents » (*Il y a un autre monde*, Fayard, 1976, p. 29-30).

6. « De tout cela, j'ai rendu compte dans *Dieu existe, je L'ai rencontré*, scrupuleusement, avec le singulier mélange de crainte et de confiance de celui qui sait devant qui il parle, et qui n'a élevé la voix après trente-quatre ans de silence que parce que tout chrétien est appelé à rendre témoignage à une certaine heure, et que chacun d'eux témoigne en effet, qu'il parle ou qu'il se taise. Quand on sait qu'il n'y a, qu'il n'y aura jamais sur la terre d'autre espérance pour les hommes que l'espérance chrétienne, on le dit » (*Ibid.*, p. 28).

Ou bien, si des faits décisifs comme celui que je viens de rapporter se trouvent, par tel d'entre eux, soit systématiquement refusés, ou éludés a priori, soit dissous au plus vite par n'importe quel artifice explicatif, l'on doit s'interroger sur l'origine et les finalités de ce comportement. Fuite ou refoulement arbitraire d'un réel trop déconcertant ?

L'homme qui a conscience d'avoir rencontré Dieu en des conditions où tout son système antérieur de pensée et d'action s'est trouvé soudain démantelé par une force inconcevable, souverainement libératrice, n'a guère de difficulté à s'expliquer les résistances, argumentées ou non, qu'on se hâte d'opposer à son témoignage. Avec le don que Dieu lui a fait de lui-même, il a reçu, pour réagir à ce genre d'objection, celui de l'humour. Il n'a pas nécessairement à s'enquérir des critiques que certains pourraient lui adresser au nom des sciences psychologiques en général, et de la psychanalyse en particulier, mais il est normal qu'il leur porte attention. Il le fera d'autant plus paisiblement que ces critiques n'auront pour lui rien d'impressionnant, ni même de vraisemblable. Il proposera ou non une réponse. Après quoi il ira son chemin, sans besoin de s'embarrasser davantage des questions que soulève la psychanalyse au sujet de l'homme et de sa relation à Dieu. « Venez et voyez, pourra-t-il dire. Dieu lui-même répond, et il signe ses interventions[7]. » Mais si, de notre point de vue, ces questions gardent leur urgence rationnelle, c'est à condition qu'elles s'ouvrent à leur tour à une ques-

7. « En pareille occurrence, sur quoi se fonde notre certitude ? Je crois qu'elle vient seulement de ce fait peu connu, ou mal compris, qu'une révélation de cette sorte ne propose pas seulement à celui qu'elle touche une évidence objective à reconnaître, mais qu'elle lui donne, en même temps, le moyen de la saisir, et qu'il ne possède pas naturellement ; si bien que la coïncidence nécessairement parfaite entre l'évidence et le moyen, qui viennent ensemble, crée la certitude » (*Dieu existe...*, p. 183-184).

tion plus urgente : celle qui atteint, dans le scientifique, l'homme lui-même, une fois en présence de l'irrécusable expérience d'autres profondeurs de l'homme, révélées en même temps que certaines profondeurs de Dieu, et par elles.

2. La vérité sur Dieu, sur son monde et sur le nôtre

Loin de moi l'idée du subordonner la possibilité de toute connaissance vraie de Dieu à la valeur probante d'expériences intimes qui seraient considérées indépendamment de leur rapport à l'expérience plus universelle constituée au sein de l'histoire des hommes. Aussi bien n'y a-t-il pas d'expérience personnelle authentique, même et surtout très profonde, qui ne se reconnaisse elle-même tôt ou tard homogène à ce que de nombreux autres témoins ont pu et peuvent encore découvrir sous le signe de la commune raison ou d'une commune foi religieuse. En effet, la vérité sur Dieu et sur l'homme est en partie (et imparfaitement) accessible depuis longtemps par voie philosophique. Et ce qui a été communiqué à des témoins religieux au long de l'histoire judéo-chrétienne, toujours au sujet de Dieu et de l'homme et de leurs rapports, bien loin de l'annuler, ou de contredire systématiquement les acquis de la raison vraie, confirme, rectifie et renouvelle par voie de révélation surnaturelle le meilleur de ces acquis, et y ajoute des merveilles jusque-là ignorées. Grâce à l'intervention d'une lumière plus haute, des profondeurs insoupçonnées apparaissent en Dieu et corrélativement en l'homme appelé par lui, et cela non pas en dépit de la raison, mais au-delà de sa portée naturelle, par un effet d'autocommunication divine.

Il est assez remarquable qu'une expérience comme celle dont André Frossard nous fait confidence n'infirme en son esprit aucune vérité authentique d'ordre naturel, et d'autre part, se découvre bientôt préharmonisée à cette perception suprême du réel — il faudrait dire : du surréel — dont la doctrine de l'Église entend être le compte rendu strictement objectif dans le langage des hommes. Bref, il est des expériences que l'on peut dire révélatrices des profondeurs du réel divin et humain, en lesquelles la subjectivité la plus abyssale se trouve gardée de tout subjectivisme falsificateur, et devient ainsi lieu de manifestation de ce qui, dans l'être, est le plus intensivement, qualitativement et objectivement réel. Car il s'agit bien d'un réel absolument *objectif*, en ce sens précis qu'il a consistance en lui-même et par lui-même, et n'est nullement déductible de quelque subjectivité particulière, par voie de rêve, ou de projection, ou de construction spéculative, ou de créativité d'un genre quelconque. Il est vrai que son ultime secret appartient à l'ordre de ce qu'on peut bien appeler la subjectivité infinie, personnelle donc et interpersonnelle, mais par-delà la finitude de ce qui n'est qu'humain. Or justement, à ce niveau de transcendance divine, la suprême subjectivité s'identifie à la suprême objectivité. Il s'agit alors d'une objectivité par rapport à laquelle nos objets d'observation et d'usage, appartenant au monde des choses, voire à celui de nos vérifications dites positives, y compris en psychologie et psychanalyse, n'ont d'objectivité que relative et restreinte, et peuvent même donner prétexte à nos illusions aussitôt que nous prétendons les soustraire à leur seul référent absolu : le très objectif Réel divin, lieu originaire et source de toute objectivité et de toute subjectivité vraies à l'intérieur de ce que nous désignons comme notre monde.

Notre monde ? Mais de quoi s'agit-il ? Si Dieu existe comme l'absolument Réel, comme l'unique Existant-par-soi, il n'appartient pas à notre monde, mais notre monde lui appartient au titre de l'action créatrice par laquelle il le pose en toutes ses modalités authentiques, et donc en tous ses instants. Ce monde est certes alors *son* monde, mais s'il est de lui et par lui, il n'est en aucune manière lui. Aucun panthéisme n'est rationnellement concevable, dont le propre serait d'identifier Dieu au monde oou le monde à Dieu, que ce soit en définissant cette prétendue Totalité comme esprit ou comme matière, ou encore comme histoire des rapports dialectiques, en l'homme collectif, de l'esprit et de la matière. Car tel est le mensonge essentiel, que ce soit en version antique ou moderne. Si une exacte métaphysique est nécessaire, c'est assurément pour la disqualification critique de ce panthéisme polymorphe dont la pente fut jadis, le plus souvent, de conduire à quelque absolutisation du cosmos, et dont elle est, aujourd'hui, de revendiquer plutôt celle de l'homme s'engendrant dans l'histoire ou s'affirmant par autocréation comme individu solitaire, issu du néant et voué à s'y résorber. Tout cela par suite du constat — précise-t-on — du caractère illusoire de toute idée de Dieu créateur, ou du moins par obligation de professer l'impuissance de la raison à dire quoi que ce soit d'assuré à son sujet.

Une certaine métaphysique affirme et établit, au contraire, qu'il est au pouvoir de l'humaine raison, exercée en la plénitude de ses moyens spéculatifs, d'attester la réalité de Dieu, et l'impossibilité de rendre compte, sans lui, et sans son initiative créatrice, de l'existence même et du sens intelligible d'un univers tel que celui qu'interroge et qu'aménage l'homme pensant et agissant. Non pas que l'intelligence humaine puisse prétendre élargir sa compétence métaphysique à la mesure sans mesure de l'Infini divin. Si Dieu se laissait « comprendre » en cette manière, il ne serait pas Dieu. Lui seul se connaît en la plénitude de son être et de son agir. Approché par nous à distance, selon une modalité déficiente, déficiente du fait de notre finitude, il déploie son Mystère surintelligible (pour lui) à l'infini, par-delà nos représentations les plus soigneusement critiquées. Reste que ces approches rationnelles du mystère divin, conduites avec une audace modeste et un sens aigu de la disproportion entre créatures et Créateur, suffisent à nous libérer de la persistante fausse nouvelle de la non-existence ou de la radicale incognoscibilité de Dieu. Certes, cette fausse nouvelle ne manque jamais de se recommander d'autorités philosophiques et scientifiques, ou encore d'expériences définitivement négatives de l'existence. Mais de ces autorités alléguées, il est possible de manifester chaque fois et d'expliquer de quelle forme d'incompétence et de contradiction elles pâtissent.

Ce n'est pas le lieu d'indiquer ici pourquoi et comment. Je n'écris pas un traité de Dieu. Il faut du moins donner l'importance qui convient au fait que voici : les crises confuses de la pensée, dont l'aboutissement au seuil de notre âge moderne (à partir de notre XVIIe-XVIIIe siècle occidental) a été la disqualification supposée de la métaphysique issue de l'antiquité et des siècles chrétiens, se sont nouées d'abord autour de questions théologiques, soit au sein de l'Église catholique, soit en opposition à elle. Ces crises correspondaient à un aspect essentiel de la confrontation entre révélation biblique et autoconscience rationnelle, dès lors que cette confrontation, en elle-même nécessaire et fructueuse, s'effectuait sur mode de confit de principe. Le malaise ne pouvait que se radicaliser jusqu'à la plus dangereuse confusion à partir des prises de position doctoralement antiphilosophiques tant bien que mal entérinées à l'intérieur du monde protestant pour justifier à tout prix la rupture luthérienne. Ainsi l'exigeait, estimait-on, la fidélité à la Parole de Dieu. L'estimation était fausse, mais le divorce foi-raison devenait condition de la plus grande gloire de Dieu, par dénonciation des compromissions païennes de la scolastique abhorées. Une nouvelle scolastique s'ensuivrait, sur base conflictuelle de rationalisme et d'irrationalisme là où philosophes et théologiens protestants s'appliqueraient à oublier, tout en le conservant, l'anathème luthérien contre la raison. Il en resterait au moins un anathème contre l'idée *catholique* de la raison, qu'il s'agisse de théologie ou de philosophie. Et bien entendu, selon le même principe, quand viendrait le temps de l'hégémonie des « sciences humaines », qu'il s'agisse de psychologie ou de psychanalyse.

En ce qui concerne l'approche pensante (et aimante) du mystère de Dieu et, conjointement, du mystère de l'homme, un trait essentiel de l'expérience séculaire poursuivie au sein de l'Église catholique, communionnellement, est celui-ci : la raison peut se découvrir habilitée à opérer dans le monde de la foi, surtout tel que le Nouveau Testament, tout entier relatif au Verbe de Vie, lui donne figure et contenu. Il suffit de travailler à l'y acclimater avec discernement, à son plus grand avantage, d'ailleurs. Car elle s'y voit conduite, sans aucunement se renier, par-delà les limites que le contexte païen, et même vétérotestamentaire, ne lui avait pas permis de franchir. Ainsi, la doctrine de Dieu-Trinité s'est constituée, dans la lumière de la Révélation biblique, avec l'apport de la raison métaphysique, qui a appris à s'y surpasser. De même la doctrine concernant le Christ et l'Église, et l'homme au sein du monde et de l'Eglise. Ni la foi ne fut de la sorte falsifiée, ni la raison. Elles sont entrées en communion, refusant la confusion autant que la séparation. La grandeur et la profondeur du Dieu de la théologie catholique, qui est l'Amour même en sa fécondité interpersonnelle (Trinité), n'annulle assurément pas le Dieu des philosophes : il en révèle l'intériorité ultime, jusque-là ignorée plutôt que récusée. Et, à partir de là, il éclaire d'un jour nouveau, y manifestant des profondeurs nouvelles, le secret de la création entière : ce que le *Crédo* désigne, par une expression générale, comme constituant l'ensemble des « choses visibles et des invisibles ».

Ce qu'il convient de désigner comme *le monde de Dieu* — c'est-à-dire l'ensemble des être suscités par lui en sa dépendance, donc radicalement distincts de lui en même temps qu'ordonnés à lui, et ordonnés les uns aux autres pour la manifestation de son unitrinité — ce monde ne se réduit pas à ce que l'investigation physique et même psychologique poursuivie par l'homme peut y découvrir. Non seulement la foi proclame la réalité et la profondeur insoupçonnée du monde invisible créé par Dieu, mais la raison est en devoir de s'interroger sur ce qui s'opposerait, de son point de vue, à ce qu'il en soit ainsi. Car enfin, il lui faut bien convenir qu'elle-même, à moins de paralysie et de surdité, ne cesse de frapper aux portes de l'au-delà du sensible, d'en recevoir l'écho d'une présence pleine d'attirance et de mystère, et même d'y pénétrer et de s'y reconnaître dans une certaine mesure. N'est-ce pas en cela qu'elle se découvre elle-même ordonnée au *méta*-physique, c'est-à-dire à ce qui excède en profondeur les limites de l'espace-temps, sans d'ailleurs en constituer la négation ? Impossible pour elle de s'accommoder d'une condition qui enfermerait l'homme dans l'expérimentable d'ordre sensoriel. Elle expérimente une réalité supérieure, plus proche et plus distante à la fois, à laquelle il s'apparente par l'intérieur à laquelle il a part, même s'il n'en reçoit sur mode spéculatif qu'une lumière tamisée, Il ne peut s'engager, notamment, dans l'exploration de lui-même et du « monde de l'homme », par voie psychologique et psychanalytique, sans que l'intériorité singulière dont il cherche à percevoir la vivante pulsation se trouve en rapport avec une région de la réalité qui se tient au-delà de celle que captent les sens. Entreprenant de se situer relativement à ce monde-là, celui de l'esprit, comment se refuserait-il à apprendre éventuellement sur lui infiniment plus qu'il n'en saisit dans les limites de son expérience individuelle ? Et comment pourrait-il justifier par d'exactes raisons son refus d'accueillir, si elle se propose par grâce, la visite du Seigneur de cet univers transcendant à peine entrevu par lui. Univers plus vaste et inexplorable, sans doute, en sa dimension immatérielle, que ne l'est, en sa dimension matérielle, l'univers démesuré des galaxies. Considère-t-il, contre toute évidence, que la terre se tient au centre absolu du cosmos ? Non, alors, pourquoi n'y aurait-il à peupler le monde de Dieu que l'humanité, et non pas aussi, plus spirituels que lui, les anges ? Quels arguments contre leur existence, en dehors d'une impuissance et d'un refus de principe dressés contre l'incompréhensible générosité du Créateur ? En tout cas, l'Église non seulement affirme dans la foi l'amplitude du monde de Dieu, avec ses immensités invisibles, mais il lui est donné encore d'en expérimenter quelque chose jusqu'en son ici-bas. Car en elle ces deux mondes communiquent et s'informent mutuellement. [8]

Aussi bien, la signification à retenir lorsqu'il est question de *notre* monde exige-t-elle discernement. Contrairement à l'apparence, elle ne va pas de soi. Quel *monde* d'abord, et ensuite, à quel titre le revendiquer comme *nôtre* ? Et puis à quelles conditions pourra être maintenu ce pluriel, au moment même

---

8. Ce sens du monde invisible présent aux portes du monde visible, et même secrètement présent en son cœur, et aussi au-delà de lui, immensément, peu de spirituels ont su aussi bien que J.-H. Newman le réactiver en notre âge d'empirisme plat : « Demandez-vous ce qu'il est (ce monde invisible) et ce qu'il contient ? Je ne dirai pas que tout ce qui lui appartient est infiniment plus important que ce que nous voyons, car parmi les choses visibles sont nos semblables, et rien n'est plus précieux ou plus noble qu'un fils de l'homme. Mais pourtant, à prendre dans leur ensemble les choses que nous voyons et les choses que nous ne voyons pas, le monde que nous ne voyons pas est en somme un monde beaucoup plus élevé que celui que nous voyons car avant tout, Il est là, Celui qui est au-dessus de tous les êtres, qui les a tous créés, devant qui tous sont comme rien, et à qui rien ne peut être comparé (...). O Seigneur, montrez-vous, manifestez-vous, vous qui êtes assis au milieu des chérubins, montrez-vous, déployez votre force et venez nous aider. La terre que nous voyons ne nous satisfait pas ; ce n'est qu'un commencement, ce n'est qu'une promesse d'un au-delà. Même dans sa plus grande joie, quand elle se couvre de toutes les fleurs et qu'elle montre tous ses trésors cachés, de la manière la plus attirante, même alors cela ne nous suffit pas. Nous savons qu'il y a en elle beaucoup plus de choses que nous n'en voyons. Un monde de saints et d'anges, un monde glorieux, le palais de Dieu, la montagne du Seigneur des armées, la Jérusalem céleste, le trône de Dieu et du Christ, toutes ces merveilles éternelles, précieuses, mystérieuses et incompréhensibles, se cachent derrière ce que nous voyons... » (*Sermons paroissiaux*).

où c'est *moi* qui, dans ma singularité, prends le risque de me l'approprier suffisamment pour l'approprier au moins verbalement à l'ensemble des hommes ? Si je tiens pour vrai que tout « l'immense octave de la création » où s'harmonisent les réalités visibles et les invisibles, procède de la générosité divine, je tiendrai aussi que chacune des créatures pourvues d'intelligence et de liberté peut et même doit se reconnaître fondée à qualifier de *nôtre* non seulement ce monde qui est à tous égards d'abord *de* Dieu, *à* lui et *pour* lui, mais encore ce Dieu lui-même. Elle le reconnaît pour son Dieu, et doit se disposer par rapport à lui de telle manière que son règne d'amour en elle puisse advenir. Quant à l'appropriation du monde auquel elle s'émerveille d'appartenir par grâce, c'est sous la condition de la comprendre et de la vivre en référence et obéissance à cette grâce qu'elle peut la concevoir et l'exercer. S'il en va de la sorte, la créature n'a pas à hésiter devant la louange consistant à dire *sien*, en même temps que Dieu et en lui, le tout de la création de Dieu. Saint Jean de la Croix, après saint Paul[9], ose l'entraîner en cette louange :

« Miens sont les cieux et mienne est la terre, et miens sont les peuples ; les justes sont miens et miens les pécheurs ; les anges sont miens, et la Mère de Dieu et toutes les choses sont miennes, et Dieu même est mien et pour moi, parce que le Christ est mien et tout entier pour moi[10]. Que demandes-tu, et que cherches-tu donc, mon âme ? Tien est tout cela et tout est pour toi. Ne t'estime pas moindre. Ne t'arrête pas aux miettes qui

---

9. Cf. 1 *Cor.* 3, 21-23 : « Ainsi donc, que nul ne se glorifie dans les hommes car tout est à vous, soit Paul, soit Apollos, soit Céphas, soit le monde, soit la vie, soit la mort, soit le présent, soit l'avenir. Tout est à vous, mais vous êtes au Christ, et le Christ est à Dieu. »

10. Et donc tout entier pour chaque *moi*, assurant entre tous la parfaite communion d'amour.

tombent de la table de ton Père. Sors au-dehors et glorifie-toi en ta gloire. Cache-toi en elle et sois dans la joie et tu obtiendras ce que ton cœur demande [11]. »

Mais que demandent notre cœur et notre pensée d'homme ? Qu'en est-il des dispositions et du réalisme — ou de l'irréalisme — de quiconque croit pouvoir restreindre le monde à ce qu'en revendique et prétend s'en approprier un *je* et un *nous* amputés eux-mêmes de leur fondement divin ? Peut-être faut-il pouvoir répondre à ce genre de question habituellement ignorée, pour apprécier ce qui se passe ou peut se passer en l'homme à l'âge des théories et pratiques s'affairant autour de l'inconscient.

3. L'homme et ses abîmes : terre, ciel, enfers

Vais-je vraiment « remythiser » en ces termes une interrogation anthropologique qui se propose de prendre au sérieux la problématique contemporaine de l'inconscient, laquelle ne supporte rien, dit-on, qui ne soit scientifique ? Voilà peut-être une bonne question, mais à condition d'être elle-même posée, reçue, et traitée en esprit d'objectivité. Car il est une manière d'aborder le problème de l'homme, et de ce que je désigne comme ses *abîmes intérieurs*, qui invoque les notions de mythe et de démythisation de manière assez irréfléchie, sans disposer à ce sujet d'aucune idée critique : ce qui va à l'encontre de cette rigueur rationnelle que l'on s'attribuait d'emblée, donc en ignorance de cause.

Non, il ne faut pas décider a priori qu'il n'y a aucun sens à parler au sujet de l'homme — de celui d'aujourd'hui comme de celui d'autrefois — d'une dimension *céleste* et d'une dimen-

---

11. Jean DE LA CROIX, *Maximes. Prière de l'âme énamourée,* dans *Œuvres complètes* (Desclée de Brouwer, p. 979).

sion *infernale* de son existence. Entendons : de son existence présente, c'est-à-dire actuellement vécue en condition *terrestre.* Rien n'autorise, en effet, à se prononcer là-dessus comme si l'état d'accomplissement joyeux et l'état de perdition devaient être situés — si quelque réalité correspond à ces mots — uniquement au terme de l'existence pour nous empiriquement observable en ce monde que nous qualifions de terrestre. En réalité, il ne s'agit ni de renvoyer à l'au-delà les modaltés d'existence (réelles ou supposées) qu'évoquent les termes de ciel et d'enfer [12], ni de régler négativement la question posée par la réalité, ou par l'irréalité, de cet au-delà, en décidant d'enfermer dans l'en-deçà — donc dans les limites de la condition dite terrestre ou intramondaine — ces aspects de l'expérience humaine pour lesquels on recourra encore, par habitude ou par figuration poétique, aux mots de *céleste* et d'*infernal.* Et Dieu sait qu'on ne se prive pas d'en user de la sorte, fût-ce avec la conviction que n'existe aucun ciel ni enfer hors des impressions purement subjectives — exaltation, dépression — que chacun peut ressentir du plein ou du vide tourmenté de son expérience présente. Ou bien encore hors des états de paix et de calamité inhérents à

---

12. Mieux vaut, dans le contexte de ce développement, écrire *enfers* au pluriel, afin de désigner par ce terme, d'une façon générale, les « régions inférieures », *inferi*, ou *inferni*, sans exclure, évidemment les sens chrétiens de ces mots, lesquels ne se réduisent pas à celui de l'enfer des damnés, *infernum.* Selon une acception large, le purgatoire aussi appartient à ces « régions inférieures » qui s'opposent aux « régions supérieures » du ciel, mais sa raison d'être est d'en rendre possible l'accès à travers les nécessaires purifications de l'au-delà. La « descente aux enfers » du Christ est à entendre en fonction de ce sens plus indéterminé d'*inferi.* Ce que l'homme peut expérimenter en sa condition terrestre dans l'ordre de la déchéance morale et des douleus qui en résultent, est à mettre en rapport avec ce monde « inférieur », mais en-deçà de ce qu'il en expérimentera au terme de ses jours d'ici-bas. Une certaine symétrie est à retenir, sur ce point, avec la prégustation, toute de joie celle-là, qu'il peut connaître de la condition céleste.

la vie au sein de ce monde. C'est dire que l'usage des mots eux-mêmes ne suffit pas à trancher au sujet de ce qui est et de ce qui n'est pas.

Toute théorie réductrice tend à subjectiviser purement et simplement la réalité désignée par des termes tels que terre, ciel et enfer, au moment même où elle consent à les retenir pour les affecter d'un sens dit existentiel. Ce qui est alors écarté, c'est la dimension métaphysique, transmondaine, c'est la réalité objective dont affecte ces mêmes terme toute conception ontologico-biblique de la création. Certes, en ce qui concerne la *terre*, il pourrait sembler d'abord que le mot ne donne pas matière à controverse, et que le contenu d'une expression telle que: *l'homme en sa condition terrestre* renvoie tous ceux qui en usent à la perception de la même réalité. Mais il n'en est rien. Pour le constater, il suffit de confronter les théories de l'existence qui s'accordent verbalement autour de cette première et superficielle évidence que l'homme est un «être-dans-le-monde». Le débat surviendra aussitôt qu'à propos de cette formule seront posées non pas seulement des questions métaphysiques et théologiques, mais déjà des questions phénoménologiques. Car si vaste, complexe et mystérieux s'avère le phénomène *monde*, lorsqu'il s'agit du monde de l'homme, que la mise en ordre et perspective de ses aspects ne s'effectuera jamais indépendamment de ce que chacun est porté à en privilégier. Des désaccords apparaissent vite, au sujet des choses de la terre, entre «ceux qui croient au ciel» et «ceux qui n'y croient pas». Logiquement, ceux qui disent croire au ciel devraient croire aussi que l'accès n'en va pas de soi, et que, par conséquent, il faut prendre au sérieux ce que la Révélation affirme touchant la réalité de l'enfer et du purgatoire. Si cette logique leur échappe, cela tient sans doute à ce que, en-deçà de la mort, tous ne croient pas au ciel de la même manière. Et que, par là, la compréhension qu'ils ont de la condition terrestre elle-même, avec ses implications d'éternité, n'est pas équivalente chez tous. Bref, à moins de se cacher à soi-même la profondeur existentielle et morale des abîmes de l'homme, il faut accepter que ceux-ci, dès ce temps terrestre, incluent la dimension d'au-delà où il y a oscillation entre vie et mort spirituelles. Et cette oscillation, il faudra bien qu'elle prenne fin avec la fin de notre condition terrestre.

Tiendrons-nous pour plus convaincante que d'autres l'entreprise qui consisterait à « libérer » la foi chrétienne de la « mythologie » du céleste et de l'infernal, au nom d'une interprétation enfin scientifique de la Bible ? Non. Elle appartient à la même logique de subjectivisation individualiste de toute réalité, qui est à l'œuvre de la pensée critique moderne partout où elle s'est rendue elle-même impuissante à comprendre le processus de sa fermeture à la création divine en son objectivité. Ainsi, la critique bultmannienne (ou autre) commence par nous expliquer que nos représentations d'un monde religieux à trois étages — ciel, terre, enfers — ne peuvent plus être maintenues à l'âge des physiques, cosmologies, philosophies et psychologies modernes. Ces représentations sont tributaires, en effet, d'une perception mythique (et non point mystique) du réel divin et humain. Ce qui fut naïveté innocente chez des auteurs bibliques dépourvus des moyens de rectifier leur réalisme naïf, pourrions-nous le faire nôtre tel quel, à l'âge scientifique, sans pécher contre la lumière ? Voilà, nous dit-on, le fond du problème.

Rien de moins sûr. Constatons, en effet, qu'après cela il deviendra bien difficile à notre exégète enfin conscientisé de nous instruire de ce qui demeure, selon lui, objet de notre foi et de notre pensée chrétienne, lorsque nous évoquons la réalité du ciel et des enfers. Car nous en évoquons inévitablement quelque chose, soit au sujet de notre condition intramondaine, soit dans la perspective d'une condition transmondaine (après notre mort), et cela tant pour les individus que pour la société composée, ou décomposée, par leurs relations positives ou négatives. Heureusement, ce genre d'embarras « critique » n'a pas tellement de quoi déconcerter un croyant qui a appris de l'Église, de ses Écritures et de sa théologie, à ne pas confondre avec la réalité même des profondeurs divines et humaines les représentations symboliques, donc spatialisantes en quelque manière, que toute poétique accepte d'assumer. Associer l'invisible et le visible, aller de celui-ci à celui-là, conformément à la nature que nous avons reçue de Dieu, ce n'est pas les confondre. Ce n'est pas méconnaître le hiatus de la mort, non plus que l'absolue transcendance du Dieu créateur des choses visibles et des invisibles. Aussi n'y-a-t-il pas lieu pour moi de perdre cœur lorsqu'on m'avertit de ne mas « remythiser » l'idée du ciel et des enfers. Car l'enseignement des Écritures lues dans la Tradition m'a lui-même détourné de les concevoir en termes d'imagination spatialisante : ce qui me dispense aussi d'avoir à les « démythiser ». Fondamentalement, les dimensions ontologiques et existentielles de réalités comme le ciel, les enfers, et même la terre, appartiennent à une spatialité très particulière : celle-là même que suggère mystérieusement l'Écriture lorsqu'elle parle, par exemple, des profondeurs de Dieu, ou de celles de Satan, ou encore des profondeurs du cœur humain ; et, plus synthétiquement, à propos de cet « amour du Christ qui surpasse toute connaissance », de la Longueur, de la Hauteur, de la Profondeur, auxquelles le chrétien doit se laisser initier par l'Esprit Saint. Par rapport à cet existentiel-là, je n'ai rien à craindre des mises en garde agitant le spectre du mythe, que ce soit en termes soi-disant exégétiques, que ce soit en termes d'expérience psychanalytique.

Revenons au témoignage d'un André Frossard, qui serait corroboré par tant d'autres, même moins fulgurants. Voici un homme qui ne croyait ni au ciel ni aux enfers, et n'avait donc aucune raison ni aucun moyen de chercher à les concevoir soit chrétiennement, soit sous le signe de la démythisation. En quelques instants il se trouve, sans avertissement, immergé dans cet espace jusque-là insoupçonné dont il percevra aussitôt qu'il est suprêmement réel, au point de rendre soudain problématique, par contraste et contrecoup, ce qui se faisait prendre jusque-là pour le seul réel. Le Réel, C'est ce Dieu vivant qui se donne à connaître et à aimer, suscitant par là-même à sa propre identité un sujet humain qui n'y avait jamais eu accès [13]. Dissipant toutes apparences, à commencer par celle de ce qu'il pensait être son existence normale dans le monde, Dieu révèle l'homme à l'homme dans l'initiative de se révéler à lui. Le sens de la vérité, en toutes ses dimensions, est offert désormais comme une grâce. Là où sévissait un éprouvant vide existentiel, une surabondance est donnée, presque insoutenable à force de douceur, de beauté et de joie. Cette extase ne naît sûrement pas du vide antérieur, par quelque excès pathologique. Elle survient sous l'effet d'aspiration exercé par une Plénitude qui choisit de se communiquer elle-même, et qui n'est pas de ce monde.

Comment recourir à un autre terme que celui de *ciel* pour désigner cet ailleurs spirituel d'où procède et où introduit inchoativement l'irruption divine ? Et puisque celle-ci se produit chez un homme en condition fort terrestre, cet ailleurs ne doit pas être imaginé comme un lieu spatialement extérieur à la terre, mais compris comme le lieu de l'intimité divine. Enfin, le rapprochement s'impose entre ce que l'Écriture enseigne au sujet de l'état de péché et de perdition et ce que découvre de son état réel, pour la première fois, celui qui, pour la première fois, se

13. « Je n'avais pas d'identité. Dieu a été le premier à me nommer, comme il vous nomme aussi dans le secret, vous qui me lisez, et qui, grand ou petit, célèbre ou obscur, n'êtes connus que de Lui » (A. FROSSARD, *Il y a un autre monde*, p. 20).

trouve immergé en cette lumière inconnue [14]. Sa patrie est venue d'elle-même au devant d'un exilé qui n'aspirait pas consciemment à elle, lui révélant qu'il était en exil, et que toute existence sans Dieu est une sorte d'agonie d'exilé, une détresse incomprise d'orphelin [15].

Face à une expérience de cette sorte, et de toutes celles qui lui ressemblent, à quelle explication pourra recourir le théoricien de l'inconscient ? Ce n'est pas décidé d'avance, mais en bien des cas il pensera devoir se rabattre, contre ce qu'il tiendra pour illusion psychogène, sur un diagnostic réducteur. Tout s'est produit, prononcera-t-il a priori, conformément aux processus de l'inconscient. En quoi il risque fort de desservir la cause scientifique qu'il prétend faire sienne, et de perdre une bonne occasion d'élargir sa conception de l'objectivité. Une expérience étroite, partiale, l'aura conduit à se poser en juge incompétent d'une autre expérience effectuée par d'autres voies, et selon une autre dimension de profondeur. Car admise telle qu'elle s'atteste,

14. J'ai cité déjà cette notation de Frossard, que tant d'autres pourraient prendre à leur compte : « C'est au moment où je suis hissé vers le salut que je prends conscience de la boue où j'étais sans le savoir englouti, et je me demande, me voyant encore saisi par elle à mi-corps, comment j'ai pu y vivre et y respirer. » — Claudel aussi, ayant retrouvé Dieu, n'avait nulle difficulté à croire à l'enfer. Il avait entrevu que c'est l'enfer partout où Dieu n'est pas, alors que nul esprit ne saurait vivre sans lui.

15. Alphonse Ratisbonne, relatant sa conversion, atteste : « Je ne savais où j'étais, je ne savais si j'étais Alphonse ou un autre ; j'éprouvais un si total changement que je me croyais un autre moi-même... Je cherchais à me retrouver et ne me retrouvais pas... La joie la plus ardente éclata au fond de mon âme (...). Tout ce que je sais, c'est qu'en entrant à l'église, j'ignorais tout, qu'en sortant je voyais clair. Je ne puis expliquer ce changement que par la comparaison d'un homme qu'on réveillerait subitement d'un profond sommeil, ou bien par l'analotie d'un aveugle-né qui tout-à-coup verrait le jour ; il voit, mais il ne peut définir la lumière qui l'éclaire et au sein de laquelle il contemple les objets de son admiration » (Cité dans : *Il y a un autre monde*, p. 40-41).

elle ne pourrait que provoquer la déroute des partis pris réducteurs. Il faut donc tenir le témoin pour victime de ce qu'il ignore en lui-même, et que l'analyste s'offrira à lui révéler. Mais cette sorte de réaction était pour lui prévisible. Elle ne doit donc pas le surprendre, maintenant qu'il est gratifié sur ces choses d'évidences d'un tout autre ordre[16]. Il sait notamment que le contenu à donner à des notions comme *condition terrestre, ciel* et *enfers,* est à recevoir de Dieu et non des hommes, surtout si ces hommes n'entrevoient rien de ce qu'il pressent désormais des dimensions réelles du monde issu de la générosité créatrice. A l'intérieur de ce monde-là, l'enfant prodigue peut-être sollicité en direction de Dieu et tenté en direction du refus beaucoup plus extrêmement que ne le conçoivent ceux qui considèrent que tout, pour l'homme, se joue en termes de santé et de maladie dans l'étroite enceinte de son moi. Le conscient et l'inconscient, ce sont des instances trop incertaines et précaires pour qu'on les charge de statuer sur ce qu'il advient de chaque homme dans son rapport à lui-même, à autrui et à Dieu.

---

16. On comprendra l'humour un peu excédé de Frossard face à l'explication par l'inconscient, que tel voudrait lui imposer à propos de sa conversion : « Mais comment prend-on conscience de son inconscient, et comment peut-on décrire le cheminement qui vous a conduit à l'Église, quand on croyait aller ailleurs. On ne peut donner satisfaction à la psychanalyse qu'en excluant d'emblée toute intervention du divin dans la vie quotidienne. Quand elle est chrétienne, elle veut bien que Dieu existe, à condition qu'il ne se manifeste pas. Elle a déjà eu raison de la conversion du grand saint Paul lui-même — c'est dire si la mienne a peu de chance de la troubler — dans un livre récent attribuant tout à l'imagination, de la puissante lumière signalée par l'apôtre à la voix qui disait : "Saul Saul, pourquoi me persécutes-tu ?". Cette lumière était celle du soleil, et cette voix venait des profondeurs tourmentées de son inconscient. On retire de cette lecture l'impression saugrenue que l'apôtre n'est pas tombé de cheval sur la route de Damas, mais du canapé d'un psychanalyste » (*Il y a un autre monde*, p. 26-27).

4. Le Fils rédempteur, son Église, et la cité séculière

A l'origine, au cœur et au terme de ce que les chrétiens appellent l'histoire du salut, se tient la personne divine de Jésus, Fils du Père et Fils de la Femme. A son sujet, l'Église énonce docilement et en toute certitude ce dont elle-même a été instruite par lui, dans l'Esprit de Vérité. Il est réellement Dieu engendré de Dieu hors du temps, et réellement homme par son incarnation dans le temps de notre histoire. Pour nous, les hommes, et pour rendre possible notre adoption divine, il est devenu l'un des nôtres, semblable à nous, le péché excepté. Ainsi, moyennant la foi en lui et l'ouverture à son action rédemptrice, nous est donné le pouvoir de devenir enfants de Dieu, en vertu d'une naissance nouvelle, selon l'Esprit et non plus selon la chair. Cette nouvelle dimension de l'existence est proposée à chacun, dès lors qu'il ne refuse pas d'accueillir le message de l'Église concernant Jésus et son œuvre de salut intégral de l'humain. Cela implique qu'en cette affaire, qui est de vie ou de mort, nul ne peut être justifié objectivement, ni par la raison, ni par le sentiment, ni par la conscience, ni par l'inconscient — quelque sens qu'on donne à ces termes. Tout homme et tout l'homme ressortit à la compétence salvifique de Jésus et de son Église.

S'il en va de la sorte, quiconque pense avor des raisons d'attendre quelque bienfait de la psychanalyse — qu'il y soit assistant ou assisté — ne manquera pas d'être frustré en cette attente, dans toute la mesure où ses dispositions intimes et sa pratique se trouveront en opposition avec des dispositions et pratiques d'un tout autre ordre : celles du Dieu Père à son égard. Que soit récusée, explicitement ou implicitement, l'initiative divine de libération spitiruelle de l'homme en Jésus-Christ, le propos d'obtenir par méthode psychologique une autre libération aboutira à un échec, sinon même à un état de plus étroite et déprimante captivité.

C'est donc à la théorie et à la pratique de l'analyse qu'il appartient de disposer positivement par rapport à l'ordre christologique du monde et de l'homme. Compte tenu des présupposés originels que nous savons, cela n'ira jamais sans conversion de cœur et d'esprit. La compréhension même de ce qu'est et doit être l'intervention psychologique d'un homme dans l'intimité mentale d'un autre devra recevoir de cette conversion de quoi se renouveler radicalement. Serait-ce escompter l'impossible? Mais Dieu n'est pas lié par ce que l'homme peut ressentir comme impossible. Et il « veut que tous les hommes soient sauvés et parviennent à la connaissance de la vérité » [17]. Or il y a aussi une vérité concernant la nécessaire collaboration de l'homme avec Dieu dans l'ordre du salut. Que ce mot de *salut* soit compris ou non, selon son acception chrétienne, par ceux qui se font une autre idée de la tâche à poursuivre en faveur de l'homme, cette tâche ne pourra être conduite à bien indépendamment de Dieu. Car il ne délègue pas sa puissance de guérison spirituelle à ceux qui, relevant d'elle, prétendraient en refuser l'exercice à l'intérieur de leur vie, et en général à l'intérieur de l'existence humaine, pour y substituer leurs artifices thérapeutiques.

Pas plus que je n'ai développé précédemment un traité de Dieu, je ne m'engage ici dans un traité de christologie et d'ecclésiologie. Il serait déjà beau que j'en fasse pressentir quelques implications en ce domaine d'anthropologie où la psychanalyse entend être chez elle. Aucune raison de lui contester la compétence qu'elle y revendique, pourvu que ses représentants prennent la mesure des questions qui leur sont posées par la pensée chrétienne en référence à l'ensemble du dessein de Dieu sur l'homme.

---

17. 1 *Tim.* 2, 3-4.

Sur ce point précis, et dans les limites requises, il peut être utile de prolonger quelques-unes des remarques appelées par notre réflexion sur des notions telles que le *réel*, le *monde de Dieu, notre monde* et le *monde singulier* de chaque sujet humain. Car à moins de porter attention aux garanties de validité qu'elle peuvent recevoir d'une exacte philosophie et d'une exacte théologie, entre elles coordonnées, nous risquons fort d'en méconnaître la portée objective en même temps que subjective.

Si Dieu existe, et si l'ensemble des êtres visibles et invisibles composent bien, en leur réalité la plus radicale, *son* monde, il n'est pas sans importance d'apprendre que lui-même confère à cet ensemble son unité et sa destination aussi bien que sa coexistence. Insérée en ce monde, l'humanité reçoit donc de son Créateur et Père, à un titre particulier, son identité et ses finalités, et cela concerne la communauté qu'elle est destinée à former aussi bien que les personnes particulières inscrites en celle-ci. Le mieux est alors que, d'elle-même et de son aventure historique, elle obtienne et se donne la conscience la plus exacte et la plus profonde possible, dans la mesure où cela importe à l'accomplissement de sa vocation. Car Dieu, en suscitant l'humanité, l'appelle à collaborer avec lui pour entrer en possession de l'héritage divin qu'il lui destine, et il la pourvoit des moyens de percevoir cet appel et d'y répondre. Une telle conscience est indispensable. Quelles que soient les modalités de son éclosion et de son perfectionnement dans la vérité révélée, c'est d'elle d'abord que dépend la possibilité d'une entrée de l'humanité dans le dessein de Dieu, ou d'une redécouverte de ce dessein si, par malheur, le sens en a été perdu. Qu'à cet effet, Dieu choisisse d'éclairer les hommes par Celui qu'il désigne lui-même comme son Verbe et son Fils éternel, pourront-ils décliner cette grâce ?

Ils ne le feraient que pour leur égarement hors de la voie qui peut seule les introduire à la vérité d'eux-mêmes en même temps qu'à la connaissance de Celui qui leur offre d'avoir part à sa plénitude. Par contre, nulle nécessité, nulle possibilité même, pour l'homme, de scruter jusqu'au plus intime ses racines cosmologiques et bio-psychiques, dont l'obscur secret se perd finalement dans l'indétermination de la matière. Aussi bien n'est-ce pas là son secret proprement humain. De ce côté s'étendra toujours, et sans dommage essentiel pour l'homme, le domaine dilué de l'inconscient, d'un certain inconscient, dont la fascination proviendrait plutôt d'un effet de mirage, en l'absence d'ouverture à un autre mystère, celui de l'esprit. Tellement plus dommageable alors serait pour l'homme l'obscurcissement de sa conscience de soi comme sujet spirituel! Il y aurait tragédie incomprise si se produisait chez lui une chute ou une rechute dans une autre modalité d'inconscience: là où, privé de l'indispensable, il perdrait le sens de sa vocation, et donc la volonté et les moyens d'y répondre.

Aussi est-ce une question des plus graves que de savoir si l'entreprise psychanalytique se propose ou non de remédier d'abord, ou finalement, aux perturbations intimes provoquées éventuellement par le jeu aveugle de cet inconscient-là, et si déjà elle tient à en acquérir quelque idée. C'est une question de savoir si — dans le cas d'une psychanalyse scrupuleusement enfermée dans la seule problématique freudienne — l'entreprise ne contribue pas plutôt à maintenir l'homme dans son enfermement solipsiste, et même à l'y enfoncer. Car alors, pour cet homme-là, l'ouverture qu'à titre de créature spirituelle « à l'image de Dieu » il exige en direction de son Créateur, comment pourra-t-elle se maintenir ou se dégager, si tout, dans le système, lui suggère que, de foi scientifique, Dieu n'est pas? En quelle direction devra-t-il, exclu des profondeurs de Dieu, chercher les siennes propres, et celles d'autrui, et celles du monde? Si ces profondeurs ne se révèlent bien que dans la lumière du Verbe, il est à craindre que celles où on l'invite à descendre, cette lumière une fois disparue, ne soient que des profondeurs douteuses, de fausses profondeurs, où il tentera en vain de reconnaître dans une pénombre de shéol [18], sa propre image en voie de dislocation.

Cet homme devenu non seulement étrange, mais étranger pour lui-même, il ne voit plus quel sens donner à une formule telle que : le monde *de Dieu*. Mais par le fait même, ce qu'il désignerait encore comme le monde *de l'homme* ne peut que lui devenir problématique. Il n'a plus de quoi en justifier la consistance, ni intellectuellement ni affectivement. Reste seulement l'unité insaisissable, fantômatique, d'une représentation subjective, d'un postulat incertain. Manque le consistance réelle de ce qui participe de l'Être. Le monde *de l'homme* en est dépourvu, s'il n'est plus d'abord le monde *de Dieu*. Car ou bien l'on précise que ce monde, dont on affirme qu'il est celui de l'homme, n'est pas réductible à ce qui s'en manifeste empiriquement dans l'espace-temps, et alors il faut convenir que c'est la question de l'homme lui-même qu'il importe d'éclairer afin que la réalité du monde ne sombre pas dans le non-sens. Ou bien on résorbe l'homme dans le monde-en-soi, lui-même dépourvu de tout sens divin et humain, et alors, selon cette logique, mieux vaut ne plus ironiser sur l'enfer : il est déjà là sous les traits de l'absurde, et déjà il a ravagé la terre entière, exterminant ceux de ses habitants qui se glorifiaient, contre Dieu, de leur raison et annonçaient le surhomme. Mais si, devant cette dévastation, on préfère en revenir à la première hypothèse, celle d'un monde où l'homme est générateur de sens, il faut bien voir à quelles conditions il sera possible de la maintenir.

---

18. Il s'agit de la représentation que se donne l'Ancien Testament du lieu vague et de la condition fantasmatique présumés pour les hommes qui ont franchi le seuil de la mort.

Car si l'on exige un sens, on n'en est pas quitte avec le problème du *possessif*. Ce monde de l'homme, quel rapport a-t-il à l'homme, et l'homme à lui ? Et l'un et l'autre ensemble quel rapport ont-ils à Dieu ? Et non seulement à Dieu, mais à son Verbe incarné et à l'Église ? La question me semble inéluctable. En effet, si l'individu qui parle du monde de l'homme consent à ne pas retirer à Dieu la possession créatrice de ce même monde où l'homme se sent ou voudrait se sentir chez lui, alors il y a nécessité de préciser le point que voici : à quelles conditions, et selon quel ordre de priorité et de dépendance, Dieu et l'homme peuvent-ils s'accorder pour disposer de ce monde en co-propriété ? L'Église donne, à ce sujet, une réponse précise, qu'elle professe tenir de Dieu lui-même : il existe un régime d'Alliance humano-divine, dont elle est dispensatrice du fait même qu'elle en est la réalisation, de par son unité nuptiale avec Jésus Christ. Voilà le nœud et l'articulation de la communauté de vie entre Dieu et l'homme. Dans le Verbe incarné, Dieu même se donne à posséder, et, en ce sens, avec lui et par lui, le ciel cesse d'être hors de portée des habitants de la terre. Il leur devient présent. L'Église est le lieu et le ministre de cette rencontre unitive. A condition d'être engendré en elle, selon un régime de grâce, chacun des hommes peut accéder, en communion avec ses frères, à la communion de Dieu. C'est la victoire de l'unité sur la dispersion, de la patrie sur l'exil, de la joie plénière sur le mal d'auto-destruction. Décentré de lui-même, recentré en Jésus Christ, le sujet humain enfin se reçoit comme un don de l'Amour créateur et sauveur. C'est alors qu'il lui est possible de dire en toute vérité : mon Dieu, et notre Dieu ; ma terre, et notre terre ; mon Église et notre Église. Pourquoi cela lui est-il devenu possible ? Parce que d'abord, en conséquence de son incarnation, le Fils éternel prend en charge notre humanité, et nous offre de participer à sa divinité. Il peut dire à ses frères de race : « Moi et le Père, nous sommes un », et : « Comme le Père m'a aimé, moi aussi je vous ai aimés; demeurez dans mon amour[19].» Et ainsi l'unité selon l'amour procède vers nous à partir du Père, par le Fils, dans l'Esprit, et il nous constitue en Église, celle-ci étant en elle-même œuvre de l'Esprit, Épouse du Fils, et pour nous Mère au sein de laquelle une nouvelle naissance, personnelle et communionnelle, peut être reçue, plus réelle que la première en ce monde terrestre.

Présenter les choses dans cette lumière et selon cette perspective, serait-ce résorber la réalité du monde des hommes dans la réalité de l'Église? Assurément, non. De toute façon, le verbe *résorber* ne conviendra jamais pour rendre compte de l'accomplissement ecclésial de l'homme, fût-ce dans la Cité céleste. Il est vrai qu'au terme de l'histoire le monde de l'homme — ou du moins la part de lui-même qui ne se sera pas soustraite définitivement au salut de Dieu — sera transfiguré en condition céleste. Dieu sera tout en tous. Tout aura pris corps en forme d'Église, c'est-à-dire de Cité de Dieu. Mais il s'agira d'une mutation spirituelle des êtres pour leur accomplissement final, non de cette perte d'identité que suggérerait l'idée de résorption. L'homme en son statut ecclésial céleste est plus véritablement humain qu'en son statut mondain (au sens de terrestre). Rien à perdre, tout à gagner.

Reste que l'homme, aussi longtemps qu'il chemine en ce monde, ne cesse pas d'appartenir à la cité terrestre tandis qu'il reçoit dans la communauté ecclésiale son *je* et son *nous* véritables, par grâce d'adoption divine. Cette cité terrestre, tout ordonnée qu'elle soit à l'accomplissement ecclésial des personnes, garde sa relative consistance «séculière». Cette consistance sera même

19. *Évangile selon saint Jean* 10, 30 et 15, 9. — Et dans la prière sacerdotale, 17, 21: «... Que tous soient un, comme toi, Père, tu es en moi et moi en toi, qu'eux aussi soient en nous...».

d'autant moins fragile que ses membres se sauront et se voudront plus authentiquement d'Église : condition pour ne pas attendre de César ce qui ne peut être reçu que de Dieu, c'est-à-dire le salut spirituel de l'homme, inchoativement ici-bas et sur mode plénier par-delà les siècles de l'histoire. Par contre, lorsqu'à l'intérieur de la cité séculière et en son nom, une coalition se forme, résolue et efficace, dans le dessein de la soustraire à la volonté salvifique de Dieu, et donc d'y neutraliser et si possible annihiler le témoignage rendu par l'Église à son Seigneur, cette cité se détruit de ses propres mains. Elle se détruit pour autant que les coalisés parviennent à y imposer leur loi. Ce qui a été dit plus haut de la dévastation du monde de l'homme à partir de la sécession de celui-ci par rapport à son Créateur se vérifie dans la vie et la mort des sociétés, et dans leurs contradictions internes. Babel s'effondre d'autant plus spectaculairement qu'elle tombe de plus haut.

Mais où en sommes-nous avec la psychanalyse ? Au cœur de son débat avec elle-même, avec l'homme qu'elle se propose d'éclairer sur lui-même, et avec Dieu qu'elle est tentée de traiter comme absent, ou comme une production illusoire de l'homme en état de névrose obsessionnelle. Que ses théoriciens et praticiens s'interrogent sur l'usage qu'il convient d'en faire pour le bien de ceux qui en attendent une aide ; qu'ils estiment nécessaire de repenser la question de l'homme en fonction des vues nouvelles dont ils lui sont redevables, c'est là un fait caractéristique, peut-être un fait majeur, d'une culture contemporaine qui, le plus souvent, tient à se définir comme purement séculière [20]. Or, de son côté, le chrétien qui croit au salut de

20. La sécularité se donnant comme *pure* se veut sans compromission avec ce qui,, en ce monde, se définit comme ecclésial ; et sans aucune subordination à l'égard d'une autorité sacerdotale de droit divin. Lorsque celle-ci est

Dieu doit s'interroger sur la façon de situer cette forme de conception séculière de l'homme par rapport à ce qu'il sait de la pensée de Dieu sur ce même homme. C'était bien l'objet du présent chapitre. Les positions qu'il s'efforce de justifier devraient recevoir confirmation et élargissement de ce qui va suivre.

---

mise hors la loi par le pouvoir civil, ou lorsqu'elle cède aux pressions qui la « sécularisent », et donc la neutralisent, la sécularité peut alors fonctionner en cercle fermé. Mais elle ne le fait pas sans secréter de nouvelles fonctions, nécessaires à la domestication des consciences théoriquement libérées. Le prochain chapitre montrera par quel processus, et pourquoi la psychanalyse, si elle ne se défend pas elle-même contre une certaine forme de volonté de puissance, jouera comme l'une de ces instances dominatrices. De l'intérieur d'elle-même, cela lui sera aisément démontré et reproché. Voir des ouvrages comme ceux de F. ROUSTANG, *Un destin si funeste, elle ne le lâche plus...*; V. GRANOFF, *Filiations.* Et, du côté des psychiatres, R. CASTEL, *Le psychanalysme.*

II

AU PRINCIPE DE TOUTE PAROLE

Les thérapies qui correspondent à un projet analytique, selon des modèles s'inspirant soit de Freud, soit de Jung, soit de Frankl, ou d'autres théoriciens ont en commun ceci : elles tiennent que l'homme ne s'éveille à lui-même qu'à l'intérieur d'une relation dialoguale, et elles reposent chacune sur une certaine idée — généralement plus implicite et pratique qu'explicite — de cette relation, notamment en cas de malaise psychique. La parole y joue donc un rôle déterminant, cette parole se déployant dans un champ relationnel précis. Le statut relationnel entre praticien et patient n'est ni compris ni mis en œuvre de façon équivalente d'une école à l'autre, mais il est tenu pour essentiel. Il n'y a donc pas d'un côté un sujet qui transmettrait un savoir et de l'autre un sujet s'en tiendrait à l'accueil de ce savoir, en bon élève qui écoute une leçon. L'analyste a beau disposer ou croire disposer d'un certain savoir sur lui-même et sur l'homme en situation psychiquement perturbée, il a besoin d'apprendre de son « client » les données concrètes dont celui-ci est, au départ, seul à disposer, encore qu'il ne soit pas en état de s'y retrouver. D'où cette remise de soi à un thérapeute dont l'attitude d'accueil ainsi que la parole interrogatrice et interprétatrice sont présumées indispensables. Par elles devraient advenir une élucidation pertinente de la situation pathologique, et si possible sa modification dans le sens d'un mieux être.

Dans ce chapitre, je me propose de réfléchir sur le rapport caché, mais pourtant réel, qui existe entre ce genre de pratique d'un dialogue d'intention thérapeutique et le dialogue très particulier dont l'histoire biblique est toute remplie. Très particulier en ceci qu'il s'agit du dialogue de salut dont le Dieu unique prend et garde l'initiative, mais dans lequel le partenaire humain n'est aucunement réduit au rôle d'auditeur muet. Il est si peu réduit à ce rôle qu'il se convainc de recevoir de Dieu lui-même la parole grâce à laquelle il se découvrira promu à la condition d'interlocuteur responsable. Dieu le donne à lui-même moyennant cette parole qui l'introduit à une condition nouvelle désignée par des termes tels que *salut* et *rédemption*. Or, il ne nous suffira pas de chercher des analogies entre ces deux régimes, assurément très dissemblables, d'exercice d'une parole à travers laquelle devient (ou deviendrait) possible quelque libération d'ordre spirituel. Il faudra encore s'interroger sur ce qui résulte pour l'un et l'autre partenaire du dialogue analytique, suivant qu'ils sont parvenus ou non à entrevoir les effets — dans leur propre existence et dans cet épisode relationnel particulier — de l'acceptation, ou du refus, ou de l'ignorance, ou de la méconnaissance partielle, du rapport objectivement réel entre ces deux niveaux où cherche à s'instaurer une relation exacte entre chaque sujet et l'Autre (divin et humain). Évidemment, c'est à mes risques et périls que je pose ici en thèse l'existence du rapport en question. Mais ce n'est pas moins — c'est même certainement beaucoup plus — à leurs risques et périls que d'autres jugent en principe et en pratique que ce rapport n'existe pas, ou qu'il est insaisissable, ou qu'il n'importe pas de s'enquérir de sa réalité ou de son irréalité.

1. Les Événements et les paroles

A l'intérieur de l'expérience qu'en ce monde nous acquérons de nous-mêmes et de nos relations à autrui, événements et paroles s'entrecroisent et se conditionnent réciproquement. Il n'est possible ni de les disjoindre, ni de les traiter comme si rien d'essentiel ne les distinguait en bien des cas. Je dis: en bien des cas, parce que la parole aussi peut être perçue et traitée comme événement, c'est-à-dire comme réalité qui advient au sein de la société des hommes, pour les affecter positivement ou négativement. Mais il n'est pas possible de considérer la parole émise par les individus comme l'événement en dehors duquel rien n'accéderait à l'existence, où rien ne serait en soi porteur de sens. Ce qui surgit dans l'être et advient dans notre monde — qu'il s'agisse du monde simplement cosmique ou du monde humain comme tel — peut bien s'offrir à être pensé et exprimé par moi et par mes semblables, il est présupposé par cette reprise réfléchie et parlante, et il en prédétermine au moins partiellement le contenu. Avant de parler, il faut être conçu d'un homme et d'une femme qui, eux-mêmes, ne s'identifient pas aux paroles qu'ils échangent, et n'en échangeraient assurément aucune si nul univers n'avait précédé l'avènement de l'humanité et ne continuait de la porter. Chacun doit y naître, puis s'ouvrir aux êtres et aux choses qui sont, et qui ne se réduisent pas à ce qu'en disent les hommes. Si, pour l'enfant, éclore à la conscience de la réalité, et de lui-même, puis y progresser, n'advient pas sans appropriation personnelle de signes et de paroles, puis de discours construits, il ne s'ensuit nullement que toute son existence consiste à intégrer les propros d'autrui et à construire les siens sur les ressources de ce fonds commun augmenté de ses inventions particulières. Il naît à lui-même grâce à une convergence d'événements, d'actions, d'intéractions, qui surviennent aussi autour de lui et en lui à l'état muet, et qui solliciteront peut-être, mais pas nécessairement, son attention consciente et sa parole réfléchie, ou plus souvent irréfléchie. Seraient-ce là des évidences si communément admises qu'il deviendrait superflu de les porter elles-mêmes à l'expression pensée ? Je ne le crois pas. Admises en principe par tous, elles sont aussitôt occultées, et plus ou moins exclues de la conscience claire et de la pensée réfléchie, notamment, me semble-t-il, pour mieux asseoir certaines théories psychanalytiques où il n'est question que de penser enfin scientifiquement la réalité de l'inconscient, et celle de la conscience, en les justifiant l'une par l'autre. Je fais allusion ici à un certain freudisme résolument athée, mais plus particulièrement à telle théorie, celle de Jacques Lacan, qui, se définissant elle-même ou non comme athée, commente librement Freud par appel à un discours sur le langage, dont les implications philosophiques, ouvertes ou cachées, préjugent du rapport à établir objectivement et subjectivement entre l'être et la parole. Or, c'est là une question dont les dimensions majeures, qui sont philosophiques et théologiques, seront très facilement méconnues, ou observées sous un angle inexact, si l'on se persuade qu'une combinaison de pratique psychanalytique et de théorie du langage (dans son rapport à l'inconscient) suffira à en déterminer la portée réelle. Là opère le préjugé, avec des conséquences redoutables, dont l'homme fera les frais, parce que sa mise en rapport avec lui-même, avec autrui et avec Dieu, sera faussée en profondeur [1].

1. Cf. Maurice CORVEZ, *Les structuralistes*, ch. IV, p. 111-148 (Aubier, 1969).

Si j'ai signalé l'importance de ce problème en soulevant celui des rapports entre événements et paroles, c'est pour des raisons qui apparaîtront mieux dans la suite de ce chapitre, et qui toucheront à l'ordre théologique. Mais je dois dès maintenant en faire percevoir les implications à la fois philosophiques et psychologiques, évidemment connexes aux implications morales. Si j'ai du goût pour ce genre de jeu de mots, je puis bien sourire en observant de quelle façon on se congratule, dans les cercles lacaniens, à propos de calembours d'initiés. Ainsi celui qui désigne l'homme comme un « parlêtre ». Mais la fusion de deux verbes aussi cardinaux que *parler* et *être*, aux applications si diverses, peut fort bien signifier que la confusion règne dans une pensée agile mais décentrée, qui s'abstient d'examiner attentivement, selon les règles de la logique et de l'ontologie, quelles relations objectives et différenciées subsistent nécessairement entre l'être et le langage. L'être dans la complexité ordonnée de ses acceptions, depuis si longtemps étudiées — et là un Aristote et un Thomas d'Aquin ne sont pas à traiter comme des bavards incompétents — si le langage, ou la parole, qui ne sont propriété ni de certains théoriciens de la linguistique ni de certains théoriciens de la psychanalyse, et qui ne tolèrent pas d'être allégués comme des en-soi, abstraction faite de leur contenu contingent et de leur niveau variable d'enracinement dans l'être parlant particulier. L'homme n'est pas n'importe quel être, et ses paroles ne traduisent pas toutes et partout, *ex-aequo*, la vérité de son être. Et si chacun doit s'interroger sur son être et sur la portée de ses paroles, il doit s'interroger aussi, éventuellement, sur la portée de celles qui refusent à Dieu d'être Celui qui est, et à l'homme de se comprendre comme sa créature. La métaphysique n'a pas à s'étendre aujourd'hui sur quelque divan de psychanalyste pour apprendre de celui-ci comment bien renoncer à ses illusions de jadis. Elle doit se rendre de plus en plus fidèle à sa propre expérience de rationalité. Et celle-ci la conduit sur le chemin de la reconnaissance réfléchie de Dieu, de l'homme, et de leur relation. Elle manquerait de sens critique si elle laissait croire, sans rien objecter, que « c'est le monde des mots qui crée le monde des choses » (Lacan). Voilà qui est vite dit, et peut constituer un sophisme, là où un propos de cette sorte récuse les exigences de la rationalité en ontologie et en anthropologie.

En anthropologie, le rapport entre être, événements et paroles, entre sujets et monde, appelle une élucidation rigoureuse. Je n'ai pas à m'en acquitter ici, m'étant efforcé de le faire ailleurs [2]. Il me suffit d'indiquer que c'est une tâche impérative, et qu'elle importe en particulier à la juste mise en situation du problème psychanalytique. Ainsi, il n'est pas indifférent que l'homme soit ou ne soit pas un animal doué de raison, au titre de sa nature créée ; qu'il soit ou ne soit pas constitué tel par un Dieu qui le suscite pour une destination transcendante et communionnelle, au sein de l'ensemble des réalités visibles et invisibles. Il n'est pas indifférent que la création soit, ou ne soit pas, le sur-événement fondateur et permanent, dont les événements particuliers de l'existence humaine, y compris les événements de langage (très inégalement signifiants) reçoivent leur être et leur possibilité de personnalisation. Il n'est pas indifférent d'établir un juste rapport entre ce qui survient à chaque sujet, du fait de son insertion dans un monde de choses, d'énergies vitales, et de personnes morales, d'une part, et ce que la parole lui permet de s'en approprier et d'en assumer, d'autre part. Si cela n'est pas fait correctement, y aura-t-il possibilité, en théorie et en pratique, de concevoir comment fonctionne, en psychanalyse, le jeu des fixations et des transferts affectifs, et quel rôle y tiendra le dialogue parlé ? Ce n'est pas le tout du

2. En particulier dans *Existence chrétienne et philosophie*, et *L'homme en sa vérité* (Aubier, 1965 et 1968).

problème analytique, mais c'en est un aspect majeur, aux conséquences considérables. Je m'y arrête un instant.

Très divers et inégalement importants — en eux-mêmes et quant à leur retentissement subjectif — sont les événements qui affectent chaque personne, dès la petite enfance et par la suite. Il lui faudra travailler sans cesse à s'accomplir en réagissant de façon constructive à cet ensemble souvent confus d'événements. Certains sont en elle porteurs de force et de lumière, d'autres engendrent en ses profondeurs des difficultés plus ou moins graves dans l'ordre affectif, intellectuel et moral. Plusieurs de ces prédéterminations circonstantielles ou accidentelles sont en rapport avec les sujets (et d'abord les parents) qui constituent la proche famille de l'enfant, lequel subsiste ensuite aux racines inconscientes de l'adolescent et de l'adulte. D'autres surviennent sans rapport avec eux, mais la possibilité ou l'impossibilité de les assumer avec leur aide, dans la confiance et l'amour, en modifieront beaucoup les effets ultérieurs.

Des troubles graves de santé, des commotions sexuelles sourdes et incomprises, des scandales de diverses sortes, des situations génératrices d'angoisse, toute la série des traumatismes reconnus par les psychologues, ce sont autant d'événements qui s'inscrivent à l'intime du sujet, d'abord selon un mode d'affects muets et plus ou moins perturbateurs. Ce qui s'en traduira tôt ou tard à travers les comportements et le langage portera la marque de cet antérieur innommé, et difficilement interprétable. Lorsque quelque chose de cela se trouve en rapport avec des déficiences de parents eux-mêmes immatures, avec des attitudes erronées là où il s'agirait de servir l'épanouissement vrai de l'enfant, les complexes constitués avec leur complicité souvent inconsciente ne pourront recevoir que de l'extérieur les points d'appui permettant de les dénouer. Lorsque, au contraire, la qualité même et la justesse dynamique de la relation filiale-parentale sont, pour l'essentiel, satisfaisantes, elle offrent naturellement ces points d'appui efficaces pour surmonter les troubles psychiques issus d'ailleurs.

Dans ces divers cas, la communication ou la non-communication verbale aura un effet positif ou négatif sur l'aptitude à assumer le positif et le négatif des événements producteurs d'affects reçus plutôt passivement aux origines. De toute façon, la valeur humaine, l'équilibre affectif, la profondeur morale, la justesse d'ensemble des relations intersubjectives au sein de la famille, puis, à travers elle, au-delà de ses limites, déterminera toujours l'efficacité du dialogue parlé, et des mots dont ce dialogue sait ou ne sait pas user. C'est dire que l'attachement vivifiant, libérateur, des êtres les uns aux autres, déjà en contexte familial, procède de plus profond, va beaucoup plus loin, et se donne d'autres moyens d'expression — souvent tout silencieux — que ne l'indiquent les mots mêmes qui s'échangent entre eux. Pouvoir se confier sans arrière-pensée, se découvrir aimé et aimant, éprouver que le dialogue et l'ensemble des relations procèdent de la vérité et y conduisent. Voilà ce qui est d'abord, pour chacun, au principe de sa volonté et de sa capacité d'être lui-même par-delà les épreuves rencontrées, et à travers elles.

Mais alors, s'il en va de la sorte, constitutionnellement, pour toute accession à soi, quelles conditions seront posées à quiconque intervient un beau jour, et parfois pour longtemps, au secret d'une existence inconnue ? Qu'est-ce qui est attendu de lui, au-delà sans doute du service particulier sollicité ? Précisément, dans les meilleurs cas, la possibilité de poursuivre le chemin ainsi ouvert, en direction d'une plénitude de paix, de vérité, d'amour. Il est certain que des rêves aussi travaillent cette attente, en lesquels se projettent des aspirations plus douteuses, héritières des impuissances et des refus, des souffrances et des ressentiments, encore inscrits dans la trame inconsciente de l'âme. D'où les démesures, les équivoques, les risques de régression qui habitent cette forme de fixation affective que l'expérience analytique désigne par le terme de *transfert*. Mais comment les choses pourraient-elles se passer autrement ? La situation native et permanente de l'homme étant celle que je viens de rappeler, comment concevoir qu'aucun transfert affectif ne se produise là où se cherche entre deux personnes une relation qui, par sa nature même, prendra symboliquement et réellement, pour une part au moins, le relais des rapports d'offre et de demande à travers lesquels s'est constituée d'abord, bien ou moins bien, la subjectivité de chacun des nouveaux partenaires ? Et si un transfert se produit, comportant des ambiguïtés, comment attendre du seul dialogue verbal qu'il rectifie ce qui doit l'être ?

La question se pose en général pour toute relation où sont engagées les valeurs profondes des interlocuteurs, que cette relation soit conjugale, amicale, pastorale ou médicale. Selon les cas, les données du problème et les voies de la solution diffèrent. Lorsque la relation se définit elle-même par sa visée thérapeutique, c'est que chez l'un au moins des interlocuteurs une perturbation psychique sérieuse existe, affectant son rapport à lui-même et à autrui. Mieux vaudrait que ce ne soit pas chez les deux. Concrètement, l'aide que le patient escompte de la part de son analyste ne peut être en lui chose très claire, même s'il cherche à se persuader du contraire. Il serait souhaitable qu'elle le soit davantage pour le thérapeute, et que celui-ci comprenne exactement les raisons profondes et les enjeux du transfert prévisible puis constaté. Il faudrait qu'il dispose des moyens de l'orienter par-delà sa personne, avec tact et désintéressement, sans porter la mort là où il y a, chez l'autre, aspiration à vivre en vérité dans l'ordre spirituel. Or ces conditions vont bien au-delà, me semble-t-il, de ce qu'habituellement la théorie et la pratique des analystes s'en représentent. C'est d'une certaine compréhension de la condition et de la personne humaine que dépend l'essentiel de la solution. Précisément, pour accéder à cette compréhension, et pour qu'elle soit bénéfique dans la réorientation du transfert, tout ne saurait dépendre d'un « jeu de paroles » entre patient et analyste. Si ce jeu est commandé, en dépit de la bonne volonté des partenaires, par une fausse théorie de l'homme, de son langage, de ses finalités, il comportera des effets désastreux. Alors, comment renouveler la problématique cruciale avec laquelle nous sommes aux prises?

2. Quand Dieu lui-même se dit dans l'homme

Heureusement, il n'y a pas que les théoriciens de l'inconscient à compter, pour exaucer le besoin d'amour et de vérité qui est en l'homme, sur les vertus du dialogue et sur le contrôle du processus de transfert. Dieu aussi, et lui d'abord, exemplairement, se fait connaître comme spécialiste en la matière. Spécialiste, il l'est en sa position hors série, selon la modalité transcendante réservée à l'unique Absolu. Il importe donc pour l'homme de ne pas se refuser à entendre ce que, sur ce sujet, il a à dire, ce qu'il dit depuis toujours. Quant au thérapeute qui prend sur soi d'aider son semblable à devenir lui-même un peu mieux, en commençant par une attitude d'écoute attentive, sympathique, préoccupée d'interprétation authentique d'un vécu complexe, impuissant à s'énoncer objectivement, comment saurait-il de bonne foi qu'il est en mesure de réussir dans ce louable propos sans s'être efforcé d'abord de se mettre lui-même à l'écoute de la parole que Dieu lui adresse, ainsi qu'à son frère souffrant?

A première vue, rien ne l'oblige à prendre position médicale contre l'hypothèse de l'existence de Dieu, d'un Dieu tel qu'il veuille librement s'adresser à l'homme dans le seul langage que celui-ci puisse comprendre: le langage humain. Freud savait parfaitement que, selon la tradition religieuse venue jusqu'à lui, le Dieu biblique se présente dans l'histoire avec cette particularité nulle part rencontrée en dehors de la religion d'Israël, puis de l'Église chrétienne : il prend l'initiative de se choisir parmi les hommes un partenaire d'Alliance, avec lequel il engage et poursuit un dialogue jamais entendu en ce monde. Dialogue, ininventable par l'homme, du Créateur avec sa créature, du Père divin avec celui qu'il veut traiter comme fils et héritier, de l'Époux céleste avec celle qui, née de la terre pour une destinée inconcevable, sera promue, quoique indigne, à la dignité d'épouse rachetée. Il s'agit d'un choix qui distingue et met à part un être unique, bénéficiaire d'une préférence absolue. Cela comporte un sens : qu'il y ait choix, élection, est nécessaire pour que soit révélé, comme en une relation d'amour créateur et régénérateur, le caractère de pure grâce du don proposé. Mais d'autre part, que l'unicité du partenaire humain soit simultanément celle d'un individu et celle d'une collectivité élue, dont chaque membre pourra (devra) accéder à ce même statut d'élection personnelle pourvu qu'il se conforme parfaitement à la règle commune, c'est ce qui permet d'entrevoir que la grâce appelante n'est de soi nullement restrictive. Elle ne choisit pas l'individu contre l'universalité des individus, mais en faveur de cette universalité. Elle est initiation au secret du don divin. La dispensation qui en est faite enprunte pour cela les chemins de l'histoire, sollicitant à son tour chaque bénéficiaire d'imiter en faveur d'autrui la générosité sans jalousie du Premier Amour.

Il n'est pas sans intérêt de se poser la question : pourquoi Sigmund Freud, ainsi que ses premiers associés juifs, puis un certain nombre de leurs héritiers — de tradition juive ou chrétienne — se sont-ils tenus à grande distance *psychanalytique* de la bonne nouvelle biblique qui s'obstinait à leur répéter, sur ces thèmes d'alliance et d'élection, que le salut de l'homme passe par la foi en Dieu et par l'amour de Dieu ? Corrélativement, faut-il concevoir un rapport direct ou indirect entre l'entreprise de thérapie psychanalytique, au moins selon l'orthodoxie freudienne, et la surdité opposée à la voix de la tradition biblique, c'est-à-dire de *l'appel à croire* qu'elle continue de proférer jusqu'au cœur incrédule de nos sociétés positivistes ? L'interrogation, sur ce point essentiel, sera maintenue et examinée au cours de ce chapitre. Mais avant d'en peser tous les termes, il est important d'écouter encore cette voix en elle-même, et de la qualifier comme étant la Parole même de Dieu, alors qu'il est tentant de soulever à son propos des questions inspirées des hypothèses herméneutiques contemporaines, en particulier selon les versions psychanalytiques. Que signifie donc ce genre de débat ? Et à quels signes reconnaître qu'il s'agit bien réellement de la Parole de Dieu, et qu'à son sujet la tradition croyante dit vrai, exigeant à juste titre d'être entendue, et prenant le risque d'être refusée par ses destinataires.

Dieu seul parle bien de Dieu, et pour se faire entendre et reconnaître, il lui faut choisir d'être son propre prophète. Sinon, les hommes pourront bien s'appliquer à questionner à son sujet, se donner des réponses qui ne seront pas dépourvues de sens, ni de beauté, ni d'une certaine vérité. Cela vaut pour les poétiques religieuses du paganisme. Cela vaut plus excellemment pour les hautes et aristocratiques spéculations des sages les plus conscients de l'excellence et de l'unicité de Dieu. Mais autre chose, pour une créature douée de raison, s'exprimer selon ses moyens au sujet de ce qu'elle postule au principe du monde, et de ses propres interrogations métaphysiques, autre chose se trouver soudain saisie par une expérience intime en provenance de Dieu, expérience telle que son contenu et son origine s'attestent ensemble indubitablement. La situation est inversée : ce n'est plus l'homme qui interroge le monde, et lui-même, pour se donner une idée de l'énigme d'un Dieu enclos en son silence ; c'est ce Dieu qui, sans quitter ses silencieuses et inaccessibles profondeurs, en exaltant au contraire sa transcendance, donne à entrevoir, à comprendre, à penser, qu'il s'agit d'une transcendance de sainteté aimante, et en fournit pour preuve la parole jusque-là inouïe qu'il prend l'initiative de proférer au cœur de l'homme.

C'est en ces termes qu'il faut caractériser une révélation authentique, proprement divine, du Dieu inconnu se donnant lui-même à connaître. Il s'ouvre de ses pensées et de ses intentions en des circonstances et selon des modalités assez éclairantes et persuasives pour qu'il y ait lieu d'affirmer : Dieu lui-même se dit en l'homme ; il n'enseigne pas tant « des choses » que son propre mystère ; il introduit un confident à l'intime de son être et de ses volontés ; dans la lumière qu'il suscite en lui il se révèle comme le Véridique ; dans sa grâce il se fait percevoir comme le Donateur paternel absolu. Cette manière que choisit Dieu pour se dire en l'homme correspond à ce que l'Écriture désigne comme la communication prophétique, au sens large de ce terme, qui ne le restreint pas à ceux qu'elle nomme les prophètes, mais l'étend à tous les instruments authentiques de la Parole divine ; à tous ces inspirés, constitués tels, par la médiation de qui Dieu se dit dans l'histoire, par voie surnaturelle, pour faire être cette histoire : celle de l'Alliance proposée finalement à tous les hommes. Leur message nous est connu dans sa diversité et ses continuités, dans ses approfondissements et ses amplifications. Quiconque fréquente les Écritures en disciple s'émerveille de plus en plus de l'organicité de la révélation par elle consignée. Il apprend à l'épeler et à s'en approprier méthodiquement le sens unique. En quoi il est instruit par Dieu sur Dieu, à travers des témoins élus pour cela, et accordés strictement entre eux comme les instruments divers d'une même symphonie dont le thème est Dieu en sa relation à l'histoire humaine.

Et si le processus par lequel la révélation investit intérieurement ses porte-parole ne se trouve, dans l'Écriture, décrit que de façon assez allusive[3], nous ne sommes pourtant pas, en ce domaine, dépourvus d'un très riche supplément d'information. Car au-delà des temps où s'est constituée la révélation officiellement et normativement confiée à Israël puis à l'Église néotestamentaire, des expériences analogues, de caractère privé, ont été relatées avec précision par leurs bénéficiaires. Ils furent nombreux au long des siècles chrétiens. Certains témoignages nous sont proches, directement accessibles. J'en ai mentionné au précédent chapitre. Il serait possible de les multiplier. Sur le fond des choses, ils renvoient bien au même Dieu s'adressant à la même humanité[4].

---

3. Il y a toutefois l'exposé du contenu des *visions* telles qu'elles se présentent aux envoyés de Dieu et aux prophètes, Moïse, Isaïe, Jérémie, Ézéchiel, etc., jusqu'aux visions de Jean dans l'*Apocalypse*. Ce ne sont pas des compositions littéraires inventées dans un but didactique, mais des perceptions symboliques de réalités transcendantes, suscitées par l'Esprit dans le voyant. Quant à la communication des messages prophétiques, elle s'impose comme quelque chose d'impérieux, à quoi l'inspiré ne doit pas chercher à se soustraire. Ainsi pour Jérémie, 20, 7-10.

4. Ce qui ressort, pour ces témoins, de leur expérience chaque fois si personnelle, c'est qu'elle est perception d'une réalité très objective, et donc réellement transcendante par rapport aux modalités particulières de cette expérience. Aussi bien constatent-ils avec émerveillement que son contenu correspond d'avance à ce qui leur sera didactiquement explicité par l'enseignement doctrinal. Sur mode de synthèse fulgurante, par-delà tout concept, ils leur a été donné d'entrevoir cela même qui constitue l'expérience commune de l'Église, expérience qu'elle seule est en mesure de formuler de façon à la fois organique et analytique, avec la garantie de l'Esprit Saint. André Frossard atteste « la parfaite coïncidence de ces moments-là, et de l'enseignement de l'Église, quand elle ne craint pas d'enseigner ». Il précise ainsi sa découverte : « Après ma conversion, je me suis aperçu qu'elle (l'Église) avait mis depuis longtemps en formules ce qui m'avait été révélé autrement. Les prêtres n'avaient pas fait la même expérience ; pourtant ils savaient, et ils avaient même beaucoup à m'apprendre encore. J'étais dans la situation comique d'un Christophe Colomb retour d'Amérique, ruisselant de soleils nouveaux, et à qui de vieux cartographes de la reine Isabelle, qui n'auraient jamais bougé

Ainsi, Dieu n'est pas muet. Il parle de la manière qui lui convient, et selon ce qui convient à son partenaire humain, à son élu. L'homme n'est pas seul à pouvoir parler de lui, ou à son propos. Seul, il ne le fera jamais que dans les limites et avec les impuissances qui, en ce domaine, lui sont congénitales. Dieu peut décider de s'exprimer en personne, directement, selon la mesure et les modalités qu'il juge utiles lorsqu'il se donne des instruments prophétiques afin de les constituer témoins, pour d'autres, de son secret en acte de dévoilement. Ces prophètes de Dieu parlent donc de lui aux hommes, de par son autorité. Mais ils se retournent aussi vers la Source mystérieuse d'où leur vient cette parole neuve. Ils entrent en dialogue humain avec un Dieu qui s'humanise en leur faveur. En ce dialogue, qui est prière, ils apprennent expérimentalement ce qu'ils sont, et ce qu'ils ont à être pour correspondre aux intentions divines, et pour obtenir de leurs frères l'obéissance de la foi. Là se trouve pour tous les destinataires de la Parole le secret de leur vocation d'hommes invités à entrer en communion stable avec leur Père céleste. Là est leur équilibre dynamique dans l'ordre spirituel, leur santé. A cet égard, pour les hommes de ce temps, victimes d'une coalition d'idéologies relativistes, cet impératif demeure. Car rien n'est changé du côté de Dieu, non plus que du côté des besoins humains essentiels. Les difficultés se sont considérablement accrues s'il s'agit d'en prendre conscience et de découvrir la direction où chercher la parole de vérité. Reste que ces difficultés elles-mêmes sont à comprendre comme un épisode tardif, assez explicable, de la seule histoire du salut qui ait jamais été disposée par Dieu en notre faveur.

---

de leur cabinet, raconteraient sa découverte en lui donnant jusqu'à l'emplacement des villages et des plantations» (*Il y a un autre monde*, p. 207).

Pas plus que dans l'aventure spirituelle des individus, il n'est possible de dissocier, dans cette histoire commune, les paroles et les événements. Ceux-ci ont à recevoir de Dieu et de ses messagers l'interprétation correspondant à leur sens ultime, et les paroles prophétiques sont des événements irremplaçables. Elles sont toutes relatives de loin ou de près, dans leur diversité même et leur convergence, aux finalités divines de l'histoire sainte, c'est-à-dire à l'accomplissement ultime de l'Alliance, et à l'agencement des moyens qui doivent y acheminer. Ce n'est pas que tout événement puisse être considéré comme une épiphanie immédiatement harmonieuse des intentions de Dieu à l'égard de son peuple élu. Tout ici-bas ne se produit pas en conformité avec la Parole créatrice par mode d'obéissance. Si l'obéissance était la règle d'action de l'homme, son histoire ne serait pas celle d'un *salut* inscrit dans la logique d'un dessein de réparation. En réalité, le partenaire humain de l'Alliance s'est, dès les origines, comporté de manière déficiente à l'égard de son Dieu. De ce fait, il se trouve héréditairement divisé contre lui-même. De lui-même il ne va pas droit son chemin. La parole de Dieu doit le rectifier, et les événements doivent être éclairés par elle en leur sens de correction et de grâce. Ne discerne-t-on pas ici une analogie avec ce qui a été observé plus haut au sujet des thérapeutiques fondées sur la parole dialoguale?

3. Quand la parole éternelle se livre en personne

Qu'est-ce qui conduit un héritier de la tradition biblique, issu de la race d'Abraham, et dont les ancêtres lointains et proches se sont voulus observateurs de la loi de Moïse, auditeurs croyants de la parole des prophètes, et ardents usagers de la prière psalmique, à prendre position d'incroyance à l'égard de cette tradition, sans vouloir toutefois renier son identité judaïque? La question doit être posée, et la réponse que chacun lui donne, s'il en perçoit la gravité, importe beaucoup pour la compréhension du sens de l'entreprise analytique. Cette situation fut, nous l'avons vu, celle de Sigmund Freud et des pionniers de son école. La présence parmi eux, quelques années durant (avec les conflits qu'elle provoqua), d'un collègue non-juif, fils de pasteur, Carl Gustav Jung, a fait problème de part et d'autre. Freud s'est convaincu à juste titre qu'un facteur décisif pour la rupture intervenue en cette affaire a relevé de l'opposition judéo-chrétienne, au moins sourdement perçue. Je n'ai pas à revenir sur d'autres épisodes, antérieurement signalés, où cette opposition fut ressentie par Freud, et aussi par Jung, comme déterminante[5]. Dans un affrontement de cette sorte, il n'est pas nécessaire, il n'est même pas possible, que tout soit clair chez les acteurs dans l'explications des tenants et aboutissants du débat. Celui-ci est de nature telle que sa part la plus profonde — la part immergée de l'iceberg — peut demeurer enfouie dans l'inconscient. Il en va de même pour plusieurs aspects des déterminismes conflictuels sous l'effet desquels un juif s'oppose à des frères de race quant à l'interprétation de leur héritage commun tout comme un chrétien dissident à l'interprétation officielle (sacerdotale) de l'histoire judéo-chrétienne. Il en va de même encore lorsque, du côté juif comme du côté chrétien, des esprits émancipés de la croyance orthodoxe, voire résolument antireligieux, entrent en rivalité sur un ensemble de questions — parmi lesquelles la nature et la raison d'être de la psychanalyse — par l'effet de dissensions profondes mal élucidées en leur origine. Ce point d'origine peut finalement se situer incognito là où s'est décidé, au cœur de notre histoire biblique, soit le *oui*,

5. Voir plus haut, première partie, chapitre III, n° 3, *Jung et ses mythes.* Sur cet épisode significatif, on trouvera plus de détails dans: François ROUSTANG, *Un destin si funeste*, 1. *La horde sauvage*, et 3. *A chacun sa folie*.

soit le *non* face à la Parole ultime de Dieu enfin désignée en son identité.

Jésus de Nazareth fut-il et demeure-t-il au cœur de cette histoire l'unique Parole de Dieu, celle dont toutes les autres paroles prophétiques avaient pour destination de la préparer, ou auront pour tâche de la commenter ? Entre juifs et chrétiens, c'est la seule question qui soit en débat. Mais dans leur histoire — conjuguée et dissociée — et en chacun d'eux, ses ramifications sont omniprésentes, et pourraient paraître inextricablement enchevêtrées. Certes, tous les juifs ne se sont pas dressés contre l'interprétation chrétienne de l'événement constitué par la venue et l'action de Jésus en Israël pour le salut de tous les hommes. Dès les origines, il fut possible d'être juif selon la chair, de le demeurer quant à l'esprit, et d'accomplir en soi la religion mosaïque par la reconnaissance de Jésus comme Fils éternel. Mais il y a eu le fait de l'impuissance d'un grand nombre de fils de la promesse à reconnaître en leur frère de race l'Élu par excellence ; à reconnaître et adorer en lui la Parole donnée en personne, devenue chair afin d'achever, d'une manière inconcevable auparavant, l'histoire de l'Alliance universelle. Selon la perspective chrétienne, plus de distinction désormais entre juifs et non juifs. Le rejet judaïque de ce nouveau statut allait comporter des conséquences dramatiques de part et d'autre, et non pas seulement par la faute des opposants.

Car dans leur refus s'exprimait non pas uniquement l'incompréhension de l'homme juif en présence de la Sagesse paradoxale de Dieu, mais, mystérieusement, la somme passée, actuelle et à venir de tous les refus de l'humanité pécheresse face au don divin définitif. C'est que celui-ci s'offre sur mode sacrificiel, ce qui le rend crucifiant pour tous. Soit juif soit païen, tout homme se sent heurté et mis en demeure de se prononcer, par l'irruption imprévue, chez lui, de la Parole divine, dès lors qu'elle s'identifie à la « parole de la croix », scandale et folie. Le pharisien Saul de Tarse en a su quelque chose, et tant d'autres à qui il a annoncé en tout réalisme le mystère du Christ mort et ressuscité[6]. Car il fallait que le Fils devenu homme souffre ce qu'il a souffert, afin d'entrer dans sa gloire et nous en ouvrir la voie. Il « fallait » donc aussi que nous nous coalisions afin de livrer au temps marqué, Celui que l'Amour paternel nous avait livré comme don incompréhensible.

Aucun de ceux qui ont accueilli Jésus comme Parole faite chair n'était en mesure de comprendre l'infini de ce mystère d'Alliance selon sa démesure divine. Pourtant, à la suite des Apôtres, ils ont été mis en possession d'une nouvelle interprétation du rapport de Dieu à lui-même dans l'intime de sa vie trinitaire, et corrélativement du rapport de l'homme à Dieu. Quant à ceux qui ont refusé cet ultime saut de la foi biblique, tous n'ont pas cessé leur recherche du visage de Dieu. Celle-ci, chez beaucoup, s'est maintenue plus dramatiquement, de façon généreuse, au prix de souffrance dont lui seul sait le poids dans l'œuvre de rédemption. Au long des siècles ce fut l'étrange destinée d'une foule de juifs. Mais désormais des obstacles nouveaux se dressaient sur leur chemin. D'abord il y avait, déconcertante pour eux, l'existence même de ces chrétiens qui interprétaient leurs antiques Écritures juives selon une perspective estimée par eux inacceptable. Ensuite, et peut-être surtout, il y eut au cours des âges tout ce qu'ajoutèrent à ce premier et fondamental dissentiment, certains comportements de chrétiens à leur égard. Tandis qu'un converti comme l'apôtre Paul eût souhaité être comme « anathème, séparé du Christ, pour ses frères, ceux de sa race selon sa chair », afin de les réintégrer à l'héritage commun, il est arrivé à des chrétiens trop peu conscients du sens de leur propre élection de s'octroyer le droit de jeter l'anathème sur

---

6. Cf. 1 *Co* 2.

leurs frères juifs, les traitant, sans intelligence ni amour, en ennemis de Dieu[7]. Cela a pesé lourd sur le douloureux destin des juifs au milieu des chrétiens. Enfin, demeurait pour eux la difficulté de persévérer dans l'espérance, alors que tout pouvait leur suggérer qu'ils n'étaient plus en condition de donner figure à la réalité messianique, raison d'être de toute leur histoire. Car si Jésus n'était pas la Parole définitive, en quelle direction devaient-ils œuvrer pour la venue victorieuse de leur messie ?

Il me semble impossible de comprendre certaines composantes du drame de Freud et de ses disciples juifs incroyants, à moins de tenir compte par priorité de cette conjoncture historique, et de ce que j'ai appelé ses ramifications enchevêtrées à l'intérieur des esprits, des cœurs, des conduites. Conjoncture d'ailleurs plus complexe que ce que je viens d'évoquer, car d'autres composantes doivent en être évaluées, qui sont moins immédiatement en dépendance de la situation juive comme telle : par exemple la crise de la foi et de la pensée rationnelle à l'intérieur de la société européenne d'ascendance chrétienne, avec, en particulier, les faux prestiges d'un positivisme scientiste convaincu de pouvoir faire face aux modalités pathologiques de l'existence humaine. Il me semble vain de prétendre proposer une interprétation adéquate du phénomène psychanalytique, et de ce qui a gravité dès l'origine et ultérieurement autour de lui, sans en scruter jusqu'à ce niveau le processus d'émergence et de développement. Certes, on objectera que seul un catholique « enfermé » dans son système de croyance pourra s'imaginer faire œuvre d'explication objective en présumant une relation de cette sorte entre l'état actuel des théories de l'inconscient — freudiennes ou autres — et l'attitude adoptée par les individus et par les groupes humains à l'égard de Jésus de Nazareth, ou plutôt

7. Cf. *Rm* 9, 1-6.

des thèses dogmatiques « surimposées » par l'Église à ce que fut sa réalité historique. Mais cette objection suppose, pour se formuler en ces termes, une idée cryptophilosophique et théologique contre laquelle ont peut faire valoir déjà la réponse que voici, qui n'est pas en provenance, elle, de catholiques, mais d'interprètes juifs du phénomène psychanalytique.

Soit l'ouvrage consacré par David Bakan à l'élucidation des rapports entre Freud et la tradition mystique juive [8]. Il s'agit d'une recherche scientifiquement bien conduite, dont les conclusions herméneutiques ont retenu l'attention et provoqué, avec quelques nuances, l'approbation du préfacier, le Dr F. Pasche, alors président de la Société psychanalytique de Paris, et de M. A. Memmi, alors professeur à l'École pratique des Hautes Études. Ce sont là des cautions intellectuelles juives qu'il ne serait pas facile d'ignorer. Or quelle est la thèse développée avec érudition et profondeur par David Bakan, de l'Université de Chicago? La voici, dans le résumé qu'en donne le psychanalyste préfacier:

« L'œuvre de Freud s'est édifiée sur sa propre auto-analyse, on pourrait même soutenir qu'elle en est le développement. Les découvertes les plus générales sur la nature, le fonctionnement et les ressorts secrets de la pensée et de l'activité humaines ont été faites, ou confirmées, à partir du mode original d'introspection qu'il a inventé. Il est donc tout à fait légitime de poursuivre l'analyse du « matériel » qu'il nous a livré délibérément par ses écrits, à la fois pour mieux connaître cette immense figure, exemplaire à tant d'égards, et pour perfectionner l'art qu'il a créé et nous a transmis. « David Bakan a entrepris avec profondeur et subtilité de nous révéler certains conflits intimes de Freud

8. David BAKAN, *Freud et la tradition mystique juive* (Éditions française, Payot, 1964).

liés à sa condition de juif libéré et incroyant, inconsciemment attaché à la foi de ses ancêtres mais ayant trouvé, probablement à son insu, dans une tradition mystique : la Kabbale, réinterprétée aux XVIIe et XVIIIe siècles par deux 'messies' : Sabbataï Zevi et Jacob Franck, à la fois un encouragement à secouer le joug de la foi mosaïque et l'inspiration, cryptomnésique de certaines de ses découvertes. »

« Ainsi, pour Freud, le surmoi avait un visage, celui de Moïse, et un langage : les interdits et les injonctions du Décalogue. N'est-ce pas le dogme kabbalistique d'une énergie divine créatrice sexualisée qui est à l'origine du concept de libido ? N'en est-il pas de même des notions freudiennes d'instinct de mort, sécularisation de l'Esprit du Mal, — de bisexualité, le Dieu de la Kabbale est bisexuel —, de l'inceste comme crime mythique —, de l'assimilation de la connaissance à l'inceste, etc. ? Enfin, cette attention minutieuse portée aux moindres propos du patient, n'est-elle pas celle-là même que les Docteurs de la Loi portaient à la Tora, ou encore celle que tout fidèle hassidique portait aux propos et à la personne du Zaddik, et la technique de la décomposition du langage et des associations libres, celle-là même que prescrivait un mystique juif tel qu'Abraham Abulafia ?

« Nous ne croyons pas qu'il soit possible de négliger cet important travail en arguant du caractère préconscient de toutes ces données car, en plus du fait qu'elles sont en partie des acquisitions précoces et peut-être même héritées, il faut rappeler qu'en saine technique chaque niveau topique mérite une élucidation, et que c'est seulement en explorant chacun de ceux qui se présentent à l'observation que l'on peut atteindre les couches plus anciennes.

« Ainsi, il est certain que la très ingénieuse analyse par David Bakan de l'hypothèse (freudienne) du Moïse égyptien et son interprétation comme réfutation ambiguë de l'antisémitisme n'invaliderait pas, mais préparerait, au contraire, une explication par l'attachement de l'enfant Freud à sa nourrice catholique (...)

(Et quant à l'ouvrage de Freud sur *Moïse et le monothéisme*) « l'auteur (D. Bakan) nous persuade aisément, grâce à la force de son argumentation, que cet ultime message constitue à la fois une apologie ambivalente du peuple juif, une justification relative du meurtre du père sacralisé, et une manière de légitimation de son désir d'être une sorte de nouveau messie »[9].

Cela, ce n'est pas un catholique qui se persuade de pouvoir le discerner à travers la symbolique de l'existence et des écrits de Freud. Ce sont des israélites admiratifs, experts en détection des signes de « judéité » chez les auteurs par eux soumis à un examen, qui s'accordent sur cette interprétation du dessein secret de Freud, et sur les contradictions religieuses qui s'y avouent. Je ne puis développer davantage l'argumentation de David Bakan, qui est solide, non plus que les points sur lesquels ses collègues portent la discussion[10]. Il serait utile de le faire, et de

9. Dr. F. Pasche, en préface au livre de David Bakan, p. 7-8 et 10.

10. Le Dr. Pasche regrette que D. Bakan « n'ait pas précisé ce qui est spécifiquement juif dans la tradition qui a inspiré Freud », et considère, pour sa part, que si cela était fait, « la pensée freudienne apparaîtrait comme beaucoup plus apparentée à l'orthodoxie judéo-chrétienne qu'à la Kabbale et aux hérésies de Sabattai Zevi et de Jacob Frank, ou plus exactement, que, comme toute pensée géniale, elle apparaîtrait comme faite de l'intégration exhaustive de *tous* les thèmes gnostiques, mais contenus, ordonnés, hiérarchisés sous la domination du surmoi, ce qui constitue l'essence même de l'orthodoxie » (*op. cit.*, p. 9). Je n'entrerai évidemment pas dans la discussion de cette thèse. Selon moi, elle renvoie au même problème général que je soulève au sujet de Freud.

Quant à M. Albert Memmi, il concentre son attention sur ce qui constitue, selon lui, « le drame nécessaire de toute modernité juive : une lutte préalable négatrice de la tradition ». C'est pourquoi il ne conçoit guère « la nécessité de ramener la pensée de Freud à celle des mystiques juifs, comme s'il n'était pas nécessaire de voir dans l'œuvre freudienne une allégorie, un message juif se laisser instruire, à propos de la question générale débattue ici, par les différences mêmes de leurs diagnostics. Mais il me faut passer au-delà de ces particularités du cas de Freud et de ses exégètes juifs, sans rien oublier de sa force probante.

4. Les symboles comme allusion, l'image comme réalité

Des réflexions juives les plus pertinentes sur le sens ambigu de l'entreprise analytique, ce qui résulte assez clairement, me semble-t-il, c'est la nécessité de maintenir et d'approfondir la question posée dans ce chapitre. Elle porte sur l'identité du Libérateur messianique auquel *font allusion* les écrits bibliques des deux Testaments, identité depuis toujours controversée. C'est là le fond du débat, et prétendre l'éviter c'est se vouer à une fuite sans fin devant la vérité, à commencer par la vérité sur la psychanalyse comme théorie et comme pratique. Ici, ce n'est pas la seule théologie qui se trouve face à un choix entre *oui* et *non*, mais également l'anthropologie. Impossible de l'ignorer.

Nous constatons, en effet, que selon les investigations mentionnées plus haut, il n'y a rien de délirant, au contraire, à mettre en évidence chez Freud, et plus ou moins de son propre aveu, une sorte *d'intention messianique*, pourvu que ces deux mots soient entendus en contexte à la fois juif et analytique. Reste

---

camouflé par Freud lui-même, afin de mieux atteindre l'univers non juif». Ce qui est nécessaire, en tout état de cause, soit chez les «mystiques» de la tradition kabbalistique, soit chez Freud, soit chez beaucoup d'autres juifs (parmi lesquels, sans doute A. Memmi lui-même) c'est de *fronder la lettre de la loi*, ce qui implique que soit secoué le joug de la tradition rabbinique (cf. *op. cit.*, p. 255 sv.). Ma remarque, ici, rejoindra celle que suggère le livre de D. Bakan et les annotations du Dr. Pasche. Nous restons dans la même problématique: Pour un juif, devenir chrétien, ne serait-ce pas, l'unique avancée lui permettant d'accomplir la loi, sans en *fronder* ni l'esprit ni la lettre?

à savoir si ce contexte peut être qualifié d'orthodoxe. Il ne manquera pas d'adversaires juifs de la psychanalyse, un Dr Henri Baruk par exemple, pour répondre résolument non, comme croyant et comme psychiatre; et que le judaïsme de Freud et de son œuvre relève d'une judéité directement opposée à l'idée messianique inhérente au mosaïsme et au prophétisme authentiques. David Bakan est lui-même tout à fait convaincu de ce qu'il y a d'assez radical en une telle divergence intra-judaïque. Albert Memmi considère que la solution indiquée par Freud consiste à intérioriser en forme de conflit libérateur la divergence en question. Quant au Dr Pasche, il estime, comme psychanalyste, que Freud a au moins tenté de surmonter cette opposition, et que, du même mouvement, il s'efforçait d'«égaliser» les traditions messianiques juives et chrétiennes, de tenir le jeu égal entre Israël et les Gentils, et cela par l'élan d'une aspiration universaliste de haute inspiration scientifique [11].

Face à cet embarras, qu'y-a-t-il d'inconvenant et d'irrationnel à dire: Jésus de Nazareth, lui seul, portait en sa personne de quoi accomplir ce que le messianisme d'intention — celui de Freud et celui de ses commentateurs juifs — semble postuler, mais en refusant les conditions réelles de cet accomplissement? D'où la nécessité pour Freud de comprendre sa tâche comme cryptomessianique, et de récuser ce qui, tant dans la tradition juive que dans la tradition chrétienne, s'oppose à ce qu'il l'assume, parce que cette fonction ne peut pas être la sienne. Mais pourquoi une impossibilité, un interdit de cette sorte? Du côté chrétien, la réponse est simple, et péremptoire: la place est déjà occupée, et en des conditions telles que quiconque cherche à découvrir la sienne au sein du peuple messianique, désor-

11. *Op. cit.*, p. 10.

mais universellement ouvert, doit définir celle-ci en relation de dépendance à l'égard de l'unique Messie sauveur. Car, en vérité, si « aucun nom n'a été donné aux hommes par lequel ils puissent être sauvés » [12], cela ne signifie pas qu'aucun homme de pensée et d'action, et notamment aucun thérapeute, n'aura d'efficacité au service de ses frères, pour contribuer à leur accomplissement spirituel. Cela implique seulement que ni les théories ni les pratiques qu'il mettra en œuvre à cette fin ne seront réellement bienfaisantes, sinon par leur conformité, au moins virtuelle, à l'esprit du Sauveur désigné par Dieu. Dire cela n'a rien d'intolérable, à moins qu'on ne tienne pour intolérable l'Église dont c'est la conviction native.

Du côté des juifs convaincus de devoir s'opposer à la messianité de Jésus et à la proclamation de son identité divine, on comprend que le problème de l'identité du messie puisse devenir un sujet d'extrême perplexité, au point de suggérer comme légitime le plus grand laxisme d'opinions. Cela aussi répond à une certaine logique de situation. Celle-ci interdit d'argumenter avec rigueur contre l'appropriation tacite, par un juif sincère, croyant ou non, d'une fonction de type messianique. Sur ce point, chrétiens et israëlites devraient se comprendre, et même constater entre eux un certain accord. Mais quel en serait l'objet ? pas l'identité du Messie, qui est chose acquise seulement pour les chrétiens : simplement le fait qu'une fois écartée l'élection de Jésus par le Dieu biblique, quelque chose puisse suggérer à tels et tels individus modelés par l'aspiration juive au salut, de prendre leur part, personnellement, de la tâche messianique, chacun demeurant juge des conditions de son exercice, comme des provenances de son inspiration. Et cela d'autant plus qu'il en sera venu à la conviction que voici : il n'y a pas à attendre de

12. Pierre devant le Sanhédrin, *Ac*, 4, 12.

messie sauveur hors-série, distinct comme tel des membres du peuple messianique lui-même, en sa condition judaïque dramatiquement contrariée. Chacun peut donc être conduit à se reconnaître délégué à l'accomplissement de cette tâche mystérieuse, et s'y consacrer sous sa propre responsabilité, selon la perception qu'il en a ou pense en recevoir intérieurement. L'engagement hasardeux de Sigmund Freud dans cette logique subjective ne présente rien — compte tenu des données diverses et obscures de son expérience — qui doive susciter ironie, ou dénégation a priori au nom de la vérité de l'homme, ou de la vérité messianique. Ce genre de réaction reposerait sur plus d'ignorance et d'inconscience qu'on en prêterait à Freud en la circonstance.

Parce qu'ils se reconnaissent des raisons d'affirmer que ni Sigmund Freud, ni aucun de ses frères de race, ni aucun autre homme de désir, ne parviendra jamais à s'identifier en sa vocation véritable indépendamment de Jésus-Christ, les chrétiens sont moins inaptes à comprendre pourquoi, et par suite de quel manque, ce genre de rêve messianique peut visiter un homme tributaire de l'héritage biblique. Et pourquoi aussi ce rêve distille en lui un inextricable embarras, à travers des aveux allusifs plutôt que décidés, traversés de doutes et d'objections tenaces. Là où l'engagement thérapeutique procède de motivations intenses, surdéterminées, mais complexes et contradictoires, ainsi qu'il en va chez Freud, ce qui opère aux profondeurs de l'esprit et du cœur (inconscient compris) c'est une disposition ardente à vouloir libérer l'homme, et soi-même, d'intraitables souffrances, et la mise en œuvre de moyens qui, jusque-là, avaient échappé aux annonciateurs religieux du salut. Car eux-mêmes contribuaient à justifier et à appesantir cette souffrance, par l'effet de préjugés théologiques dont il importe maintenant de se libérer scientifiquement. C'est pourquoi la thérapie analytique opérera selon un modèle qu'il s'agit de substituer à celui qui procède de la très culpabilisante religion-surmoi. Sur ce point, d'ailleurs, Moïse est ressenti par Freud comme plus archaïquement générateur de conflits que le chrétien Saul de Tarse, avec sa religion du Fils réconciliateur [13]. Par l'effet de quels processus Freud se trouve enclos de cette problématique lourde de contradictions pour lui et pour tant d'autres très douloureuses, seule me semble-t-il, l'expérience de l'Esprit, magistralement expliquée par saint Paul en termes d'histoire biblique du salut, peut finalement en rendre compte, et permettre d'en être affranchi [14].

Il me faut maintenant préciser le sens donné, dans ces développements, à des termes tels qu'*intention* et *allusion* (ou *allusif*) employés à propos de la subjectivité messianique de Freud — ou de tout autre, Jésus-Christ excepté. Ces termes doivent être mis en rapport avec d'autres, inscrits dans mon titre: *symbole* et *image*. Le plus simple, pour en expliquer le sens est de partir de l'acceptation biblique du mot image et plus précisément *images de Dieu*, quand il est retenu pour indiquer une identité ontologique, s'agissant d'êtres spirituels. En sa réalité ultime, l'homme est image créée de Dieu. Il peut détériorer en lui cette image substantielle, en se détournant de son Modèle divin. Se soustrayant par désobéissance à la loi qui le constitue en son être véritable, il devient dissemblable à lui-même à mesure qu'il s'éloigne de Dieu. Cette dissemblance à l'égard de soi se traduit en division d'avec soi, en méconnaissance de sa propre identité, en illusion sur soi. Corrélativement, parce qu'au titre de sa vocation il est être-pour-l'Alliance, ses relations interpersonnelles se détériorent également dans l'ordre sociétaire. Chaque sujet est rendu comme étranger à lui-même dans la mesure où il devient étranger à son frère. Selon le mouvement inverse de

---

13. Cf. plus haut, 1re partie, ch. 5, note 5, p. 00.
14. Voir surtout: *Rm* ch. 8.

réduction des distances et dissemblances dues au péché, la recomposition de l'Alliance est restauration de l'image, à la fois en sa dimension personnelle et en son ouverture communautaire.

Au long de l'histoire biblique, l'état des rapports entre Dieu, sa communauté élue, et les personnes intégrées à celle-ci, mesure la distance et le rapprochement entre l'homme et Dieu, et entre chaque homme et ses partenaires humains. Les étapes de la révélation confiée à Israël, puis à l'Église, sont étapes de la réappropriation par l'homme de ce qu'il est, et appelé à être en toute vérité comme image de Dieu. L'instrument élu en vue de cette restitution chez les hommes de l'image divine oblitérée, c'est le Verbe incarné et rédempteur. Lui-même est, en sa Personne éternelle, l'Image parfaite du Père invisible [15]. Dans son union à l'humanité, il restaure l'identité perdue, au bénéfice de tous ceux qui croient en lui, et par lui se laissent régénérer et réconcilier. En l'Église, être soi, c'est accéder à la vérité de soi reçue d'en haut, par une nouvelle naissance selon l'Esprit. Le Fils unique, Parole ou Verbe éternel, en qui et par qui toutes choses ont été faites, devient comme Image filiale du Père, l'instrument de notre réfection. Par lui seulement nous pouvons être rendus à notre identité relationnelle d'image.

Et si cette perspective divine sur soi-même est ignorée ou refusée par l'homme ? Alors, celui-ci cherche à s'identifier en dehors du lieu où il lui serait donné de se recevoir de Jésus-Christ. A quoi, et à qui se confrontera-t-il pour obtenir quelque idée de ce qu'il est, comme homme, et de celui qu'il est destiné à être personnellement comme fils de Dieu engendré dans le sacrifice du Messie rédempteur ? Le voilà en quête de repères rencontrés dans le monde des choses et dans celui des hommes. Percevant bien qu'il n'est identique à aucune chose, non plus qu'à aucun

---

15. Cf. *Col* 1. 15 sv.; *He* 1, 1-5; *Jn* 14, 9-12.

autre homme, non plus qu'à aucune des représentations rencontrées en ses propres rêves, ou en ceux d'autrui, collectionnés par les arts, les littératures, les mythes religieux, il ne peut recevoir de tant de figures évanescentes que des *allusions* à l'identité qu'il pressent, mais ignore en lui. Tout peut devenir symbole partiel, transitoire. Certains symboles lui semblent porteurs d'allusions plus profondes, plus communes à l'humanité : il pourra les nommer *archétypes*. Nous avons vu l'usage que Jung et d'autres font de ces symboles plus centraux, ou ressentis comme tels. Aucun d'entre eux, et pour cause, ne correspond à l'image ontologique oubliée, ignorée, présente-absente, en peine de l'Autre qui la révélerait à elle-même, relationnellement. D'où ce mal d'exister dans l'éloignement de l'Image divine seule efficacement appelante, seule détentrice du nom singulier dont le Père nomme chacun de ses fils absents, exilés de la Présence.

Comme chacun de nous est porté à le faire pour tenter de correspondre à l'appel indistinct de l'image détentrice du secret, proche et distant, de son identité personnelle, Freud et Jung puisaient spontanément aux symboles en dépôt dans leur culture humaniste. Celle-ci était un héritage emmêlé, en provenance surtout de la Grèce, d'Israël, et de la tradition chrétienne. Ils y puisaient de façon sélective, guidés par des intentions incertaines d'elles-mêmes, car incertaine demeurait leur appartenance religieuse subjective. En ce domaine, leurs attitudes comparées renvoient de manière assez expressive à ce qu'il y avait de commun, mais aussi de dissocié dans leur rapport personnel à l'expérience pagano-judéo-chrétienne. La symbolique de Jung emprunte surtout aux réserves archétypiques de la religiosité universelle. Telle qu'elle se présente dans son système herméneutique, elle correspond plutôt à l'aspect « polythéiste » de l'âme qu'au recentrement unificateur effectué en Israël par principe monothéiste, et en tradition chrétienne par principe christoecclésiologique [16]. Quand à Freud, les variations auxquelles il soumet la symbolique de l'homme procèdent d'une intention gravement indéterminée, elle aussi, et probablement plus conflictuelle, du fait de son impossible messianisme juif-incroyant.

A son propos, j'ai parlé *d'intention* messianique. Cela ressort assez clairement de l'appréciation avancée par ses interprètes israëlites. Mais il faut sur ce point en juger avec précaution. Ce qu'en dit David Bakan, et d'autres, et ce que je crois en percevoir à partir d'un lieu d'observation messianique bien différent du leur, s'oppose à ce qu'une intention de cette sorte obéisse au régime de la conscience assurée d'elle-même et de ses motivations rationnelles. La part qu'y tient l'inconscient onirique est trop grande pour cela, et la relecture des symboles bibliques en vue d'une appropriation subjectivisée trop arbitraire. Et pourtant, ce discours-là n'est pas dépourvu de tout sens. Pour s'en pourvoir, il emprunte à la fois au vécu conflictuel du sujet en peine de se comprendre lui-même, et à plusieurs figures typiques disponibles dans l'héritage grec et dans l'héritage biblique, selon une visée gnostique proche en divers points de celle de la Kabbale. Tout cela interfère, et procède à des compromis avec un sujet en quête de son identité [17]. Qu'ensuite, sur la base de

16. Ainsi, parmi les archétypes religieux, nous trouverons celui, polymorphe, de l'enfant, être initial et final, et celui de la jeune fille divine, non moins polymorphe en paganisme. En christianisme, le Fils Sauveur et la Vierge Mère sont des personnes uniques, dont la théologie précise l'identité. Voir, par exemple l'ouvrage de JUNG/KERÉNY, *L'essence de la mythologie* (Petite bibliothèque Payot, 1980). La pente «polythéiste» de la psychologie jungienne est reconnue, puis systématiquement suivie et illustrée par James HILLMANN, *Le polythéisme de l'âme* (Version française, Mercure de France, 1982).

17. «Freud avait tendance à se considérer comme le protagoniste d'un vaste mythodrame historique et pas seulement comme un savant ou un médecin tels que ceux de son milieu culturel. Dès son jeune âge il s'identifia à Hannibal, le héros sémite qui combattit la culture romaine dans l'antiquité. Il pos-

cette entreprise risquée d'auto-analyse individuelle, un procédé herméneutique de portée plus générale tente de se vérifier, on ne doit pas s'attendre à ce que l'aggravation du risque se change alors en garantie de vérité scientifique.

5. Plus le verbe est censuré, plus ça parle

Tous les défis ne sauraient être relevés de façon bénéfique pour la cause de la vérité. Si le défi porte en lui une contradiction fondamentale, il ne suffit pas de vouloir l'assumer à tout prix pour ouvrir à la pensée et à l'action humaine des voies nouvelles avantageusement praticables par soi et par autrui « Il n'y a pas de science que par l'unité, il n'y a de dialectique que par le Oui et le Non, et qui retire le Verbe détruit la parole » [18]. La prodigieuse aventure biblique, entre Genèse et Apocalypse, représente non seulement pour nous, qui avons appris d'elle ce que nous sommes, mais pour tous les hommes, qui n'apprendront que par elle ce qu'ils sont, un enjeu trop immense pour qu'il soit sensé de la traiter arbitrairement, sans se mettre en quête de son message authentique. C'est d'elle que nous avons reçu la parole. Si nous refusons d'être concernés par elle autrement que selon les préjugés et l'ignorance dont il nous plaît de

---

sédait l'élan messianique juif, qui porte à participer au processus que subit la rédemption. De la même façon, les messies médiévaux s'étaient vus assumant le rôle du Messie-ben-Joseph, considérant l'extrême souffrance qu'ils enduraient ou dont ils étaient témoins, comme les douleurs de l'enfantement d'une nouvelle ère. (Et) comme nous pouvons nous y attendre, le Diable a aussi son rôle à jouer dans l'œuvre de Freud... "Savez-vous que je suis le Démon ? Toute ma vie j'ai joué le rôle du Démon, afin que les autres puissent construire, avec les matérieux que j'amènerai, la plus belle des cathédrales" » (D. Bakan, *op. cit.*, p. 151. La formule citée est de Freud, en conversation avec des collègues).

18. P. CLAUDEL, première lettre à Jacques Rivière.

nous satisfaire à son sujet, qu'aurons-nous encore à dire qui soit en nous et pour autrui parole de vie?

C'est saisis par elle, instruits par elle, que nous avons *reçu la parole*. Cela doit s'entendre en plusieurs sens, qui sont solidaires entre eux. Le sens plénier, qui fonde et rassemble tous les autres, est celui qui correspond à la bonne nouvelle par excellence, à savoir que Dieu s'est donné lui-même aux hommes en son Fils unique, lequel est identiquement sa Parole éternelle et souveraine. Cette Parole nous a été donnée, livrée, afin que nous la recevions, dans le repentir de l'avoir d'abord refusée, et que nous vivions par elle. En dépendance de cette signification totalisante, affirmer que dans l'événement de la révélation biblique nous avons reçu de Dieu sa parole revient aussi à dire qu'il s'est engagé irrévocablement, sur son honneur divin, en quelque sorte, à ne jamais annuler son Alliance, et donc à la conduire à son accomplissement, quels que soient les obstacles placés par l'homme sur le chemin de cet accomplissement, chemin qui passe par son être de pécheur. Enfin, en un troisième sens, le don qui lui est fait de la parole consignée dans les Écritures judéo-chrétiennes doit être entendu comme offre d'accueil et d'appropriation personnelle du discours divin tenu en termes humains. En sa multiplicité et en son unité, la parole mise ainsi à notre disposition appelle de notre part une assimilation persévérante par la mémoire, le cœur, l'intelligence, la conduite. Elle devient, moyennant cette intériorisation, la parole même par laquelle nous nous entretenons avec nous-même et avec autrui, en même temps qu'avec Dieu dans la prière. Elle s'enracine alors dans nos pensées et nos sentiments, aux profondeurs les plus personnelles de notre être. Elle éclôt sur nos lèvres, mais aussi nous ensemence silencieusement jusqu'en notre inconscient spirituel. Elle nous modèle en toutes nos dimensions et nous introduit à notre identité. Car l'homme ne vit pas seulement de pain, mais d'abord de toute parole qui sort de la bouche de Dieu. Quiconque s'est efforcé de comprendre ce que la parole biblique a depuis toujours représenté pour les saints d'Israël, avant et après Jésus-Christ, sait tout cela d'expérience. Ce fut leur secret, ce peut être le sien encore, et si chargé pour lui d'évidence et de joie vivifiante, qu'il sera peu perturbé par les multiples formes de refus opposées de tout temps, et plus subtilement peut-être aujourd'hui, à la véracité lumineuse de la parole de Dieu.

Car à l'encontre de cette attitude croyante, consciemment réfléchie et éprouvée comme libératrice, s'exercent effectivement tous les procédés de chantage auxquels peut succomber la fragile créature humaine. Celle-ci, même après une première approche du secret de vie, reste aisément mystifiable, surtout à partir du moment où, enivrée par de douteuses sagesses trop sûres de leur scientificité, elle se laisse convaincre de ne pas céder à la mystification de l'enseignement officiel des Écritures selon la règle herméneutique de l'Église. C'est-à-dire tout simplement, de la règle apostolique reçue par elle de Jésus, et mise en œuvre au sein de la tradition sous la garde de son magistère. Comment se sont multipliées au cours des âges les interprétations méthodologiquement et doctrinalement erronées des Écritures, je n'ai pas à m'en expliquer ici. Il est certain que la rupture survenue entre-eux des fils d'Israël qui ont refusé de reconnaître en Jésus la Révélation même dont ils avaient accueilli les prémices mosaïques et prophétiques, et les chrétiens désormais porteurs d'une lecture renouvelée de ces prémices, fut et reste pour beaucoup dans le manque d'efficacité de l'enseignement divin parmi les hommes, et cela à travers toutes sortes de crises intellectuelles et morales. L'effet d'occultation produit par ces crises, et par les solutions fallacieuses imaginées pour les surmonter, apparaît aujourd'hui considérable.

C'est d'ailleurs tout un tissu d'idées errantes qui tend plus que jamais à imposer comme «évidente» la nécessité de dire *non* aux affirmations chrétiennes ayant pour elles la garantie de l'autorité divine exercée par Jésus en son Église. Cette évidence triomphe d'autant plus dans nos sociétés sécularisées que les modalités mêmes de cette sécularisation vouent bien souvent leurs victimes à une ignorance à peu près totale concernant le fait biblique et le contenu de la parole dont il est porteur. Et, s'ajoutant à cette ignorance, une désinformation véhiculant pêle-mêle un discours incohérent où il n'est question que de l'homme et de son projet d'autosuffisance athée. Dans ces conditions, l'idée même qu'un invraisemblable Dieu puisse lui destiner une parole dissipant ses illusions glisse sur sa carapace protectrice, sans qu'il en devienne plus heureux pour autant. Nous sommes en présence d'un phénomène à la fois collectif et individuel de résistance et de censure. Si nous en croyons le meilleur des analyses freudiennes sur ce sujet, ce n'est pas là un signe de liberté intérieure. Dieu est en lui-même libre d'une liberté tout autre, et c'est à une liberté tout autre qu'il invite ceux qui s'aviseront qu'il y a mieux à faire pour les hommes, à l'âge du triomphe supposé des sciences humaines, que de mobiliser celles-ci, très inconsciemment, pour censurer le Verbe de Dieu. Car c'est là un procédé assuré pour censurer aussi en l'homme la parole qui lui permettrait de se dire en vérité.

Je propose d'interpréter le phénomène dit de *censure* en l'envisageant dans ce qui, à l'intérieur de l'histoire humaine, a constitué et constitue encore son intervention et son effet les plus décisifs : l'interdiction portée un jour contre Jésus, par les interprètes officiels de la Loi mosaïque, de se présenter au monde comme étant en personne l'accomplissement de la révélation divine. En raison des implications théologiques de son attitude et de son enseignement au sujet de son Père, à son propre sujet, et des conditions posées à tous les hommes pour entrer par lui dans le Royaume de Dieu, la censure exercée à son encontre ne supportait pas de restrictions. Elle serait donc totale, et devrait se traduire par une condamnation à mort présentant les apparences de la légalité. Ainsi, la Parole divine livrée aux hommes en Celui qui se tenait au commencement et au terme de l'histoire du salut et de toutes choses, se trouverait efficacement réduite au silence par ses destinataires. Du moins les négateurs de la divinité de Jésus pensaient pouvoir prononcer le mot de la fin au sujet de Dieu et de l'homme. Mais la Parole avait de quoi s'énoncer entièrement et définitivement en cela même qui s'évertuait à la réduire au silence : sa mort, préalable à sa résurrection, qui en manifesteraient l'absolue véracité.

Il fallut donc, pour maintenir les droits du mensonge, entreprendre de censurer les Apôtres, prédicateurs du Ressuscité. Interdiction formelle, sous peine de mort, d'enseigner en ce Nom-là ! L'interdit n'a pas été respecté. Dieu lui-même veillait à ce qu'il ne puisse pas l'être. D'où l'exaspération du conflit au sujet de l'identité de la Parole. L'Église a continué jusqu'à nous de l'annoncer telle que la charité du Père nous l'a manifestée en Jésus-Christ et en elle, répétant à ses censeurs : « Il faut obéir à Dieu plutôt qu'aux hommes. Le Dieu de nos pères a ressuscité ce Jésus que vous, vous aviez fait mourir en le suspendant au gibet. C'est lui que Dieu a exalté par sa droite, le faisant Chef et Sauveur, afin d'accorder par lui à Israël, la repentance et la rémission des péchés. Nous sommes témoins de ces choses, nous et l'Esprit Saint que Dieu a donné à ceux qui lui obéissent [19]. Ce fut dès le commencement de l'Église la réponse de Pierre et des Apôtres à l'interdiction d'évangéliser. Celle-ci a pu changer de formulation selon les temps et circonstances. Elle s'est maintenue et ingéniée à renouveler ses « raisons ». L'Église garde les mêmes raisons de résister, dans la liberté, à cette résistance impuissante à se justifier, et d'autant plus inu-

19. *Actes des Apôtres* 5, 29-33.

sablement affairée à discourir sur l'impossibilité de l'événement de l'incarnation du Verbe.

Ainsi opère jusqu'à nous, indignée de la prédication apostolique, obstinée à la contredire et à en couvrir la voix à force de bruit, ou encore à se rendre sourde par prétexte d'indifférence, la stratégie humaine de censure de la Parole de Dieu. Il lui semble avantageux présentement de se recommander de la science, d'une coalition de sciences, parmi lesquelles en première ligne une *certaine* psychanalyse. Celle-ci se présente comme experte en identification et démantèlement des résistances et interdits dressés par l'inconscient — générateur pour une part et instrument du surmoi répressif — contre l'avènement en chacun de nous du sujet authentique (qui peut, d'ailleurs être quelque chose comme un non-sujet). Le moi véritable doit être reconquis sur cet informe pulsionnel désigné par le terme de *çà: Wo Es war, soll Ich werden*. C'est là un haut lieu de l'exégèse freudienne.

Mais s'il s'avérait que Freud lui-même a subi dans son existence et sa pensée un processus de censure bien autrement puissant et signifiant que celui qu'il a observé, effectivement, en lui-même et chez ses patients, au cours de l'effort analytique? Il n'est pas question de nier l'intérêt présenté par l'interrogation du psychologue sur la nature, la provenance, et l'interprétation à donner des réactions qu'il désigne comme phénomènes de censure, de résistance, et de prise de conscience, là où il se trouve confronté aux dynamismes obscurs de l'inconscient. Mais quelle parole énonce avec objectivité ce qui est à l'œuvre dans ces profondeurs de l'âme humaine? Quelle parole en provenance du sujet complexé contribue réellement à une prise de conscience libératrice? Et quelle parole de l'analyste? Certes, en cours d'analyse, « ça parle », et l'on présume que c'est bien. Le *je* véritable des partenaires du dialogue thérapeutique qui l'emportera sur la domination de l'inconscient individuel et collectif. A force de remonter ou de descendre la « chaîne des signifiants », d'élucider les symboles oniriques, de déjouer les manœuvres d'un « désir » informe et obstiné, lui-même activé par la « situation œdipienne », on fera tomber les masques derrière lesquels se dissimule le moi. Telle est la théorie. Mon propos, dans ce chapitre, est d'inviter à ne pas s'accorder, en ce domaine de l'identité de chaque sujet humain, cela même qui fait difficulté chez les théoriciens, à commencer par Freud : le problème des conditions fondamentales de toute connaissance de soi-même et d'autrui, de tout accès à la Parole de vérité, de toute compréhension du processus par lequel chacun peut être entraîné, à son insu, dans l'étrange drame humain consistant à la censurer comme aux jours de Caïphe et de Pilate.

III

DE QUEL AMOUR ENGENDRÉS?

Et pour finir: comment, dans ce débat, comprendre ce qui revient à la mystérieuse réalité désignée par le vocable d'*Esprit Saint*? Car c'est à lui qu'en appelle explicitement le titre de cet ouvrage: *La psychanalyse et l'Esprit Saint*. Des trois chapitres composant cette seconde partie, le premier insiste sur la nécessité de situer l'ensemble de la question psychanalytique en référence ultime au transcendant mystère de Dieu Père tout puissant, créateur du ciel et de la terre, des réalités visibles et des invisibles. Le deuxième concentre son attention sur le mystère du Fils-Verbe éternel, en tant qu'il se tient à l'origine de toute parole humaine d'intention signifiante, et habite notre histoire commune et personnelle par l'appropriation qu'il en fait dans son incarnation. En troisième lieu s'impose la question de l'Esprit Saint. Elle s'impose logiquement et vitalement, non pas d'abord parce qu'ainsi l'exige la conception chrétienne du Dieu Trinité, mais d'abord parce qu'ainsi y invite l'expérience psychanalytique. Car celle-ci inclut inévitablement certaines questions anthropologiques que l'on chercherait en vain à satisfaire par une réponse hâtivement formulée de façon à censurer, de nouveau, la voix divine : cette fois, la voix de l'Esprit procédant du Père et du Fils.

J'entends l'objection, aussi insistante que mon propos : cette manière de vouloir fermer arbitrairement le cercle des dialectiques du sujet humain en travail d'analyse confond les plans d'expérience. C'est de l'extérieur, autoritairement et artificiellement, qu'elle fait intervenir la question de l'Esprit Saint, assortie de théorisations dogmatiques dont la psychanalyse n'a que faire. A moins qu'il ne revienne à celle-ci de révéler le substrat inconscient de cette théorisation idéologique. Auquel cas le dogmaticien n'aura pas à se plaindre du coup décisif porté à son système. Lui-même aura fourni à l'interprète psychanalyste de quoi se faire contredire et convaincre d'abus de pouvoir : l'inconscient, toujours lui. L'inconscient théologique n'appelle-t-il pas une démythisation d'urgence, plus sévèrement punitive que toute autre ?

En réponse, il est possible de faire remarquer, dans un premier temps, qu'un psychanalyste qui a étudié d'assez près la théologie de l'Église pour se sentir apte à en « déconstruire » le discours par dessein punitif n'évitera pas lui-même d'invoquer sa compétence personnelle, et de chercher à préciser en quel esprit il intervient. D'un côté, son expérience particulière ; d'un autre côté ce que l'Église enseigne officiellement à partir de sa propre expérience du Père, du fils et de l'Esprit. Si, entre ces deux expériences, une certaine opposition lui semble évidente, il ne se soustraira pas à la tâche de s'en expliquer. Il sera conduit à préciser où gît la difficulté, notamment s'il s'agit de faire correspondre quelque chose d'intelligible, selon son point de vue, à la notion d'Esprit Saint. C'est dire qu'à travers cette explication une problématique particulière s'énoncera, qui inclut une idée de l'homme, de la théologie et de leurs rapports. Si ce n'est pas celle que je tiens pour vraie, c'en sera une tout de même. De toute façon, on n'évite pas de mettre en relation des expériences personnelles, surtout là où il est question de Dieu, de l'homme et de ce qui les joint ou les oppose [1].

1. Expérience psychanalytique et expérience de l'Esprit

« Le combat de la psychanalyse et de la foi est désormais dépassé », me dit-on. Si celui qui en juge de la sorte, se tenant pour croyant et pour compétent en psychanalyse, parle d'expérience, je ne pense pas que celle-ci puisse correspondre à la mienne, du moins s'il faut s'en tenir à ce verdict général. Il se réfère à son expérience du rapport, en lui-même, entre le croyant et le psychanalyste professionnel. De ce double point de vue, je dois respecter son appréciation, que je ne partage pas. Mais qu'importe que je ne la partage pas si, quoi qu'il en soit de ma foi, je ne puis me référer à aucune expérience psychanalytique ? Telle sera l'objection. Sous cette forme, elle me parait sans fondement. Pourquoi ? Parce qu'il sera toujours arbitraire, me semble-t-il, et en théorie comme en pratique indéfendable, de vouloir faire jouer ce genre d'intimidation. *Aucune* expérience ? ce privatif absolu est de trop, et à lui seul il laisserait mal augurer de la pertinence logique et psychologique de celui qui s'y réfugie pour couper court au débat. Ou bien alors tout ce que

1. Ainsi, Roland Sublon, psychanalyste et docteur en théologie. On peut lire, sur ce sujet précis : *Fonder l'éthique en psychanalyse*, en particulier le chapitre 9 : *Ordre symbolique, révélation et Esprit Saint* (FAC 1983) ; et, plus largement argumentée dans le collectif sur *l'Esprit Saint* (Facultés universitaires Saint-Louis, Bruxelles, 1978) la contribution ayant pour titre : *L'Esprit Saint dans la perspective psychanalytique* (p. 97-130), avec les interventions en débat (surtout p. 182-190). Je ne commenterai pas ces positions.

je me risque à exposer dans ce livre se trouve dépourvu d'objectivité. Et pour quelle raison ce genre d'infortune? Essentiellement, m'expliquera-t-on, parce que je n'entends rien à l'affaire, n'y ayant acquis aucune pratique. Me font défaut et cette initiation que constitue l'analyse didactique [2], et cette irremplaçable et décisive expérience qu'apporte le rapport médical de praticien à patient. Tout ce que je pourrais invoquer comme expérience voisine ou approchée est inapte à me donner ce sens de la réalité de l'inconscient et de ses arcanes dont je disposerais (peut-être) si, entrant dans une autre voie que celle où Dieu m'a appelé, j'avais fait carrière d'analyste. Car alors que les désaccords, même très graves, entre professionnels, ne seraient pas retenus contre la compétence de chacun d'eux dans le domaine, présumé commun, réservé à l'expérience analytique, ce que j'ai pu acquérir en fait d'expérience de l'homme par ouverture à l'enseignement de l'Église et par l'exercice du ministère pastoral devrait être tenu pour rien, s'il s'agit de risquer quelque incursion et jugement sur le territoire réservé aux théoriciens et praticiens de l'inconscient. Ou bien alors, il me faudrait avoir renouvelé, et peut-être révisé ce que je tenais pour une expérience spirituelle et pastorale éclairante. Comment? Grâce aux lumières nouvelles dont seraient redevables à leur «entrée en psychanalyse» les prêtres qui, pour quelque raison que ce soit, si possible avec engagement dans la profession, seraient en état de confronter en eux-mêmes les deux compétences [3]. Hors de

2. S'y soumet celui qui, se préparant à exercer la psychanalyse, attend de la critique qu'exercera sur lui cette initiation de ne pas faire intervenir (trop) ses propres embarras psychiques dans sa relation à autrui.

3. Les questions que soulèvent, s'agissant du prêtre, d'une part, ce qu'il tiendra pour le franc-jeu d'une analyse didactique, d'autre part un type de rapport à autrui qui se définira comme thérapeutique selon les normes de l'analyse, sont si considérables et si délicats à traiter sur un mode général — alors que

cette voie initiatique, rien n'autoriserait à s'accorder ne fût-ce que le commencement d'une aptitude à mêler sa réflexion à celle de tant de témoins affairés autour d'une question à ce point débattue.

Dans ce que j'ai écrit jusqu'ici, rien ne va, à mes yeux, dans le sens d'une disqualification d'ensemble de ce qu'on peut appeler l'expérience psychanalytique. Sans qu'il soit possible de la tenir pour équivalente chez tous ceux qui s'en réclament, il faut lui reconnaître, de toute façon, un certain contenu. Elle comporte des limites. Elle peut, dans certains cas, dans beaucoup probablement, mêler vérité, équivoque et erreur. Il arrive qu'elle complique et détériore ce qu'elle prétend clarifier et guérir. Cela ne permet pas de la récuser de façon simpliste. Il faudrait tout en ignorer, ou obéir à l'un de ces parti pris passionnels dont elle entend nous libérer (mais qu'elle ne fait parfois que déplacer et renforcer), pour en finir à son sujet soit avec un *oui* sans

---

de cas à cas les situations sont assez différentes — que je m'abstiens de m'engager ici sur ce point crucial. Plus crucial encore que ne l'est le choix, pour un autre croyant psychiquement perturbé, du recours à la cure analytique. On estime volontiers, chez certains analystes, que les difficultés survenant pour un croyant en cours d'analyse étaient déjà à l'œuvre antérieurement, et que ce sont elles, plutôt, qui l'ont conduit à demander l'aide de l'analyste. Le problème me paraît plus complexe que ne le suggère François Roustang lorsqu'il écrit : « Ceux qui vont, pendant la cure, abandonner leur religion, quitter leur parti politique, divorcer, changer de métier, sont venus à la psychanalyse parce qu'ils étaient déjà entrés dans le plus grand doute à l'égard des valeurs reçues, parce que leur vie, menée selon ces normes héritées de tel groupe social, était déjà devenue invivable, parce que les repères auxquels ils étaient accoutumés avaient déjà cessé de faire leur office, et qu'ils se trouvaient perdus... » (*Elle ne le lâche pas...* p. 173-174). Il faut remarquer, d'abord, que les abandons pris comme exemples ne s'équivalent pas, et ensuite qu'en ce qui concerne les processus d'ébranlement de la foi chrétienne avant, pendant, ou après un traitement psychanalytique, il est nécessaire, pour déterminer leur étiologie, de prendre en considération l'ensemble des questions abordées dans cet ouvrage.

réserve soit avec *non* sans discussion. Dans les affaires humaines, là où chacun invoque son expérience, ou une expérience tant soit peu commune, la situation est rarement telle que toute la vérité serait d'un côté et toute l'erreur de l'autre. De même, il faut se garder de poser les expériences l'une en face de l'autre comme si leur spécificité les rendait sans analogie ni communication. Je dois préciser ce point à propos du titre développé ici, qui met en regard expérience analytique et expérience de l'Esprit. Je me garderai bien de dire que l'une ne va jamais sans l'autre, mais j'écarterai l'idée qu'elles ne peuvent que se ramener l'une à l'autre, ou bien, au contraire, que s'opposer en tout.

Au sein de l'Église, l'expérience de l'Esprit mérite vraiment ce nom *d'expérience*, et elle atteste avec saint Paul que ceux qui en sont les bénéficiaires reçoivent avec elle une aptitude à juger correctement, selon Dieu de toutes choses, sans relever eux-mêmes du jugement des hommes comme tels [4]. Il ne s'agit pas, chez les authentiques spirituels, d'une expérience qui serait l'aboutissement de quelque haut effort spéculatif, mais bien d'un donné dont le destinataire perçoit et proclame qu'il ne doit rien à un effort de cette sorte : grâce de lumière, intervention d'une puissance libératrice intérieure, génératrice de joie et de communion interpersonnelle, d'oubli de soi et de générosité ; initiation à une nouvelle manière de comprendre les choses de Dieu et celles de l'homme, qui peut éventuellement se passer des livres. L'Esprit Saint porte avec le don qu'il fait de lui-même — qu'il est lui-même — l'évidence que son identité et ses effets sont d'un ordre tout autre que l'ordre humain. Pourtant, c'est bien l'homme qu'il suscite. Car tandis qu'il envahit l'intérieur de

4. Cf. Saint Paul, *1re Epître aux Corinthiens* 2, 10-16.

celui dont il fait son hôte, l'Esprit ne le dépossède pas de sa subjectivité : il lui en découvre le mystère encore incompris. Il y opère comme une régénération, en sorte que les diverses fonctions du moi — intelligence, vouloir, affectivité — recevront progressivement sa marque vivifiante, si du moins la docilité et la persévérance ne font pas trop défaut chez le récepteur. Tout cela est décrit avec insistance dans les Écritures, surtout dans le Nouveau Testament. Et c'est, de la part des croyants au long des siècles et en des situations très diverses, l'objet d'une vérification. Les témoignages sont ici multiples et concordants. Les traités portant sur la vie spirituelle exposent méthodiquement les modalités et la logique particulière de ce type éminent d'expérience. L'Église enfin, en tant que communauté de croyants liés par la profession de foi apostolique, et n'ayant qu'un cœur et qu'une âme, sait qu'elle doit à l'Esprit de Dieu son être, sa cohésion, et sa compréhension assurée de la Révélation.

C'est selon des mesures très inégales que les croyants individuels ont part à une telle expérience et reçoivent les moyens d'en rendre compte à autrui. Beaucoup en vivent secrètement, obscurément, et avec quelque instabilité, qui manquent de l'aide requise pour s'y repérer. Ceux à qui convient en toute vérité le qualificatif de *spirituels* sont connus de Dieu, et souvent ignorés des hommes. L'Église est compétente pour désigner les plus authentiques et exemplaires. Elle se méfiera à juste titre de quiconque se glorifierait lui-même d'appartenir à cette catégorie des hommes de l'Esprit, surtout si elle le trouve empressé à lui enseigner ce qu'elle doit penser et faire, plutôt qu'à se laisser instruire et éventuellement rectifier par elle. Car l'Esprit reconnaît l'Esprit, puisqu'il est bien le même chez ceux qu'il rassemble dans l'unité de la foi et de la charité. Et l'un des signes de sa présence est l'insatisfaction d'eux-mêmes que reçoivent de lui ceux qui s'en remettent à son action inépuisablement santificatrice, où force et discrétion s'harmonisent pour leur émerveillement [5].

Il n'y a pas de certificat corporatif qui puisse désigner à l'attention d'autrui les hommes chargés d'expérience de l'Esprit, alors qu'il en existe, à raison ou à tort, pour les hommes chargés d'expérience psychanalytique. Mais même dans le cas de ceux-ci, chacun comprend bien que des critères d'un autre ordre sont indispensables pour discerner le meilleur du médiocre et du pire. Être digne de confiance là où l'aide proposée concerne l'accomplissement intime de l'homme et sa libération spirituelle, cette qualité ne se laisse elle-même reconnaître qu'à l'expérience. Pour le chrétien conscient de ce dont il vit et de la grâce dont vit son Église, quels experts en psychanalyse mériteront de bénéficier du préjugé favorable ? Ceux-là seuls qui, ni dans leur théorie ni dans leur pratique, ne se poseront en négateurs de l'expérience de l'Esprit, mais qui, bien plutôt, en auront acquis une suffisante compréhension pour discerner les obstacles d'ordre psychologique ayant comme effet d'en contrarier le libre dynamisme. Combien en est-il par le monde qui répondent à ce critère ? Je n'ai aucun moyen de le savoir, et il n'y a pas en ce domaine à préconiser de recensement, ni à exiger des prati-

---

5. Ce n'est pas pur lyrisme, mais traduction poétique d'une expérience réelle que d'écrire : « L'Esprit est un enchanteur : il peut créer en toi ce qui n'y était pas, faire disparaître ce qui paraissait indestructible ; au milieu d'un désert il crée des jardins, des fontaines, des oiseaux, et le produit de son pouvoir enchanteur n'est pas une apparence vaine, mais la vérité pure. Et avec la vérité il crée en toi la foi. Grâce à lui tu crois à la parole, tu vois, tu éprouves, tu touches ; tu sens le nouvel organisme qui a pris naissance en toi, tu caresses la peau lisse d'où la plaie s'est effacée par miracle. Tu vis dans le royaume des merveilles, tu te promènes en lui comme un enfant à travers un conte : bienheureux et sans t'étonner de rien. Et comme un rêve qu'on ne se rappelle plus très bien, tout s'est transformé en passé, et comme un tableau dans un cadre nouveau, tout l'ancien monde est maintenant suspendu dans un nouvel espace » (H. URS VON BALTHASAR, *Le cœur du monde*, 10 : *La victoire*).

ciens quelque profession de foi privée ou publique. Mais eux-mêmes ne sauraient exiger de la part d'autrui une confiance aveugle en leur capacité de servir réellement la cause qu'ils souhaitent servir. Qu'ils comprennent en particulier que des croyants puissent et doivent se poser, avant de s'en remettre à leur compétence psychologique, cette question de compatibilité entre deux expériences, au moins dans l'ordre pratique. D'autant qu'elle s'impose inévitablement déjà dans l'ordre théorique, comme j'essaie de le montrer tout au long de ces pages.

Plus que beaucoup d'autres, un prêtre aura des raisons d'évaluer la gravité du problème des correspondances, analogies, interférences et contrariétés, entre ces deux modalités d'expérience. Déjà en ce qui concerne la vérification de ses propres attitudes à l'égard de Dieu et des hommes, la question se pose. Il ne s'ensuit pas que tout prêtre doive procéder à son examen de façon explicite, tant pour sa connaissance de lui-même que pour celle d'autrui. Il est seulement devenu indispensable, en notre époque, qu'elle soit posée rigoureusement quelque part dans l'Église, en référence aux principes de discernement des esprits. Dans ce domaine où l'âme humaine est à ce point concernée, l'Église, qui a reçu mission de la guider vers Dieu, doit élaborer des règles permettant de laisser l'Esprit Saint, d'une part, et la science psycho-médicale, d'autre part, réussir ensemble, sans se contrarier, à dénouer dans l'homme ce qui doit l'être[6]. Il existe dans l'Évangile une allégorie où il est parlé du rapport vital entre les brebis et le pasteur. Elle doit évidemment s'appliquer partout où les enfants des hommes ont à pratiquer le dis-

6. Quant aux directives de l'Église sur ce sujet, on peut se référer aux discours de Pie XII: 13 sept. 1952 (*Osservatore Romano* du 26 sept. 1952); 13 avril 1953 (*Osservatore Romano* du 24 avril 1953). On trouvera les textes dans: Henri GRATTON, *Psychanalyses d'hier et d'aujourd'hui* (Cerf, 1955).

cernement entre la voix du pasteur et celle des étrangers[7]. Des étrangers, porteurs de menaces réelles, sinon toujours d'intentions meurtrières à l'encontre du troupeau, peuvent appartenir aussi, hélas, au corps sacerdotal.

Un prêtre doit tenir pour indispensable de connaître le mieux possible l'homme qui lui est confié, et qui se confie à lui. Il doit être convaincu que la lumière de révélation ne le dispense pas de cultiver en lui-même la justesse de jugement dans l'ordre rationnel, notamment en psychologie. Il lui faut donc faire son possible pour développer en sa vie conjointement l'expérience de l'Esprit et l'expérience de l'homme. Cela ne signifie nullement qu'il ait à devenir un spécialiste des sciences humaines en abordant celles-ci par leur pente théorique. Du moins prendra-t-il les moyens à sa disposition pour ne pas aller à l'encontre des enseignements éprouvés qu'elles dispensent, et qui ne sont d'ailleurs pas si éloignés — quoi que prétendent les rumeurs — de ce qu'a depuis longtemps observé le bon sens chrétien. Et quant à la qualité d'homme spirituel, il serait évidemment souhaitable que chaque prêtre y ait part. Mais lorsque, sur ce point, le pasteur est déficient, qu'on ne s'attende pas à ce que, dans l'exercice de sa mission, il réussisse à compenser ce manque par une assurance qu'il aurait conquise dans le domaine psychologique. Cette assurance supposée risquera bien plutôt de l'égarer, et d'égarer autrui, là où il lui faudrait une compétence en humanité d'abord acquise à l'école de l'Évangile et de la tradition des saints. Chez un homme qui doit être avant toutes choses un témoin bienfaisant de la sagesse pastorale de l'Église, on peut rencontrer une forme de curiosité et de prétention psychologique, voire psychanalytique, qui correspondra plutôt à une déficience personnelle non seulement dans le domaine de la spi-

7. Cf. *Jean* 10.

ritualité chrétienne, mais encore dans celui de la psychologie vraie, respectueuse du mystère de l'homme. Celui-ci a besoin d'être abordé à partir du regard et du cœur de Jésus-Christ, comme savent le faire éminemment les saints, et le reste est donné par surcroît, sans exclure, assurément, le recours à l'expérience affinée obtenue grâce à une culture vraie en humanité. Sur ce point, il y a un ordre à suivre pour qui a reçu mission pastorale. Le sens spirituel sera premier, et irremplaçable. Ensuite, d'elle-même, la rencontre des complexités humaines invitera à chercher partout où ils existent les éléments d'explication et de savoir-faire disponibles dans l'environnement scientifique aujourd'hui intégré à la conscience commune.

2. Par une nuit obscure

Grâce à Dieu, cette conscience commune tend à se garder de plus en plus de l'artificiel préjugé rationaliste, tel que l'illusion des idées claires l'a longtemps entretenu dans une certaine société moderne. Nous savons que la rationalité claire des *Lumières* comporte toujours une large part de faux semblant. Ce rationalisme est voué ainsi à payer un lourd tribut à l'irrationnel. D'ailleurs, les vagues romantiques, sous une forme ou sous une autre, n'ont cessé de monter à l'assaut de ses digues fragiles, vite disjointes. Au cœur de l'homme, il y a toujours eu, en même temps que le besoin et le goût des clartés diurnes, l'attrait des préoccupants mystères de la nuit. Car lui-même, l'homme, est en quête d'une sorte de vérité qui, tout à la fois, se cache et se révèle, et qui, sans ce contraste de clair et d'obscur, irait vers l'insignifiance et la platitude. Il voudrait scruter l'intimité des sources de sa propre existence, et celles-ci se dérobent bientôt, après un bref parcours rationalisé, dans la nuit de leurs origines.

Mais de quelles sources s'agit-il? Celles d'en-haut, qui procèdent de Dieu et ultimement sont Dieu lui-même en sa vie trinitaire, dont le secret est l'Amour absolu ? Celles d'en bas, qui paraissent suinter, insaisissables, troubles, et pourtant séductrices, de l'intimité biologique et de l'affectivité naissante ? La grande confusion des romantismes panthéistes, vaguement matérialistes et vaguement spiritualistes, consistera toujours à confondre dans la pénombre subjectiviste ce qui doit rester distinct, hiérarchisé, coordonné à l'intérieur de l'espace ontologico-moral : le haut et le bas, l'esprit et la chair. Une désagrégation s'y produit. Là où un ordre est exigé par une coexistence vraie, sans confusion ni séparation, voici que l'intériorité humaine se voue au désordre, se désordonne systématiquement. Car ce sera toujours irréalisme et mensonge que de prétendre s'immerger dans la grande nuit translumineuse du divin en sectionnant en soi les racines charnelles individuantes. On se perdra de la sorte dans une toute autre nuit que celle du mystère divin : celle de la démesure et de la folie. Mais l'errance spirituelle sera finalement identique si l'on entreprend d'assouvir (ou d'abolir) le besoin de lumière divine que l'on porte en soi en quêtant celle-ci dans les nuées obscures de l'inconscient d'en-bas. Et telle sera la logique dissolvante de toute entreprise psychanalytique s'affairant à rencontrer le sujet au fond du puits envasé qu'il sera devenu pour lui-même une fois débranché de ses origines d'en haut. Car en Dieu seulement sont ses sources premières, spirituelle et charnelle. Parce que celles-ci sont hiérarchiquement distinctes et conjointes, selon la pensée créatrice et régénératrice de Dieu, le Verbe s'est fait chair afin de spiritualiser la chair sans l'abolir ni la réprouver. Or, dans cette manière d'être et d'agir de Dieu à l'égard de l'homme, rien ne sera compris ni accepté à moins que ne soit d'abord découvert ceci : qu'au commencement de tout il y a la charité divine ; la charité de Dieu à l'égard de lui-même, personnalisée dans l'Esprit Saint, et à l'égard de l'homme sa créature, recevant vocation à aimer moyennant la grâce de participation à cet Esprit.

S'il peut être recommandé aux aspirants à la vie selon l'Esprit de porter attention aux avertissements des praticiens en sciences psychologiques, ils sont en droit d'espérer, en retour, de la part de ceux-ci, une écoute respectueuse, réfléchie, des meilleurs témoins de l'expérience mystique, et d'abord de ceux que l'Église leur désigne comme guides aux chemins secrets, périlleux et assurés, des hautes ascensions spirituelles. Combien de psychiatres et psychanalystes se sont convaincus qu'ils auraient beaucoup à apprendre de ces maîtres pour une mise en perspective exacte des domaines psychiques où eux-mêmes s'aventurent par profession? Je crains qu'il y en ait assez peu. Et ce n'est pas bon signe pour le grand nombre de ceux qui semblent n'avoir pas la moindre conscience des risques extrêmes de contresens dont ils sont menacés — et leurs patients avec eux et par eux — lorsque, bien loin de chercher leurs références dernières, quant au secret de l'homme, chez les témoins d'une plus haute lumière spirituelle, ils croient pouvoir traiter ceux-ci comme des victimes de leur propre inconscient. Vraiment, Catherine de Sienne, Jean de la Croix, Thérèse d'Avila, Marguerite-Marie, et tant d'autres confidents de l'Esprit de Dieu, seraient justiciables, au terme d'une expertise médicale, d'un diagnostic les désignant comme psychopathes? Et quels psychopathes! Car à l'aune d'une certaine conception de l'équilibre humain, quelle démesure chez eux, quelle étrangeté par rapport à nos petites évidences! Et pourquoi saint Paul et saint Jean premiers porte-parole du Verbe de vérité de qui notre sagesse chrétienne a cru se recevoir, échapperaient-ils à cette entreprise d'assignation à résidence psychiatrique? Mais qui osera prendre un tel risque sans craindre de disqualifier aussitôt l'idée de science dont il se recommande? Peut-être y a-t-il là un indice que l'expérience spirituelle vraie et la psychologie vraie doivent retenir ensemble notre attention puisqu'ensemble elles trouvent leur fondement dans une réalité christologique où le divin et l'humain s'unissent par un nœud qui rien ne pourra défaire.

A vue superficielle, il est assez tentant d'assimiler les grandes épreuves intérieures, les très douloureuses et angoissantes nuits des sens et de l'esprit, que les maîtres spirituels décrivent après les avoir personnellement expérimentées, aux perturbations mentales et affectives communes rencontrées par les psychiatres et psychanalystes chez leurs patients. Et d'ailleurs, névroses et psychoses ne se donnent pas toutes rendez-vous en cabinet de consultation et en clinique. Plus ou moins avoué et reconnaissable, ce genre de souffrance de l'esprit, contre lequel nul n'est garanti, appartient à la condition humaine. Mais nos sociétés mécanisées, trépidantes, hédonistes, agressives et agressées, et dépossédées de finalités vraiment humaines, l'installent chez elles à demeure, puis s'efforcent d'en atténuer les effets immédiats par assoupissement systématique d'une émotivité devenue pathogène. Les ressources pharmaceutiques sont mobilisées à cet effet, ainsi que les excitants-calmants dispensés sur mode d'images visuelles et sonores combleuses de vide existentiel [8]. Ainsi se trouve distillé dans la conscience le faux sommeil d'une sorte d'hébétude. Par en dessous, l'inconscient maintient son agitation. Mais qui prendra désormais la responsabilité, et qui aura les moyens de l'élever au niveau de l'esprit, d'un esprit réellement pacifié parce que conscient de s'accomplir selon sa vocation ? Dans cette pénombre la subjectivité devient plus que jamais à elle-même insaisissable, et donc aussi incapable de vraie rencontre interpersonnelle. Double déréliction impuissante à com-

8. Ce mal générateur de névroses (et expression de névroses) que constitue le « vide existentiel » de l'homme dépossédé de foi et de valeurs spirituelles est particulièrement dénoncé par Viktor Frankl. Voir, par exemple, de cet auteur : *Le Dieu inconscient* (Centurion, 1975) ; *La psychothérapie et son image de l'homme* (Resma, 1970).

prendre quelle plénitude l'a désertée, et quelle plénitude continue de la solliciter. Non, ce n'est pas ici la nuit, bienheureuse jusqu'en son pathétique, qu'expérimentent les spirituels instruits de sa raison d'être, du sens des douleurs qu'ils y subissent ainsi que des promesses de lumière qui ne cessent de l'habiter. Et pourtant, Dieu ne fait pas acception de personnes. Ce n'est pas à lui qu'il faut attribuer cette opposition entre un obscurcissement où l'homme semble s'égarer pour rien, et une nuit remplie d'une tout autre obscurité, où l'homme est secrètement régénéré par l'Esprit de Dieu. A cette régénération, en effet, tous sont appelés par diverses voies et selon des rythmes divers. Aucune douleur n'est vouée ici-bas à opérer en pure perte. Il faut même se demander s'il en est une seule qui ne puisse se découvrir transfigurable par son ouverture volontaire à la croix du Rédempteur. En combien de rencontres un prêtre est conduit à pressentir que ce que d'autres interprètent comme l'aspect pathologique d'une existence humaine s'explique plus profondément comme l'effet pathétique d'une impuissance à répondre, faute d'aide appropriée, au même genre d'appel qui travaille au cœur de leur nuit les plus authentiques spirituels! Il arrive d'ailleurs qu'à la suite de la rencontre qu'il fait de la grâce de conversion, un homme découvre que ses détresses antérieures, apparemment étrangères à toute finalité chrétienne, étaient pourtant le chemin par lequel la lumière divine progressait, miséricordieuse, en direction d'un centre qu'il ignorait en lui.

Comment les maîtres spirituels rendent-ils compte des causes, modalités et effets de cette nuit obscure au creuset de laquelle eux-mêmes ont été préparés aux plus merveilleuses faveurs spirituelles? Selon l'expérience qu'ils en ont, il s'agit d'une œuvre dont Dieu a l'initiative, œuvre de lumière, et d'apprivoisement à une forme de contemplation aimante plus divine. Le sens d'abord, l'esprit ensuite, doivent être purgés de ce qui constitue un obstacle à l'avènement de l'homme nouveau maintenant en gestation. D'où l'effet d'enténèbrement, de sécheresse, de désert, de consomption très douloureuse, qui résulte, pour une durée plus ou moins longue, et selon une intensité parfois intolérable, de l'irruption dans l'âme d'une plus éminente lumière de contemplation. Celle-ci l'instruit sur elle-même, sur la distance où elle se tient de la perfection spirituelle à quoi Dieu la destine, et sur les lois de l'amour nuptial qui définit cette perfection déiforme.

« Cette nuit, que nous disons être la contemplation, cause deux sortes de ténèbres ou de purgation en les spirituels, selon les deux parties de l'homme, qui sont la sensitive et la spirituelle. Et ainsi il y a une nuit ou purgation sensitive par laquelle l'âme se purge selon le sens, l'accommodant à l'esprit ; et l'autre est une nuit ou purgation spirituelle, par laquelle l'âme se purge et se dénue selon l'esprit, l'accommodant et disposant pour l'union d'amour avec Dieu. La sensitive est commune et arrive à beaucoup — à savoir aux commençants — de laquelle premièrement nous parlerons. La spirituelle n'arrive qu'à fort peu — et encore du nombre de ceux qui sont déjà exercés et avancés — dont nous traiterons après. La première purgation est amère et terrible pour le sens... La seconde n'a point de comparaison, parce qu'elle est horrible et épouvantable pour l'esprit [9]. »

« Mais d'où vient que l'âme qui se sent si misérable et indigne de Dieu, comme elle le fait ici en ces ténèbres purgatives, a une force si courageuse et si hardie que de tendre à l'union divine ? La cause en est que, comme déjà l'amour lui va donnant des forces pour aimer à bon escient et que le propre de l'amour est de se vouloir unir, joindre, égaler et faire semblable à la chose aimée pour se perfectionner dans le bien d'amour, de là vient

---

9. SAINT JEAN DE LA CROIX, *La nuit obscure*, livre I, ch. 8 (Œuvres complètes, traduction du P. Cyprien de la Nativité. Éd. Desclée de Brouwer, p. 401).

que l'âme, n'étant pas perfectionnée en amour — pour n'être pas parvenue à l'union — la faim et la soif qu'elle a de ce qui lui manque — qui est l'union — et les forces que l'amour a déjà mises en la volonté dont elle l'a rendue passionnée, la font courageuse et hardie selon la volonté ardente, encore que selon l'entendement, à cause qu'elle est en obscurité et non illustrée [10], elle se sente indigne et se reconnaisse misérable [11]. »

Ces textes de saint Jean de la Croix, classiques en doctrine spirituelle, impliquent dans la pensée de l'auteur une anthropologie systématique qui est, pour une grande part, le bien commun de l'Église. Elle est ordonnée à une théologie de la vocation de l'homme à la connaissance de vision et à la dilection parfaite en Dieu. Anthropologie chrétienne dont aucun croyant instruit ne pourra refuser l'essentiel. Si ce croyant est prêtre, et qu'à ce titre il ait mission d'aider ses frères à accueillir le don de Dieu, il sait que les finalités et transformations spirituelles indiquées par Jean de la Croix à propos de l'itinéraire des contemplatifs d'avant-garde correspondent aussi à la destinée de tous les fils de Dieu. En effet, autre chose les circonstances dans lesquelles chacun répond, promptement ou avec retard, généreusement ou chichement, à l'appel reçu, autre chose la loi qui préside à la croissance et à l'accomplissement d'êtres appartenant à une même espèce, et concernés à ce titre par une vocation commune. Pour les hommes appelés à entrer dans la communion de Dieu, certaines conditions de la nouvelle naissance selon l'Esprit doivent être remplies, soit avant soit après la mort. C'est pourquoi l'itinéraire exemplairement suivi par

---

10. La *Fides illustrata*, sans cesser d'être nocturne et obscure, selon le régime de la connaissance terrestre de Dieu, bénéficie de clartés et goûts suscités dans l'âme par l'action de l'Esprit Saint.

11. *La nuit obscure*, livre II, ch. 13. Édition citée, p. 459.

les spirituels n'est pas *ad libitum*. Sous des modalités diverses, il appartient à la destinée de quiconque reçoit dans l'Église l'appel à la sainteté, qui est universel.

C'est là une conviction qui doit guider le prêtre lorsqu'il entre en dialogue avec un homme, quel qu'il soit. Mais elle ne lui fera pas négliger, au contraire, la prise en considération des particularités existentielles de son interlocuteur. Il doit donc tenir compte avec perspicacité, tact et discrétion, d'un certain nombre d'indications qui peuvent correspondre en lui, approximativement, à tels et tels relevés «topographiques» effectués par les analystes: complexes, fixations affectives, refoulements, transferts, tensions conflictuelles diverses. Seulement ses références, pour en favoriser le dénouement, ne dépendront pas strictement de la théorie freudienne (ou autre) concernant la structure supposée de l'«appareil psychique». Sans méconnaître l'intérêt présenté par divers éléments de ce genre de théorie, il recevra d'ailleurs l'inspiration de son attitude. Il s'efforcera d'infléchir les dispositions reconnues comme inévoluées, déficientes, et rigidement conflictuelles, dans la direction indiquée par les exigences d'une liberté chrétienne ayant à se recevoir elle-même de la grâce divine. Ce faisant, le prêtre ne tournera pas son partenaire dans la direction où risquerait de l'égarer une certaine forme d'attention obsédante à soi, selon le mouvement circulaire de la psychanalyse. Il lui offrira plutôt des points d'appui permettant d'accéder à une synthèse intérieure libérée, décentrée de soi, rendue possible par l'initiative aimante de Dieu en Jésus-Christ. Cela devra passer par l'ouverture de cœur acquise dans la prière. Et peut-être la connaissance de soi attendue de l'analyse thérapeutique sera-t-elle ainsi obtenue peu à peu sans tant d'inconvénients, comme par surcroît, en des dispositions spirituelles bien différentes.

Au médecin d'apprécier, sur la base d'une pratique différente, mais non fatalement divergente, ce qu'il peut retenir de la perspective ici suggérée. Elle consiste à subordonner aux forces libératrices de la grâce divine une forme d'aide lucide et aimante, qui sera seule ajustée, me semble-t-il, à ce que doit être une authentique direction spirituelle [12]. L'assistance thérapeutique est d'une autre nature. Elle ne peut se présenter comme une variante «séculière» de la direction spirituelle. La demande que le médecin reçoit de la part d'un homme en difficulté psychique ne va pas dans le sens d'un exercice de paternité, légitimée en Église par le sacrement de l'ordre. Chrétien ou non, un psychologue, comme tel, doit être conscient de cela. Pourtant, une connaissance des lois majeures de toute vie spirituelle lui permettra de se situer avec plus de justesse à l'intérieur de la relation thérapeutique, dont il sait bien qu'elle risque toujours d'additionner aussi deux opacités.

3. Joyeuses douleurs d'enfantement

Si une destinée commune est proposée — non imposée — par Dieu aux hommes, destinée qui exalte et transfigure, bien loin de l'abolir, la singularité de chaque personne en même temps que son appartenance communautaire; si cette destinée est d'ordre surnaturel dès ici-bas, mais avec achèvement par-delà ce monde à travers l'épreuve de la mort; si cette mort elle-même, avec les souffrances qui y préludent et l'accompagnent (et la prolongent dans l'au-delà jusqu'à complète purificaion) appartient, à l'intérieur du dispositif rédempteur, à un mystère de renaissance pascale [13] ouvert sur une éternité de vie et d'amour

12. Comme toute expression, celle de *direction spirituelle* demande à être entendue correctement. Pour celui qui a reçu cette charge, il s'agit d'abord d'aider ceux qui se confient à lui à entrer librement dans la voie que Dieu dispose pour eux. Dieu, et non le guide humain.

13. La Pâque du Christ désigne l'ensemble des énénements par lesquels il

déiforme, alors, tout ce qui contribue ou voudrait contribuer à soulager les sujets humains de leurs entraves intérieures et les faire accéder à eux-mêmes, ne pourra prendre sens et efficacité réelle qu'à la condition d'être compris et conduit en référence à cette ultime finalité. Ainsi en ira-t-il pour l'aide psychothérapique. Ce sera toujours myopie et erreur d'orientation que de vouloir la pratiquer de telle façon qu'elle ne servirait pas, et plutôt contredirait, l'œuvre de l'Esprit Saint. Car lui seul est en mesure de renouveler radicalement, pour Dieu, l'histoire de la descendance adamique, et cela à partir de l'action rédemptrice de Jésus Christ, qui est elle-même à comprendre comme acte d'engendrement à la vie divine par la vertu de l'Amour trinitaire s'achevant dans l'Esprit, et se prolongeant sur mode participé au sein de l'Église.

Il n'est pas surprenant qu'à l'intérieur d'un contexte culturel pénétré de christianisme, la personne de l'analyste puisse être revêtue par le patient d'une valeur archétypique christomorphe, que l'on jugera, certes, dangereusement équivoque, mais dont on comprend bien comment elle peut lui être, consciemment ou (et) inconsciemment, attribuée par un processus de transfert. Le psychanalyste — pas seulement, mais particulièrement lui — devient alors l'objet d'un investissement affectif intense, le point de fixation d'une attente existentielle chargée de détresse, qui fait de lui un archétype du Sauveur. Avec quel risque de provoquer chez le thérapeute un contre-transfert [14]

---

retourne de ce monde au Père, et cela au profit de ses frères en humanité. C'est pourquoi chaque renaissance spirituelle procède de cette Pâque du Christ.

14. Le thérapeute étant concerné personnellement par le transfert affectif de son patient réagit à ce transfert d'une manière qui ne saurait être neutre, et peut, dans certains cas, avoir en lui et chez son parteniare un effet déséquilibrant.

incontrôlé, nécessairement déséquilibrant de part et d'autre ! A ce sujet, je citerai le point de vue d'un psychanalyste chrétien conscient des besoins irréfutables de chaque être humain en matière de salut, et donc aussi des équivoques du processus de transfert, à la fois existentiellement logique et dangereusement illusoire et provocateur, à moins de rectification consciente, moralement et ecclésiologiquement saine. Voici ce que pense à ce propos Igor Caruso, d'abord de l'aspect positif, ensuite de l'aspect équivoque du jeu de transfert, enfin de la nécessité de le démythiser par l'effet d'une relation d'authentique amour spirituel :

« Freud a montré que la névrose n'est guérissable que si tous les désirs, tous les souhaits du névrosé sont transférés sur la personne du thérapeute. Pour pouvoir surmonter sa maladie mortelle, le névrosé doit s'en décharger sur un « sauveur ». Il faut qu'un homme se présente pour assumer ses souffrances. Le névrosé cherche un « rédempteur ». L'« archétype du Christ » est le facteur central de toute psychothérapie... La psychologie naturaliste des profondeurs est incapable de prouver que le grand drame de la rédemption de l'humanité — le Verbe qui se fait chair et prend sur lui les péchés du monde, qui meurt pour le monde, descend aux enfers et ressuscite — n'est qu'une projection névrotique dans le monde de la mythologie. Une telle affirmation est elle-même névrotique : elle représente l'absolutisation d'une immanence au niveau de la psychologie individuelle. Un esprit qui ne se soumet pas a priori au dogme du naturalisme ainsi absolutisé, peut aussi bien admettre que l'orientation de l'âme vers la transcendance et la rédemption correspond à une nécessité, qui doit être enracinée dans la réalité. Faute de quoi les fonctions les plus importantes, les fonctions centrales de l'âme perdraient toute signification. C'est faire preuve d'une partialité abusive que de considérer les complexes sexuels ou les complexes de puissance comme l'expression de la réalité, mais de traiter, par contre l'« archétype du Paradis [15] » ou l'« archétype du Christ » soit comme de simples résidus de ces complexes, soit tout au plus comme des composantes purement subjectives [16]. »

« En cherchant un rédempteur, le névrosé rencontre son psychothérapeute. Tout n'est pas négatif dans la nostalgie d'un Sauveur capable d'assumer la faute du névrosé, de descendre dans son enfer, pour le libérer de sa faute. Ce qui serait névrotique, ce serait de projeter cet archétype uniquement sur l'analyste. Tout comme serait névrotique la projection exclusive de cet archétype sur un mythe, qui s'expliquerait par la psychologie des profondeurs. Toutes les religions de l'humanité — même celles qui sont fausses — se nourrissent en dernière analyse de l'attente d'une rédemption de l'être humain (...). L'exigence de la rédemption repose sur un archétype eschatologique, messianique. L'analyste doit répondre d'une certaine manière à cette nostalgie, sans quoi son travail ne ferait que confirmer une illusion, que conduire à une névrose, et, par conséquent, à manquer le salut. Il doit donc, dans une certine mesure, répondre à cet « archétype du Christ » que pressent le sujet. Il ne peut apporter de rédemption que dans la mesure où l'« archétype du Christ » est vivant en lui (...). Mais (cet archétype) peut conserver chez l'analyste un caractère inconscient et se présenter sous forme de complexe pathogène. Si donc l'analyse didactique n'a pas rendu conscient ce complexe et ne l'a pas modifié... il peut

15. Il s'agit de la projection du désir d'accomplissement paisible en termes psychiques empruntés à l'expérience antérieure de plénitude enfantine, ou infantile. L'existence en l'homme de cet archétype ne préjuge pas de la signification théologique du Paradis premier attesté par l'Ecriture.

16. Igor CARUSO, *Psychanalyse et synthèse personnelle* (Desclée de Brouwer, 1959, p. 113).

arriver que l'analyste transfère une puissante énergie sur le sujet analysé, sans la maîtriser [17]. »

« C'est un grand danger pour l'analyste, et pour ceux qu'il analyse, de nier l'« archétype du Christ » qui habite en lui. Il peut d'ailleurs arriver qu'il soit touché par le caractère pathétique du rédempteur, et que ce caractère soit immanentisé et transféré inconsciemment sur le sujet analysé, sous une forme quelque peu sophistiqué. Lorsque le fonds d'une personne se dévoile, il est toujours unique et fascinant. Von Gebsattel nous disait un jour, au cours d'une analyse de contrôle : « Il existe des psychopathes chez lesquels l'enveloppe psycho-physique est si ténue ou si usée, qu'au cours de l'analyse on pénètre dans le foyer brûlant de leur cœur et qu'on est ébloui par la lumière qui en émane ». Le danger du contre-transfert réside moins dans les déviations érotiques qu'il peut entraîner qu'en cette « pénétration dans le feu intérieur », dans l'étincelle divine qui gît au cœur de toute personne (...). Analyser n'est donc pas simplement une question de technique. Certains techniciens de la psychanalyse ont beau hausser les épaules, il faut qu'ils sachent que « celui qui n'aime pas le névrosé ne peut le guérir » (...). La psychanalyse doit être une rencontre vivante entre deux personnes uniques et de même valeur. Or, comment deux personnes pourraient-elles se rencontrer avec fruit, si ce n'est dans l'amour [18] ? »

Je ne donne pas ces textes comme entièrement satisfaisants du point de vue théologique, mais comme soulevant, à propos de relation thérapeutique, une question aussi grave que délicate à bien traiter. Je ne me propose pas d'y toucher davantage dans

---

17. *Op. cit.*, p. 185.
18. *Ibid.*, p. 193-194.

les termes mêmes où elle se présente ici, c'est-à-dire en discutant de la valeur archétypique (au sens jungien) du personnage «sauveur» de qui le patient attend d'être libéré de ses contradictions intimes. J'insiste seulement sur la présence et la nécessité du *compatir* (souffrir avec...) comme composante normale de la relation thérapeutique. Il doit y avoir non seulement prise en considération d'une détresse chez celui qui demande aide, mais partage et assomption de quelque chose de sa souffrance, en vertu d'une disposition d'amour interpersonnel. De la part de l'analyste, comme de la part de quiconque exerce un service réellement altruiste, cette disposition doit être le plus possible exempte de retour sur soi. Il est certain que le pathologique et la concupiscence peuvent aisément s'insinuer dans une expérience de compassion. Ce n'est pas seulement le médecin qui doit s'aviser du risque de falsification des sentiments que comporte son rapport à l'autre. Quiconque vient à la rencontre d'un appel à l'aide issu des profondeurs fascinantes d'une âme humaine — avec ce que cet appel contient de demande obscure, pathétique, troublante, d'amour inconditionnel, et peut provoquer de vertige chez le répondant — doit mesurer la difficulté de correspondre en toute justesse à l'impératif d'aimer. Dans leur relation mutuelle l'homme et la femme sont affrontés chacun à cette requête. Selon d'autres modalités, les rapports parentaux et filiaux, les rapports d'éducation, rencontrent le même obstacle et doivent apprendre à le franchir. L'ami s'y trouve confronté là où il lui faut répondre à l'attente de son ami perdant pied dans l'épreuve. Le prêtre à qui un enfant, un adolescent, un homme, une femme, s'ouvrent de leur tourment — expérience souvent renouvelée — doit être conscient de la nécessité de compatir en vérité, et cela par son intelligence et son cœur d'homme, mais encore par ce que la grâce de paternité et de fraternité sacerdotales dispose en lui de capacité et d'exigence de charité évangélique. Lui du moins ne peut douter que l'Archétype humano-divin auquel il doit se laisser conformer en tout lui-même, parce qu'il lui est entièrement relatif, n'est autre que le Christ. Et le Christ sauve ses frères en assumant leur mal dans une souffrance féconde choisie et portée par amour, par un amour divin qui est l'Esprit Saint en personne. Le prêtre ne saurait agir pour l'accomplissement spirituel de ses frères qu'en entrant librement, joyeusement, dans la logique de la compassion ainsi comprise.

Parmi les chrétiens, il n'est d'ailleurs pas le seul à vivre de la sorte le pathétique surnaturel de la rédemption. C'est d'abord le secret de ceux qui obéissent à l'action de l'Esprit Saint engendrant à Dieu l'homme nouveau. Nul ne s'enfante lui-même par lui-même, mais il collabore à son propre enfantement, en même temps qu'il bénéficie de l'aide d'autrui et apporte la sienne à autrui. Au principe de cette œuvre d'universelle renaissance accouchant des enfants de Dieu, il y a l'amour de Dieu le Père, la grâce acquise par Jésus-Christ le Fils, et la communication qui est faite de cette grâce par l'Esprit Saint rénovant dans l'Église le fond des cœurs, les fécondant par la puissance de l'amour trinitaire. Pourquoi l'homme qui offre à ses frères une aide psychothérapique mettrait-il son point d'honneur à opérer hors de toute référence pensée et vécue à cette œuvre divine de genèse des personnes humaines en leur ultime réalité, selon leur vocation à co-exister dans cette réciprocité parfaite qui descend des Personnes trinitaires jusqu'à elles ?

Tout cela demande à être replacé dans la perspective tracée par la théologie chrétienne de l'Esprit, telle que l'expose saint Paul, en particulier dans le huitième chapitre de l'Epître aux Romains : « J'estime que les souffrances du temps présent ne sont pas à comparer à la gloire qui doit se révéler en nous. Car la création en attente aspire à la révélation des fils de Dieu : si elle fut assujettie à la vanité — non qu'elle l'eût voulu, mais à cause de celui qui l'y a soumise — c'est avec l'espérance d'être elle aussi libérée de la servitude de la corruption pour entrer dans la liberté de la gloire des enfants de Dieu. Nous le savons, en effet, toute la création jusqu'à ce jour gémit en travail d'enfantement. Et non pas elle seule: nous-mêmes qui possédons les prémices de l'Esprit, nous gémissons nous aussi intérieurement dans l'attente de la rédemption de notre corps. Car notre salut est objet d'espérance; et voir ce qu'on espère, ce n'est plus l'espérer: ce qu'on voit, comment pourrait-on l'espérer encore? Mais espérer ce que nous ne voyons pas, c'est l'attendre avec constance. Pareillement l'Esprit vient au secours de notre faiblesse; car nous ne savons que demander pour prier comme il faut; mais l'esprit lui-même intercède pour nous en des gémissements ineffables, et Celui qui sonde les cœurs sait quel est le désir de l'Esprit, et que c'est selon Dieu qu'il sollicite en faveur des saints» (*Rm* 8, 18-28).

4. Jérusalem-Emmaüs: l'aller et le retour

Le récit, rédigé par saint Luc, de ce qui est advenu dans l'après-midi de Pâques aux deux disciples de Jésus qui se rendaient de Jérusalem à Emmaüs, doit être compris comme récit *symbolique*. Non pas en ce sens qu'il fabulerait par intention didactique, et ne relaterait pas de manière littérale un événement historique. Ce récit est riche d'une portée symbolique en ceci que, sans rien perdre de sa réalité contingente (ces deux hommes-là, sur cette route, en cette heure précise du jour et de leur existence), l'événement condense en lui une plénitude de sens dont toute histoire particulière, et donc aussi l'histoire humaine dans son ensemble (aventure psychanalytique comprise), reçoit une intelligiblité décisive. La lumière qui permet de percevoir cela procède de l'éternité, comme la parole qui est en mesure d'en rendre compte.

A travers la diversité confuse de leurs situations, les hommes se trouvent, sans d'abord le savoir, confrontés à l'événement unique qui, pour deux d'entre eux, un jour d'entre leurs jours, va marquer le retournement de leur destin. Descellement imprévisible, aux profondeurs de leur existence, d'une nouvelle capacité d'être, d'une source de joie jaillissant désormais en vie éternelle. Cheminant sur la route d'Emmaüs, ils s'éloignent, la mort dans l'âme, de la Cité sainte où, trois jours plus tôt, l'irréparable s'est produit. Entre eux, il ne peut être question que de la tragédie de leur maître. Quelqu'un les rejoint et les interroge sur cela précisément qui les a blessés aux racines de leur espérance d'Israëlites fidèles. Or il porte en lui, cet inconnu, et il est en personne la Parole divine qui a puissance de renverser la mort en vie. Il est le Ressuscité de la nuit pascale, celui-là qui était mort condamné, ensevelissant dans sa mort toute l'espérance d'Israël, telle du moins que ses disciples l'avaient fixée sur lui, l'Envoyé messianique présumé, le Libérateur de son peuple et du monde. Mais ce qu'il est n'est pas d'emblée perceptible aux voyageurs. L'entretien, où il s'introduit d'abord comme étranger, va se centrer, avec lui et par lui, sur ce point précis: fallait-il que le Christ souffre ce qu'il a souffert à Jérusalem, qu'il soit rejeté et mis à mort par les siens — et pour eux — afin de ressusciter comme Sauveur universel? Ne suffit-il pas d'entrer dans les Écritures en partant de cette question pour voir qu'en effet Moïse et les Prophètes avaient annoncé cette issue pour l'œuvre du Messie? Voilà qui devient lumineux par l'explication de Celui dont l'identité va bientôt se laisser reconnaître. Déjà le feu de la vie commence à ranimer l'esprit des auditeurs de cette Parole encore étrange, mais non plus tout-à-fait étrangère. Ne faut-il pas qu'elle se nomme enfin elle-même? L'intelligence et le cœur ne l'exigent-ils pas?

«Quand ils furent près du village où ils se rendaient, il parut vouloir aller plus loin. Mais ils le pressèrent en disant: «Reste avec nous, car le soir tombe et le jour déjà touche à son terme».

Il entra donc pour rester avec eux. Et il advint, comme il était à table avec eux, qu'il prit le pain, dit la bénédiction, puis le rompit et le leur donna. Leurs yeux s'ouvrirent et ils le reconnurent... mais il avait disparu de devant eux. Et ils se dirent l'un à l'autre: «Notre cœur n'était-il pas tout brûlant au-dedans de nous, quand il nous parlait en chemin, quand il nous expliquait les Écritures?» A cette heure même ils partirent et s'en retournèrent à Jérusalem. Ils trouvèrent réunis les Onze et leurs compagnons, qui dirent: «C'est bien vrai! Le Seigneur est ressuscité et il est apparu à Simon!» Et eux de raconter ce qui s'était passé en chemin, et comment ils l'avaient reconnu à la fraction du pain» (*Lc* 24, 28–36).

Entre le moment où les deux hommes ont quitté Jérusalem et le moment où ils rentrent, hors d'eux-mêmes, dans la ville et rejoignent leurs frères, témoins du même événement, quelque chose s'est produit, qui est le retournement de leur existence passant des ruminations de la désespérance à la certitude exultante du sens. Et quel sens! Les promesses de Dieu définitivement accomplies en Jésus-Christ, la mort terrassée par la Vie, et eux-mêmes remis debout par la rencontre du Ressucité! Une mission va s'imposer à eux, qui consistera désormais à annoncer la Parole régénérant le monde, Jésus-Christ sauveur. Cette mission leur est commune avec tous ceux qui, en des circonstances analogues, ont été constituées témoins, et elle concerne aussi de façon pressante tous ceux qui, par la parole de ces témoins et par l'expérience personnelle de l'action de l'Esprit parmi les hommes, deviennent à leur tour révélateurs du salut proposé en régime de nouvelle création pascale.

Cela dit, sommes-nous hors sujet? Avons-nous perdu de vue la psychanalyse, et Freud et Jung, et l'auscultation psychique de l'homme frustré de paix par l'homme-médecin qui recueille et interprète ses bribes de paroles et de fantasmes, et voudrait l'aider à se comprendre et à s'assumer? Non. Si ce livre à un sens, si ce qu'il expose, notamment dans sa seconde partie, n'est pas spéculation arbitraire, mais explicitation des sous-entendus de toute souffrance et de toute thérapie de l'esprit, il n'est pas possible de rester neutre devant l'événement de la route d'Emmaüs. En effet, ou bien ce dont s'entretenaient les disciples — « ce qui concerne Jésus le Nazaréen, qui s'est montré un prophète puissant en œuvres et en paroles devant Dieu et devant tout le peuple... » — est tenu pour sans intérêt par les partenaires du dialogue, ou bien est reconnu par l'un ou l'autre, ou par les deux, comme engageant l'homme en une affaire de vie et de mort. Étant donné les circonstances historico-culturelles qui ont présidé à la naissance puis au développement de nos psychanalyses, et le rôle prépondérant qu'y ont joué des juifs incroyants *comme tels*, peut-on vouloir ignorer la présence, en négatif, dans cette entreprise « messianique », « libératrice », et pour ainsi dire « rédemptrice », de la position adoptée en fait envers Jésus le Nazaréen et son destin paradoxal? Certes, il y a aussi la position adoptée à l'endroit de toute religion, à commencer par celle des pères, depuis Abraham l'hébreu et Moïse : toute religion relève de l'illusion, et celle des chrétiens comme celle de leurs contradicteurs juifs. Les chrétiens ont cru et croient encore par illusion, mais non moins ceux qui se sont opposés à eux au nom de leur foi biblique et de la Loi de Moïse. Historiquement faux est le récit juif concernant Moïse, tout comme le récit chrétien concernant ce Jésus qui aurait été un prophète puissant devant Dieu et les hommes et qui, mis à mort légalement, aurait été rendu à la vie par la Puissance divine, et constitué Christ et Seigneur! Cela fait beaucoup de démentis « scientifiques... ».

Ainsi, le sens de l'histoire sainte, et donc aussi de toute existence, exposé par l'Étranger aux Pèlerins, le soir de Pâques (à tous les pélerins de l'âge chrétien), serait un faux sens. Obsessionnelles et hallucinatoires, la brûlure spirituelle de leur cœur tandis qu'ils l'écoutent, entrevoyant l'inconcevable salut divin; et aussi la reconnaissance qu'ils ont faite de lui au moment de la fraction du pain! Fallacieuse la résurrection soudaine qui a rendu sens et vigueur, surabondamment, à leur vie défaillante. Tout cela, qui fut illusion chez eux, ne le sera pas moins chez le croyant. Sa foi ne devra peut-être pas devenir l'objet d'une extirpation systématique, mais la proposition d'un autre mode de rapport à soi en fera sentir l'inconsistance. Selon cette perspective, l'homme qui requiert le secours de l'analyste « scientifique » n'a pas, en principe, plus de vraies raisons de vivre que les païens de jadis, et il lui en reste moins de fausses qu'aux disciples traumatisés à mort par l'effondrement de leur espérance messianique en la personne de Jésus, mais qui pouvaient ou auraient pu se rabattre sur le mosaïsme, apparemment victorieux d'un imposteur. En principe encore — non toujours en fait, heureusement — la parole incertaine où se dit chez le patient un désarroi existentiel et l'attente d'un retour à la normale, n'est pas moins lourde de détresse que celle qu'échangeaient les voyageurs. L'aide à laquelle il recourt n'a rien à voir, en théorie du moins, avec celle qui leur fut apportée par Jésus, à ce moment-là puis tout au long de leur vie, et dont toute l'histoire chrétienne s'est reconnue bénéficiaire. Alors, dans ces conditions, quel autre secours? Quel dialogue? Quel aveu de soi et quelle réponse libératrice? Quelle énergie reconstituante? Comment décrypter l'intention réelle et la portée de l'offre thérapeutique se définissant comme psychanalyse et résolution pacificatrice des complexes inconscients? Telle est bien la question essentielle dont il a été débattu dans ce livre. Son rapport d'analogie avec la première phase de l'épisode d'Emmaüs — jusqu'au moment où le cœur devient de plus en plus brûlant par intervention inopinée d'une Parole encore humaine, mais qui procède d'ailleurs — me semble bien réel. Bien réel aussi le rapport — mais cette fois négatif et négateur — d'une certaine conception de la psychanalyse avec l'initiative de cette Parole ayant, pour l'homme déprimé par l'échec fondamental de son existence, force de résurrection.

Je me suis certes gardé de lier de telle manière le sens et la pratique de la psychanalyse aux conditions particulières de ses origines, que le destin de cette discipline ne pourrait qu'obéir à la logique de ces circonstances de départ. Il est des praticiens qui, autrement disposés à l'égard du fait religieux en général, et du fait biblique en particulier, ne se considèrent pas comme contraints de choisir entre l'adoption pure et simple et le rejet pur et simple de *tout* ce que Freud et ses disciples stricts ont cru devoir inclure sous l'idée de psychanalyse. Ils revendiquent une liberté de discernement entre les composantes théoriques et pratiques de la méthode. Ceux-là, lorsqu'ils se veulent résolument chrétiens, ne peuvent pas prétendre se soustraire à la logique de l'événement pascal, tant dans leur existence personnelle que dans leur conception générale de l'homme et de son salut. Pour eux, la deuxième phase de l'événement d'Emmaüs est objet d'expérience. Ils ont été renouvelés en leur être intime par cette même explication que reçurent en premier les deux disciples, concernant le sens christologique de toute l'Écriture. Ou du moins ils aspirent à se conformer à cette proposition divine de renouvellement, et à repenser en fonction d'elle toutes choses, y compris l'interprétation des données psychanalytiques, à partir de l'événement de cette nouvelle genèse de l'humain. Ils ont reconnu comme le Sauveur universel Celui qui procède dans son Église à la fraction du pain. Ils le tiennent pour le Roi immortel des siècles. Certes, son Royaume n'est pas de *ce* monde, mais d'en-haut. Il mûrit cependant en ce monde, où doit s'opérer le redressement spirituel de l'homme touché par le mal. Quelle part eux-mêmes peuvent-ils prendre à la réussite de ce redressement, dans les divers domaines où ils ont responsabilité ? En l'un de ces domaines, qui est professionnel, quels obstacles leur « ministère » peut-il atténuer là où une existence se trouve perturbée par l'apparente victoire du mal, et pourtant sollicitée par une tenace espérance ? N'y a-t-il pas là, pour eux, matière à difficile mais nécessaire réflexion ? Un prêtre qui chemine comme eux en hâte, ainsi que les disciples de Pâques, sur la route qui revient vers Jérusalem, a bien des raisons de se mêler à leur conversation. Sa mission n'est pas si étrangère à la leur, ni leurs interrogations aux siennes, et ils n'ont ensemble qu'un seul Maître.

Épilogue

L'ENVAHISSEMENT PENTECOSTAL

Le premier chapitre de cet ouvrage était consacré au constat et à l'évaluation du phénomène *d'envahissement psychanalytique*. Dans nos sociétés modernes, ce phénomène traduit-il une régression du sens religieux et de la prise en considération du sacré ? Ne témoigne-t-il pas plutôt, à sa manière, d'une permanence de l'attrait pour l'occulte, d'une attitude généralisée d'insatisfaction face aux courants rationalistes asséchant les sources vitales de l'homme, d'une protestation de l'âme nocturne, plus secrète, contre les lumières artificielles des idéalismes et des matérialismes apparemment triomphants ? Antireligion ou religion de remplacement ? Aveu de déséquilibre intérieur et quête d'un équilibre par neutralisation des tourments d'ordre moral ? — A ces interrogations, les réponses apportées n'auraient pu se ramener à des *oui* et à des *non* péremptoires sans que cette assurance trahisse une certaine incompréhension des complexités de l'homme, ainsi que de la situation culturelle et spirituelle, assez insaisissable, de notre époque. Il a donc fallu chercher à approfondir l'examen de cette situation, à en reconstituer la généalogie mentale, au moins approximativement. Cela nous a conduit au cœur des questions théologiques de toujours, et à un essai d'interprétation *spirituelle* du phénomène psychanalytique.

Il est tout à fait évident que celui-ci est livré aujourd'hui, et de l'intérieur de lui-même, à des théories herméneutiques qui le mettent à rude épreuve. Des procédés d'expertise lui sont appliqués, parfois sans trop de ménagement, qui s'inspirent habilement des siens. Le voilà dépossédé de toute bonne conscience, quant à son aptitude à se rendre transparent à lui-même par élucidation irréfutable des arcanes inconscientes de l'homme. Nous l'avons vu, il lui est devenu difficile de se barricader efficacement contre certaines démonstrations portant en particulier sur l'origine religieuse des débats qui ébranlent la solidarité « scientifique » de ses théoriciens les plus remarqués. Dans ces conditions, le philosophe religieux, le théologien, peuvent non seulement relativiser la compétence des critiques réductionnistes dont leurs convictions ont été l'objet, mais encore se pourvoir, à cette occasion, d'assurances renouvelées, dont il sauront gré à l'offensive survenue à point nommé pour les confirmer en religion. Une théologie biblique de l'histoire doit tirer bénéfice de cet épisode nouveau de nos débats au sujet de l'homme dans son rapport à Dieu.

Le lecteur jugera si les éléments de démonstration que je me suis efforcé de proposer en cette affaire ont de quoi le convaincre. S'il a eu la méritoire persévérance de m'accompagner jusqu'à ce terme, je comprends qu'il puisse être plus embarrassé et interrogateur que franchement acquis aux convictions dont je m'efforce de lui rendre compte. Sous cette forme, elles ne sont pas très courantes, c'est le moins qu'on puisse dire. Mais qu'est-ce qui peut apparaître courant, en ce domaine où s'accumulent tant de difficultés, particulières et collectives, s'il s'agit de se rendre clair à soi-même et de saisir par la pensée l'ensemble des questions impliquées dans le débat? Ce qu'en connaît réellement le plus grand nombre de ceux qui opinent sur ce sujet se réduit à bien peu : un brouillard d'idées ou d'impressions vagues reçues par l'intermédiaire d'informateurs dispensant avec autorité des bribes d'un savoir douteux. Il en va de la sorte, en particulier, sur le sujet, de soi immense, complexe et déterminant des rapports vrais entre l'Église, avec sa mission divine de salut, et ce qu'on nomme la *modernité*: la modernité avec tout son apparat assez hétéroclite de conquêtes, dont fait partie la «chose psychanalytique». Les esprits sont, de ce fait, le plus souvent démunis des moyens de s'approprier, sur ce genre de question, des réponses positives, méthodiquement informées et fondées, et spirituellement reconstituantes. C'est vrai aussi, en quelque mesure, pour ceux-là mêmes qui se consacrent à l'élucidation de ces problèmes toujours un peu fuyants dont le propre est de procéder à bien des métamorphoses.

A consulter des études marquantes, comme par exemple *Freud et le Christianisme*, de Jacques Gagey; *Le psychanalysme*, de Robert Castel; *Un destin si funeste*, de François Roustang; *Filiations*, de Vladimir Granoff; *Généalogie de la psychalanyse*, de Michel Henry; *Au nom du Père*, de J.M. Pohier; *Psychanalyse et expérience humaine*, de Charles-Henri Nodet, etc. [1], je perçois combien chacun de ces auteurs compétents dont les approches de la question psychanalytique sont différentes, a dû peiner pour se saisir à sa manière de cette réalité si difficilement déter-

1. J'indique ici seulement les références des ouvrages mentionnés, qui ne l'ont pas déjà été dans le livre : Jacques GAGEY, *Freud et le Christianisme* (Desclée 1982); Michel HENRY, *Généalogie de la psychanalyse* (PUF, 1985); J.M. POHIER, *Au nom du Père* (Éd. du Cerf, 1972); Charles-Henri NODET, *Psychanalyse et expériences humaines* (Éd. du Cerf, 1982).

minable : l'essence de la psychanalyse ; et donc aussi de la nature des rapports incertains qu'elle entretient avec ce qui n'est pas elle : l'essence de l'homme, les particularités de nos sociétés modernes, bouillon de culture pour les recettes séculières de salut, et enfin la spécificité du salut chrétien. Je comprends que ce que j'ai pu écrire ici, non sans difficulté mais en toute liberté et indépendance, sur ce sujet, puisse être objet de débat. Ce n'est pas le débat argumenté qui peut être à craindre, en ces conditions, mais son absence, par ignorance, réserve, silence systématique, ou parti pris.

Il est clair que j'ai moi-même pris parti en cette affaire passionnante et passionnée : non pas tant *contre* des hommes et des doctrines (ou éléments de doctrines) que *pour* la vérité de Dieu et de l'homme, et donc aussi pour tout ce que je puis discerner de vrai chez les hommes et dans les doctrines affairés autour du mystère de ce que l'on désigne comme le conscient et l'inconscient. Si l'on m'objecte qu'à me recommander de *la* vérité en un sens absolu je cède au mortel danger totalitaire, et que j'exclus la différence, la vérité de l'autre, le statut dialectique du dialogue entre partenaires humains en recherche de ce qui finalement les rassemblera moyennant respect mutuel, voici ce que je puis répondre :

D'aucun homme, d'aucune science humaine, je n'attends la lumière et la puissance transformante que je sais indispensables à la destruction du négatif intérieur ou extérieur aux individus : ignorances, malformations psychiques, résistances égocentriques, impuissances, échecs et refus de tous ordres qui font obstacle en chacun, et donc par là-même dans les sociétés qu'ils ont vocation de réaliser, à un accomplissement intégral d'ordre spirituel. Sans cet accomplissement-là, ce qui se maintiendra, et s'amplifiera peut-être avec les prétentions scientifiques athées de l'homme moderne, en dépit de son génie investigateur, c'est le règne de la confusion des langues et le conflit meurtrier des pensées et des cœurs. Cela non seulement d'homme à homme, mais déjà à l'intérieur de chacun d'eux, où toujours l'aventure spirituelle recommence et peut échouer. Pour substituer à l'incohérence de Babylone — de nos babylones démentes et surarmées — la paix de Jérusalem, il faut être Dieu, et étant Dieu, obtenir de chaque homme qu'il consente à entrer dans le jeu de l'Alliance. A Jésus de Nazareth, l'Unique, mission a été confiée de conduire à bien cette œuvre divine impossible à l'homme. Lui seul en a reçu les moyens, y compris ceux qu'il lui faut solliciter de nous, ses frères et collaborateurs nécessaires. Pour cela, il dispose de l'Esprit Saint. Par celui-ci il déploie, en effusion d'amour transformant les libertés de l'intérieur d'elles-mêmes, la force de résurrection qu'il détient par volonté du Père, en conséquence de son sacrifice rédempteur. Le don de l'Esprit inauguré aux dimensions du monde lors de la Pentecôte — cette Pentecôte permanente à l'œuvre dans l'Église et par elle pour l'unité du monde — diffuse et rend opérante parmi les hommes de bonne volonté la nouveauté absolue de la Résurrection pascale.

Ce qui peut et doit résulter de *l'envahissement pentecostal* des sociétés d'hier et de celles d'aujourd'hui, en dépit de toutes les résistances qu'elles lui opposent, c'est une *synthèse réelle d'humanité,* telle que jamais aucun système organisateur — nivelant ce qui, chaque fois unique, sollicite d'être reconnu, d'être aimé, et de pouvoir aimer — ne pourra l'obtenir. Synthèse réelle d'humanité : je veux dire expression concrète d'unité transcendante issue de l'unité divine trinitaire, en aucune façon réductrice de l'unicité des personnes singulières, mais au contraire génératrice ou régénératrice de cette unicité. Celle-ci ne peut s'originer qu'à une unité d'essence communionnelle et interpersonnelle, comme toute unité spirituelle véritable, en imitation de l'uni-trinité divine.

Il est permis de penser que, pour une part au moins, nos entreprises tout humaines de libération, de transformation, de réconciliation des individus, avec l'espoir de renouveler aussi par eux les sociétés, surgissent de l'insatisfaction provoquée par le défaut d'ouverture des hommes à leur vocation. Visités par l'Esprit, convertis par lui à la joie de Dieu et à une exacte compréhension du sens de leurs aspirations et de leurs épreuves, guidés par une lumière de foi sécurisante et dilatés par l'ardeur de la charité, ils disposeraient autrement leurs pensées et leurs actions en vue de s'accomplir mutuellement dans l'unité. Quelque chose de l'expérience personnelle et communautaire donnée à l'Église de la Pentecôte renouvellerait leur cœur. Leur comportement deviendrait prophétique, leur langage intelligible, leur louange de Dieu contagieuse. Remplis d'un « vin nouveau » (Act. 2, 13), ils susciteraient dans le monde une heureuse stupéfaction. La psychanalyse deviendrait pour eux d'un moindre secours, car une source de liberté et de parole d'allégresse serait ouverte en eux. Ils correspondraient plus spontanément aux recommandations de l'Esprit : « Réjouissez-vous toujours dans le Seigneur ; je le dirai de nouveau : réjouissez-vous. Que votre bienveillance soit connue de tous les hommes. Le Seigneur est proche. N'ayez aucun souci ; mais en tout, par la prière et la supplication avec action de grâce, faites connaître à Dieu vos demandes. Et la paix de Dieu, qui surpasse toute intelligence, gardera vos cœurs et vos pensées en Christ Jésus » (*Phil* 4, 4-8).

Utopie ? Non, les saints vivent cela au milieu des contradictions. Paul l'expérimentait au vif de ses combats et dans les persécutions. Ce secret habite maintes existences moins héroïques. Il est celui d'un peuple en effort d'accueil de l'Esprit, témoin de la réalisation des antiques promesses : « Fils d'homme, ces ossements, c'est toute la maison d'Israël. Les voilà qui disent "Nos os sont desséchés et notre espoir a péri ; nous sommes exclus !" C'est pourquoi prophétise ; tu leur diras : Ainsi parle le Seigneur Yahvé : Voici que j'ouvre vos tombes ; je vous ferai monter de vos tombes, ô mon peuple, et je vous amènerai sur le sol d'Israël. Et vous saurez que je suis Yahvé quand j'ouvrirai vos tombes et que je vous ferai monter de vos tombes, ô mon peuple. Je mettrai mon esprit en vous et vous vivrez, et je vous installerai sur votre sol, et vous saurez que moi, Yahvé, j'ai parlé et j'ai agi... » (*Ez* 37, 11-15).

Tout cela doit s'accomplir réellement : en chacun de nous une âme vivante s'éprouve exposée à la mort et tentée par l'illusion de pouvoir lui échapper en pactisant avec elle. Les recours sur lesquels elle compte pour se hausser jusqu'à elle-même, se défaire de sa tombe, et éclore au jour par une naissance définitive, seront de peu d'effet si Dieu ne devient pas l'objet ultime de son invocation. Sans lui, de qui elle tient sa vie, elle ne peut qu'avorter de son propre fruit : elle-même, en son identité spirituelle, avec ce nom unique qu'elle ignore et déforme plus qu'elle ne le pressent. Dieu seul détient, pour sa joie, le secret de cette identité impuissante à s'accomplir. Il la lui propose par grâce, la suppliant de consentir à se laisser engendrer par la fécondité de l'Esprit. Dieu nous sollicite ainsi de vouloir bien le laisser libre de nous faire accéder à nous-mêmes, chacun selon sa vérité, et en nous entr'aidant pour cette commune résurrection. Telle doit être sa victoire en nous : « Qui a des oreilles entende ce que l'Esprit dit aux Églises : au vainqueur, je donnerai la manne cachée ; et je lui donnerai un caillou blanc, et écrit sur ce caillou un nom nouveau que personne ne connaît, sinon celui que le reçoit » (*Apoc* 2,17).

INDEX DES AUTEURS

Du même auteur

- *Existence chrétienne et philosophie* (Aubier, 1965).
- *L'homme en sa vérité* (Aubier, 1968).
- *Promotion de la foi* (Beauchesne, 1969).
- *La foi: dialogue sur l'essentiel* (avec Francis Jeanson).
- *Promesses et détresse de la culture de masse* (avec J. Gritti).
- *Le structuralisme, science ou idéologie* (avec J. Gritti).
  Ces trois ouvrages chez Beauchesne.
- *Profondeur de l'homme: vue chrétienne sur la psychanalyse* (Centurion, 1969).
- *L'avortement et la Croix* (S.O.S., 1973).
- *Le problème de la vérité dogmatique* (Téqui, 1975).
- *L'Église en France, analyse doctrinale* (FAC, 1981).
- *Vers un âge théologique?* (FAC, 1981).
- *L'œcuménisme entre vie et mort* (C.L.D., 1981).
- *L'Ordre sacerdotal et l'avenir de l'homme* (FAC, 1981).
- *L'Être et l'Église (trois volumes)* (FAC, 1982).
  I. Logique de l'expérience ecclésiale.
  II. Les ontologies & la révélation.
  III. La rationalité théologique.
- *S'ouvrir à la miséricode par le sacrement de Pénitence* (FAC, 1982).
- *La foi transmise: un Credo pour notre temps* (C.L.D., 1983).
- *Pour une théologie de l'exégèse* (FAC, 1983).
- *Luther en lui-même* (FAC, 1983).
- *Au commencement la famille* (FAC, 1985).
- Articles de revue: dans *Communio, Nouvelle Revue Théologique, Revue Thomiste,* etc.

A paraître:

- *Soloviev: de Moscou à Rome* (FAC, *coll.* «Avec»).

Achevé d'imprimer en septembre 1992
sur les presses de l'Imprimerie Saint-Paul
55000 Bar le Duc, France
Dépôt légal: septembre 1992
N° 5-92-0578